현대사회보장론

SOCIAL

현대사회보장론

한국형 복지국가와 사회보장

SECURITY

현외성 저

머 리 말

'사람이 사람답게 사는 것'은 철학적·종교적 질문임과 동시에 경제적·사회적 의문이다. 형이상학적이고도 형이하학적인 물음이다. 이상과 현실, 가치와 실제의 문제이다. 인류가 이 문제에 대해서 개인적·집단적·국가적·국제적 노력을 경주해 온 역사적 문제이다.

인간의 이성과 경험의 축적으로 인간 생존과 생활의 문제를 집단적·공동체적으로 풀어오다 조직적이고 사회적인 제도와 프로그램으로 마침내 해결하기에 이르렀다. 원시공동체로부터 고대, 중세, 근대 및 현대로 이행하여 오면서 이 질문과 직접적으로 연관된 사회복지와 사회보장은 현대 사회복지정책과 사회보장제도로 모습을 갖추었다. 자본주의와 민주주의, 산업사회와 국민국가, 국제적인 아이디어의 전파와 적정 규모의 인구집단과 가족 그리고 역사적 전개를 통한 경험의 축적 등이 마침내 사회복지정책, 사회보장, 복지국가를 형성하게 하였던 것이다.

멀리는 1601년의 엘리자베스 구빈법에서부터 1880년대 비스마르크 사회보험을 거쳐 20세기 초에 공공부조와 사회보험이 사회보장으로 수렴·통합되면서, 한편으로는 복지국가의 태동이 이루어졌다. 1930년대의 대공황과 제2차 세계대전을 거치면서 복지국가가 형성되고 그 이후 복지국가의 팽창과 1970년 중반 이후 복지국가의 위기와 재편을 거쳐 1990년대 이후 복지국가의 현대화에 이르기까지, 사회보장제도는 여러 가지 변화를 거쳐 오고 있다.

세계화와 탈산업사회화, 사이버세계와 인공지능시대, 저출산·고령사회, 감성과 여성시대, 다문화시대를 맞이하여 사회보장제도는 새로운 도전과 변화를 맞이하고 있다. 인류가 어떻게 하면 사람답게, 인간답게 살 수 있을 것인지를 오랫동안 탐구·발전시켜 온 결과물로서 사회보장제도는 이런 점에서 귀중한 문화유산이자 지적자산이다.

특별히 대학의 사회복지학과에서는 사회보장제도 교과목을 편성하여 제도에 대한 학습과 함께 사회보장제도 실행에 필요한 인력을 양성해오고 있다. 사회보장제도의 학습에는 사회복지정책과 제도의 주된 영역으로 사회보장제도의 위치를 파악하여 사회복지, 사회복지정책, 사회복지행정, 복지국가에 관한 기본지식을 융합하면서 아동에서부터 노인에 이르는 삶의 주기에 따라 발생할 수 있는 '사회적 위험'을 중심으로, 이에 대응하는 '사회적 급여'를 제공하는 일과 관련된 제반 지식과 기술의 학습이 중심이 된다.

사회보장 교과목에서는 이런 점에서 사회보장제도의 개념, 가치, 목적, 기능, 원리 등과 같은 사회보장제도의 기반에서부터 사회보장제도의 역사, 구성요소, 제도분석을 위한 제도분석틀 그리고 실재하는 여러 사회보장제도의 분석과 사회보장제도 전반에 연관된 복지국가와 관계 등을 탐구하게 된다.

이런 배경에서 이 책은 사회보장제도의 기본 개념과 역사 및 구성요소를 살펴본 후 현재 시행 중인 각 분야의 사회보장제도를 분석하였고, 결론적으로 한국적인 상황에 적절한 복지국가와 사회보장을 모색해보는 것으로 마무리하였다.

오늘의 한국사회는 저출산·고령사회를 특성으로 하면서 인구절벽, 청년실업, 고령빈곤과 노인문제, 일자리문제, 다문화와 사회통합, 남북통일과 사회보장, 소득 양극화와 빈곤문제, 각종 중독과 정신건강 등의 문제가 사회적 쟁점으로 부각되고 있다. 다른 한편으로는 주거문제, 학교 왕따와 학교폭력 등의 청소년문제, 자살 등도 사회문제이다.

사회보장제도는 이러한 사회적 위험에 대응하여 다양한 급여와 서비스를 제공하고, 최근에는 사회서비스를 강화해오고 있다. 사회서비스는 21세기에 진입하면서 새롭게 발생하는 '새로운 사회적 위험'에 대응한 급여로서 향후 더욱 발전할 가능성이 높은 것으로 판단되고 있다. 정부 역시 사회서비스 전자바우처로 시작하였던 것을 한 단계 높여서 법적·제도적 장치를 강화하고, 사회서비스를 총괄적으로 주관하는 공급주체를 구상하고 있는 것으로 예상된다.

바라기는 이 책의 학습을 통해서 사회보장의 기본내용을 착실하게 다지는 한편 우리나라 사회보장제도에 대한 이해를 바탕으로 사회보장제도 실무는 물론 사회복지행정의 실무자로서 그리고 각종 사회복지기관 및 시설에서 활동하는 사회복지사 및 보건요원, 요양보호사 등 관련 전문 직원들이 활용하는 교재가 되기를 소망한다.

끝으로 이 책이 아름다운 교재로 출판될 수 있도록 편집과 디자인에 수고하신 편집 관련 직원과 출판할 수 있도록 길을 트고 안내한 유재영 상무님 그리고 동문사 사장님께 심심한 감사를 드린다.

2018년 새날을 기대하며 무학산 아래 樂獻齋에서

2018년 2월

저자 현외성

차 례

PART 1
사회보장의 기초

Chapter 01 사회보장 개관 ······ 13

1. 사회보장의 개념 • 13
2. 사회보장의 범위와 형태 • 16
3. 사회보장과 사회복지 • 21

Chapter 02 사회보장의 역사 ······ 23

1. 사회보장 이전 • 24
2. 사회보장의 성립 • 29
3. 사회보장의 확산과 발전: 복지국가의 등장과 발전 • 39
4. 사회보장의 재편: 복지국가의 위기와 재편 • 44

PART 2
사회보장의 이론

Chapter 03 사회보장의 목적과 기능 ······ 51

1. 사회보장의 목적 • 51
2. 사회보장의 기능 • 53

Chapter 04 사회보장의 전제 조건과 원리 · 원칙 ······ 63

1. 개념 • 63
2. 사회보장제도의 전제 조건 • 64
3. 사회보장의 원리와 원칙 • 69

Chapter 05 사회보장의 종류와 특성 ······ 79

1. 사회보험 • 79
2. 공공부조 • 89
3. 사회서비스 • 97

4. 가족수당 • 101
5. 요약 • 104

Chapter 06 사회보장의 제도 분석틀 105

1. 분석틀의 개념 • 105
2. 제도 수립배경, 목표 및 실행 주체 • 112
3. 대상과 급여체계 • 114
4. 전달체계와 재정체계 • 115

PART 3

한국 사회보장제도의 이해

Chapter 07 국민연금제도 121

1. 공적연금과 국민연금제도의 이론적 기반 • 121
2. 국민연금제도 • 135

Chapter 08 국민건강보험제도 159

1. 국민건강보험제도의 이론적 기반 • 159
2. 국민건강보험제도 • 166

Chapter 09 산업재해보상보험제도 183

1. 산재보험의 이론적 기반 • 183
2. 산업재해보상보험제도 • 189

Chapter 10 고용보험제도 207

1. 고용보험제도의 이론적 기반 • 207
2. 고용보험제도 • 217

Chapter 11 노인장기요양보험제도 237

1. 노인장기요양의 이론적 기반 • 237
2. 노인장기요양보험제도 • 245

Chapter 12 국민기초생활보장제도 259

1. 국민기초생활보장의 이론적 기반 • 259
2. 국민기초생활보장제도 • 263

Chapter 13 의료급여제도 ······ 283

1. 의료급여의 이론적 기반 • 283
2. 의료급여제도 • 286

PART 4

한국형 복지국가와 사회보장의 미래

Chapter 14 한국형 복지국가와 사회보장의 미래 ······ 299

1. 한국형 복지국가의 탐색 • 299
2. 21세기 한국 사회보장제도의 미래 • 311

◆ 참고문헌 / 318

◆ 찾아보기 / 326

현대사회보장론

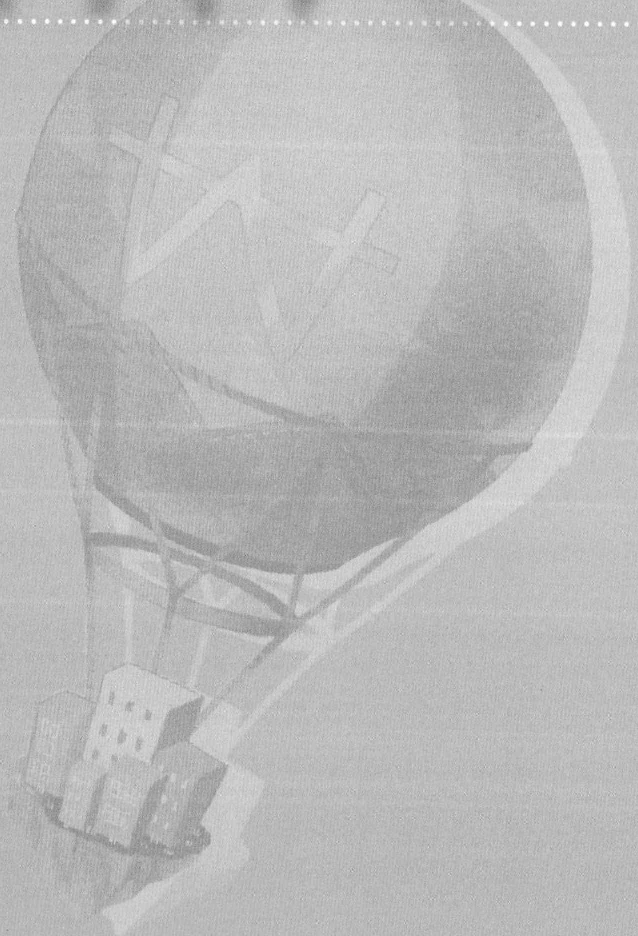

PART

1

사회보장의 기초

Chapter 1 • 사회보장 개관

Chapter 2 • 사회보장의 역사

Chapter 01

사회보장 개관

1 사회보장의 개념

21세기 지구촌에서 사회보장제도는 거의 대부분의 국가에서 채택하고 있으며, 이는 일상적이고 생활의 필요자원으로 되어 있다고 해도 과언이 아니다. 사회보장제도는 매우 다양한 제도적 형태와 내용으로 각국에서 채택되어 사용되고 있는데, 그것은 각국의 정치 · 경제 · 사회적 상황과 역사적 배경이 상이한 결과이다. 그럼에도 불구하고 사회보장이 거의 모든 나라에서 활용되고 있는 사실은 사회구성원의 안정되고 인간다운 생활을 위해서 인류가 고안해 낸 탁월한 제도적 장치이기 때문일 것이다.

사회보장이란 용어가 처음으로 사용된 것은 1929년 세계공황을 극복하기 위하여 제정된 미국의 사회보장법에서 비롯되었다. 그 후 사회보장제도가 세계 각국에서 사용되게 된 배경에는 제2차 세계대전 이후의 일로서 국제노동기구(ILO)의 『사회보장의 길(Approach to Social Security)』과 영국의 베버리지(Beveridge) 보고서 및 프랑스의 라로크(Laroque) 계획 등이 있다(小倉讓

二・小松源助・高島 進 編, 1973:119, 양정하 외, 2013).

1) 미국 사회보장법의 사회보장 개념

1935년 미국 사회보장법에서는, 사회보장법은 연방의 노령급여체계를 확립하고, 주 정부로 하여금 노인, 시각장애인, 부양아동, 지체장애아동, 모성과 아동복지, 공공보건 그리고 실업보상법의 집행을 위해 보다 적절한 급여를 제공할 수 있도록 함으로써 일반적인 복지를 제공하고, 사회보장국을 설립하고, 재원을 갹출하는 등의 목적을 위한 법이라고 규정하고 있다. 따라서 당시 사회보장이란 연방정부가 노령연금을, 주정부가 실업보험과 노령부조, 장애부조, 아동부조, 공공보건 등을 적절히 제공하고, 이를 위한 행정시스템을 구축하고, 재원을 마련하는 정부의 조치라고 볼 수 있다(김기원, 2016).

2) 국제노동기구의 사회보장 개념

국제노동기구(ILO)는 1942년 『사회보장의 길(Approach to Social Security)』이란 보고서를 통해, '사회보장이란 사회구성원들이 부딪히는 일정한 위험에 대해서 사회가 적절한 조직을 통해 부여하는 보장'이라고 정의하였다. 구성요소로는 ① 전체 국민을 대상으로 해야 하고, ② 최저생활이 보장되어야 하며, ③ 모든 위험과 사고에서 보호받아야 하고, ④ 공공의 기관을 통해서 보호나 보장이 이루어져야 한다고 하였다. 즉, 사회보장제도는 국민들에게 닥치는 불의의 생활상의 위험이나 소득의 중단이 온다 하더라도, 정상 생활을 유지할 수 있도록 그 생활을 보장하는 수단을 국가가 책임을 지고 수행하는 제도인 것이다(박석돈, 2005).

3) 미국사회보장청의 사회보장 개념

오늘날 전 세계의 사회보장제도를 미국의 사회보장청(Social Security Administration)이 국제사회보장협회(International Social Security Association, ISSA)와 연합하여 조사 · 연구하여 정기적으로 『세계의 사회보장(Social Security Programs Throughout the World)』이란 보고서를 발표하고 있다. 2017년 6월 현재 170개국 이상이 사회보장제도를 채택하고 있는 것으로 보고되고 있다. 전 세계를 4개의 지역으로 나누어 매 6개월마다 1개의 사회보장 지역보고서가 발표되고 있다.

이 보고서에서는 사회보장이란 공적으로 설립된 다음과 같은 프로그램을 말한다. 즉, 소득의 손실이나 단절에 대항하거나 결혼, 출산 혹은 사망으로 인하여 발생하는 특별한 비용에 대응하기 위하여, 개인을 보호하기 위해 만들어진 공공의 프로그램을 의미한다. 이러한 개념에는 아동을 지원하기 위해서 가족에게 제공하는 수당도 포함된다. 도움을 받게 되는 개인과 피부양가족에 대한 보호는 현금지불에서부터 노령, 장애, 사망, 질병과 모성, 산업재해, 실업 등으로 인한 소득 상실의 일부분을 대체해 주는 것까지 포함된다. 또한 일차적인 입원, 의료적 보호 및 재활 서비스도 포함된다. 여기에다 소득의 상실부분을 대체해주는 현금급여와 재정적 지원, 현물급여도 포함된다.

그러므로 여기서 말하는 사회보장 프로그램이란 5가지 정도를 포함하고 있는데, 그것은 노령, 장애, 유족에 관한 급여, 질병 및 모성급여, 산업재해급여, 실업급여 그리고 가족수당을 말한다(https://www.ssa.gov/policy, 접속일 2017. 6 .5).

4) 우리나라의 사회보장 개념

우리나라의 사회보장 개념은 학문적 · 실제적 측면에서 다양하게 정의할 수 있으나, 여기서는 현행 법률상 제정된 내용을 살펴보자. 현행 「사회보장기본법」 제3조에는 '사회보장'이란 출산, 양육, 실업, 노령, 장애, 질병, 빈곤 및 사망 등의 사회적 위험으로부터 모든 국민을 보호하고, 국민 삶의 질을 향상시키는 데 필요한 소득 · 서비스를 보장하는 사회보험, 공공부조, 사회서비스를 말한다고 규정되어 있다.

'사회보험'이란 국민에게 발생하는 사회적 위험을 보험의 방식으로 대처함으로써 국민의 건강 소득을 보장하는 제도를 말한다.

'공공부조'(公共扶助)란 국가와 지방자치단체의 책임 하에 생활 유지 능력이 없거나 생활이 어려운 국민의 최저생활을 보장하고 자립을 지원하는 제도를 말한다.

'사회서비스'란 국가·지방자치단체 및 민간부문의 도움이 필요한 모든 국민에게 복지, 보건의료, 교육, 고용, 주거, 문화, 환경 등의 분야에서 인간다운 생활을 보장하고 상담, 재활, 돌봄, 정보의 제공, 관련 시설의 이용, 역량 개발, 사회참여 지원 등을 통하여 국민의 삶의 질이 향상되도록 지원하는 제도를 말한다.

'평생사회안전망'이란 생애주기에 걸쳐 보편적으로 충족되어야 하는 기본욕구와 특정한 사회위험에 의하여 발생하는 특수욕구를 동시에 고려하여 소득·서비스를 보장하는 맞춤형 사회보장제도를 말한다(법제처 국가법령정보센터 홈페이지).

2 사회보장의 범위와 형태

1) 사회보장의 범위

각국의 사회보장제도나 프로그램을 살펴보면, 대부분 생활상의 어려움을 가진 인구집단이나 생활상이 어려움을 야기시키는 특정의 문제나 위험을 대상으로 하여, 각각의 제도나 프로그램을 대응하는 형식을 취하고 있다. 물론 사회보장의 범위 역시 역사적으로 각국의 정치·경제·사회적 여건의 변화와 함께 확대, 진전되어 왔다고 볼 수 있다.

앞에서 사회보장의 개념을 논의할 때, 사회보장제도의 내용은 노령급여체계를 확립하고, 주 정부로 하여금 노인, 시각장애인, 부양아동, 지체장애아동, 모성과 아동복지, 공공보건 그리고 실업보상법의 집행(미국 사회보장법)이라든지, 소득의 손실이나 단절에 대항하거나 결혼, 출산 혹은 사망으로 인하여 발생하는 특별한 비용에 대응하기 위하여, 아동 및 가족수당, 노령, 장애, 사망, 질병과 모성, 산업재해, 실업, 일차적인 입원, 의료적 보호 및 재활 서비스 등(미국 사회보장청)이라든지, 출산, 양육, 실업, 노령, 장애, 질병, 빈곤 및 사망 등의 사회적 위험으로부터 모든 국민을 보호하고 국민 삶의 질을 향상시키는 데 필요한 소득·서비스를 보장하는 것(우리나라의 사회보장기본법) 등을 고찰하였다.

결국 사회보장의 범주는 사회생활상의 문제, 위험, 사고로 표현되는 어려움, 즉 '비보장' 혹은 '불안(insecurity)'에 대응하여 각각의 문제나 위험에 대응하거나 그 문제나 위험에 직면한 인구집단을 대상으로 혹은 내용으로 전개되는 것으로 보인다.

한편 사회보장의 범주와 내용을 결정하는 것은 결국 '사회적 위험' 혹은 '사회적 사고(social risks)'를 어디까지, 무엇을 사회적 정책적으로 인정하느냐에 달렸다고 볼 수 있다. 일반적으로 사회적 위험 역시 국가 사회의 진전에 따라 발생하는 사회문제와 함께 확대, 변화하는 경향을 보인다. 사회보장제도는 산업혁명과 자본주의 경제의 변화에 따라 역사적으로 전개되어 왔으며, 이러한 배경에서 사회보장제도 역시 '역사 사회적 형성체'이다.

따라서 한 국가에서 사회보장제도를 출현하게 한 사회적 위험도 사회변동에 따라 지속적으로 변화해오고 있으며, 더욱이 1990년 이후 탈산업사회와 세계화의 도래로 인하여 '새로운 사회적 위험(new social risks)'이 발생하고 있다. 기존의 사회적 위험이 전통적인 산업사회를 바탕으로 한 임금노동자를 기반으로 한 사회보장체계였다면, 오늘날의 새로운 사회적 위험은 탈산업사회와 세계화를 기반으로 임금노동자를 포함하여 비정규직 노동자, 여성, 고령자의 노동과 교육 및 복지를 통합적으로 제도화해야 하는 사회보장체계를 필요로 하는 것으로 인식되고 있다.

2) 사회보장의 형태

사회보장은 어떤 형태, 형식으로 사회적 위험을 해결하려고 하는가? 다시 말해 사회보장은 어떻게 구성되어 있는가? 사회보장의 형태 역시 역사적으로 진전·변화되어왔다. 처음에는 사회적 위험을 해소하기 위하여 국가 사회적으로 제공할 수 있는 급여형태는 주로 현금 중심이었고, 가능한 한 현금으로 환원할 수 있는 급여로 제공되었다. 그 다음으로는 보건의료의 중요성을 인정하면서부터 보건의료급여가 중요한 급여로 부가되었다. 현금과 보건의료로 해결할 수 없는 심리사회적 문제나 위험이 발생함으로써 혹은 존재함으로써 다시금 사회복지서비스 혹은 사회서비스가 새롭게 사회보장의 급여체계에 첨가되었던 것이다.

다른 측면에서는 사회적 위험에 처한 인구집단을 위한 사회보장 대응방식 역시 각국의 정치·경제적 상황과 여건에 따라 다르게 진행되었다. 한 국가에서는 공공부조 방식으로 다른 국가는 사회보험방식으로 시작되어 일정한 역사적 시점에서는 이 두 가지 제도가 수렴되고 혼합되는 모습을 띠어갔다.

이 책에서는 사회보장은 사회보험, 공공부조, 사회수당 및 사회복지서비스 혹은 사회서비스 등의 형태로 구성되어 있다고 간주하고자 한다.

(1) 사회보험

사회보험은 사회구성원들이 일상생활에서 직면하는 사회적 위험을 보험방식으로 대처하여, 주로 소득과 건강을 보장하기 위해 국가가 강제보험 형식으로 시행하는 보험을 말한다. 사회보험의 시행 주체는 국가이며 그 대상은 국민이다. 국민인 사용자와 노동자, 경우에 따라서는 국가가 일부 부담하는 보험료를 정기적으로 납입하고, 미리 예정하여 만들어진 사회적 위험에 대응한 정형화된 보험사고에 국민이 직면하였을 때 보험급여를 제공받는 형식이다.

그러므로 사회보험은 임금근로자를 주된 대상으로 하면서 정기적으로 보험료를 갹출할 수 있는 인구집단을 대상으로 하면서 일반 민간보험 원리를 적용하는 특징을 가진다.

일반적으로 사회보험은 연금보험, 산재보험, 건강보험, 실업보험(고용보험) 등이 주류이고, 농민보험, (노인)장기요양보험, 선원보험 등 나양한 사회보험이 존재한다.

(2) 공공부조

공공부조는 스스로가 생활유지 능력이 없거나 어려운 사람들을 대상으로 국가가 인간다운 생활을 영위하도록 돕는 제도이다. 공공부조의 대상은 주로 자본주의 사회에서 근로능력이 없고 자산을 갖지 못한 사회적 취약계층이며, 이들은 국가에서 설정해 놓은 인간다운 생활을 영위하기 위해 필요한 최소한의 생활수준(최저생계비 등) 이하의 저소득 혹은 절대 빈곤층이 그 핵심을 이룬다.

공공부조는 국가에서 국민에게 받는 세금을 재원으로 운영되며, 현금급여에서부터 건강, 사회복지 및 사회서비스급여 등이 포함된다. 공공부조는 국가에서 설정해 놓은 일정 수준 이하의 소득과 자산을 가진 경우에 자산조사를 거쳐 급여대상자로 선정한다.

(3) 사회수당

사회수당은 사회보험과 공공부조를 통해 특정한 사회적 사고에 대응하기 어려운 경우에 일정한 조건을 기반으로 현금급여를 제공하는 사회보장의 한 형태이다. 사회수당은 급여대상자로부터 보험료를 받지 않고 국가예산을 통해 현금급여를 제공하는 점에서 공공부조의 성격을 지니고 있으나, 자산조사도 없기 때문에 사회보험적 특성도 지닌다. 하지만 사회수당 급여대상자는 공공부조 대상자와 같이 빈곤대상자가 아니라 하더라도 일정 부분 제한적인 자산조사는 고려되며, 경우에 따라서는 특별한 사회적 가치에 따라 제공되는 사회통합적 의미를 가지는 급여이기도 하다. 아동수당, 노령수당, 장애인수당, 가족수당과 같은 수당 등 다양한 사회수당이 존재한다.

(4) 사회복지서비스

사회보장의 한 형태로서 사회복지서비스는 현금이나 현금으로 환원할 수 있는 경제적 급여 이외에 제공되는 급여로서, 주로 인적(human)인 대인(personal) 활동이나 노력을 통해서 제공되는 급여로서의 특성을 지닌다. 사회구성원들이 생활상 직면하게 되는 심리사회적인 문제나 가족 및 인간관계로 말미암은 사회적 사고, 문제에 대응하는 급여인데, 이는 특별히 서비스급여라고 표현되는 급여이다.

사회복지서비스는 통상 사회복지(social welfare) 혹은 사회사업(social work)이라는 전문적인(professional) 노력을 통하여 제공되는 급여를 말한다. 따라서 사회복지서비스급여 역시 대상자로부터 서비스급여 접수(intake) 후 상담과 조사를 거쳐 급여가 제공되는 특징이 있어 일종의 선별적 급여인 동시에 국가 예산을 통하여 제공되는 사회보장제도의 일종이다.

(5) 사회서비스

사회서비스는 사회복지서비스를 포함한 더 넓은 범위의 서비스급여를 의미한다. 주로 보건의료, 교육, 고용, 주거, 문화, 환경 등의 분야에서 사회구성원으로 하여금 인간다운 생활을 보장하고 상담, 재활, 돌봄, 정보의 제공, 관련 시설의 이용, 역량 개발, 사회참여 지원 등을 통하여 삶의 질이 향상되도록 지원하는 사회보장제도를 말한다.

복잡하고 다원화된 현대사회에서 일상생활상 겪게 되는 다양한 사회적 위험에 대응하여 사회보험, 공공부조, 사회복지서비스를 넘어 한층 복잡한 전문 서비스급여를 사회구성원들이 필요로 하는 것이 전제되어 있다. 그러므로 사회서비스급여 역시 사회복지서비스와 같은 특징을 지니고 있으며, 급여 내용이 보다 다양하다고 볼 수 있다.

3) 우리나라 사회보장의 범위와 형태

우리나라의 사회보장제도는 사회보장기본법에 규정되어 있는 바와 같다. 즉, 사회보험, 공공부조, 사회서비스 및 평생사회안전망 등이 포함된다. 사회보험의 형태와 종류는 연금보험, 건강보험, 산재보험, 고용보험 및 노인장기요양보험이 있으며, 공공부조의 형태는 국민기초생활보장과 의료급여 등이 있다. 이 책에서는 주로 사회보험과 공공부조를 중심으로 서술하고자 한다.

3 사회보장과 사회복지

사회보장과 사회복지는 어떤 관련성이 있는가? 특별히 사회복지학과에서 사회보장 교과목을 설치하여 가르치는 목적은 무엇인가?

사회보장의 개념을 사회복지의 상위개념으로 보는 견해도 있는 반면에 사회복지 개념을 사회보장의 상위개념으로 포착하는 관점도 있다. 우리나라 사회보장기본법의 관점은 전자의 경우로서 사회보장을 사회복지보다 포괄적으로 이해하고 있다. 따라서 사회복지는 사회보장제도의 실현과정에 사용되는 서비스의 한 영역으로 간주된다.

반면에 사회복지의 개념을 사회보장 보다 상위개념으로 볼 때는 사회보장제도를 현실사회에서 적용, 실천함으로써 국민 개인이나 전체의 복지증진을 도모하는 것으로 해석하는 경향이 있다.

사회복지학과에서는 어느 관점을 채택하든 무방하지만, 실천적·법률적 개념화를 넘어서 이론적인 측면에서 사회복지와 사회보장을 이해할 필요가 있다. 즉, 광의의 사회복지 개념으로 사회복지를 파악하고 그 하위개념으로서 사회보장을 제도로서 위치시키는 것이다. 반대로 사회보장을 상위개념으로 하고 사회복지를 하위개념으로 할 때의 사회복지는 협의의 개념으로서 사회복지를 포착하는 것이 된다. 결국 사회복지를 실천하는 사회복지사로서 사회복지 현장에서 다양한 사회복지 대상자들이 사회보장 급여를 활용하여 인간다운 생활을 영위하도록 돕는 과정에서, 사회복지사들이 사회보장을 적절하게 이해하여야 할 필요가 있기 때문에 사회보장 교과목이 중요하다.

Chapter 02

사회보장의 역사

사회보장제도는 역사적 · 사회적 형성체이다. 장구한 시간의 흐름을 통해서 형성되고 진전되어 온 사회보장제도의 역사적 흐름을 어떻게 추적하여 서술할 것인가? 현대 사회보장제도는 사회보험, 공공부조, 사회복지서비스, 사회서비스 및 사회수당 등으로 구성되어 있다면, 흔히 공공부조는 영국의 엘리자베스 구빈법부터 시작하고, 사회보험은 독일의 비스마르크 질병보험으로부터 시작하여 20세기 초에 사회보장으로 수렴되었다고 한다. 물론 그 이후 사회복지서비스, 사회서비스 및 사회수당이 시대의 흐름에 따른 사회변동과 함께 발생한 사회적 위험과 사고에 대응하여 사회보장의 내용을 구성하게 되었다.

이 장에서는 이러한 논의를 바탕으로 하면서 간략하게 사회보장의 역사적 변천을 알아보고자 한다.

1 사회보장 이전

1) 엘리자베스 구빈법

자선과 자조(自助)행위에 의존했던 원시형태의 빈곤구호는 시대의 흐름에 따라 국가의 개입을 필연적으로 요구하게 되는데, 영국의 경우 그러한 변화의 불가피성은 중세 봉건제의 붕괴와 함께 초기 자본주의의 맹아가 나타나기 시작하면서부터이며, 이와 함께 빈민, 부랑인의 수적 증가 및 그로 인한 사회문제의 형태가 드러나기 시작하면서 본격화되었다. 이들 노동능력이 있는 건강한 빈민들은 사회를 혼란시키는 범죄자 혹은 국부(國富)에 해악을 끼치는 존재로 간주되었으므로 국가는 이들에 대해 법적 대책을 세우지 않을 수 없었으며, 따라서 1349년 부랑자에 대한 최초의 법적 대응인 자선금지법을 출발로 일련의 구빈정책을 거쳐 마침내 1601년 엘리자베스(Elizabeth) 구빈법이 탄생되어 구빈법 역사의 기초가 성립하게 된다.

이 법은 빈민을 노동능력자, 노동무능력자 및 빈곤아동으로 3가지로 분류하여 노동능력자에게는 일을 시키고, 무능력자에게는 최저한의 구제를 제공하며, 빈곤아동은 도제화시키는 것을 골자로 하고 있다(한국복지연구회, 1990 : 59). 엘리자베스 여왕은 교구(敎區)에 의한 구빈이 한계가 있다고 판단하여 구빈의 책임을 지방정부에 부여하였다. 구빈을 처음으로 국가사업으로 간주한데 의의를 갖는 이 구빈법은 이후 300년 이상 계속하여 영국과 다른 국가에까지 커다란 영향을 미쳤다(大塚達雄 외 저, 송정부 외 역, 1992 : 34).

그러나 엘리자베스 구빈법은 시대의 진전과 함께 많은 문제가 제기되고 새로운 대응을 필요로 하게 되었다. 즉, 중상주의 지배 원리하에서의 노동력으로서 도야(陶冶) 훈련시키는 초기 자본주의의 노동정책으로서 기능을 수행했을 뿐 요보호자를 위한 구빈정책으로서의 역할에는 문제가 있었던 것이다. 또한 산업혁명 등의 사회경제적 변화는 빈곤정책의 방법과 원칙에 있어서도 변화를 요구하게 되는

데, 1660년의 정주법(定住法, The Act of Settlement and Removement), 1782년의 길버트(Gilbert)법, 1795년의 스핀햄랜드(Speenhamland)법 등 일련의 변화는 이러한 시대적 양상을 반영한 결과라 할 수 있다.

한편 이 시기 빈민에 대한 노동정책의 특징은 ① 빈민을 자발적 범죄자로 보고, 치안체제의 정책대상으로 한 점, ② 빈민을 감화원 또는 작업장에 수용하고 징벌 내지 징벌적 도야를 행하고 근로의욕과 능력의 함양에 애쓴 점, ③ 노동장에 대해서는 나태성의 전제를 근간으로 최고임금과 최저노동시간의 규제를 가지고 이것에 임한 점 등으로 요약된다. 그것은 이미 말해온 것과 같은 초기 자본주의에의 객관적 정세로부터 나온 필연이기도 했고, 그것에 대응하는 중상주의적인 사회원리의 요청이기도 했다(孝橋正一 著b, 중앙사회복지연구회 역, 1991 : 206).

2) 개정 구빈법 및 민간사회사업 발달기

엘리자베스 구빈법 실시 이후 1800년대로 들어서면서 영국은 자유방임시대에 들어가 권력의 중심은 농촌에서 도시로, 귀족에게서 자본가에게로 옮겨져 의회를 중심으로 하는 근대국가로 변용하게 된다. 이 시대의 국가관은 이 시기에 성립하는 시민사회를 보호하는 것이라고 생각하여 국민인 개인의 자유와 평등을 지키는 야경국가로서 위치를 굳히고 개인생활에 간섭해서는 안 된다고 하는 것이었다(上田 千秋 저, 서윤 역, 1989 : 60).

즉, 1760년에서 1840년의 산업혁명은 영국사회에서 중세적 잔존물과 봉건적 제도를 극복하여 근대적 사회로의 재편과 자본주의제도의 확립을 이루게 하였으며, 국민투표의 보편적 시행과 대의제도의 개혁은 정부입법활동을 촉진시켰다. 그러나 이러한 최고의 번영 뒤에는 궁핍의 침전과 퇴적이라는 사회현상을 가져왔으며, 1830년의 노동자 폭동(Labourers Revolt)은 이러한 제 문제의 반동현상이었다. 노동자 폭동과 경제적 불황 및 행정효율화의 요구는 새로운 구빈법의 개정을 필요로 하게 되었으며, 1834년의 시니어(Senior)의 왕실

위원회의 보고에 의해 마침내 개정구빈법의 실현을 보게 되었는데, 그 내용은 다음과 같다(한국복지연구회, 1990 : 63-64).

첫째, 노동능력자에 대한 원외구제 중지

둘째, 열등처우(less eligibility)의 원칙(정상적 노동을 권장하기 위하여 구제의 수준을 극빈 독립노동자의 생활수준보다 낮은 수준에 두는 것)

셋째, 작업장 입소자격조사(workhouse test)의 원칙(빈곤처우의 지나친 다양성과 자격조사에 따른 부패를 해소하기 위한 단순조사, 이를 통해 구제적용의 다양성과 불확실성 배제)

한편 19세기 자유방임주의 원리 아래 축적된 막대한 부는 신흥자본가 및 기업가의 기부와 제공으로 설립, 경영된 자선·박애시설의 범람화를 가져왔다. 우후죽순격으로 설립된 이들 민간 자선사회시설에 대한 조직화가 필연적으로 요구되고, 또한 이러한 자선·박애 활동의 합리화와 조직화 역시 필요하게 되었다. 이러한 노력의 일환으로 나타난 것이 오늘날 사회사업의 전사(前史)가 된 자선조직협회(C.O.S : Charity Oganization Society)의 활동이다.

1869년 런던에서 창립된 이 회의 목적은 중복구빈을 없애기 위해 여러 자선 활동을 조정하는 것과 환경조사 및 적절한 원조제공을 통해 자력으로 빈곤을 탈피시키는 데 있었다. 중복구빈을 피하기 위하여 연락기관이 설치되었는데, 이는 오늘날의 지역복지사업으로 발전하였고, 빈민에 대한 철저한 환경조사는 가족사회사업 또는 개별사회사업으로 발전하였다(岡村重夫 저, 송정부 역, 1980 : 58).

3) 다수파 대 소수파 보고서

영국 자본주의의 번성과 함께 달려온 자유방임의 원리는 1873년 다가온 공황과 더불어 새로운 조류와 국면을 맞이하게 되면서 사회개량주의라는 사상이 도래하게 된다. 이러한 사상을 바탕으로 빈곤에 대한 태도의 변화가 일어나기 시작하였다(한국복지연구회, 1990 : 68-69 재인용).

변화를 설명할 수 있는 첫 번째 요인은 1880년대 노동자 세력의 강화에 있다. 당시 힘없고 숙련되지 않은 노동자들이 조직화됨으로써 뚜렷한 사회세력으로 등장하였고, 이는 1885년의 노동자 투표권(정치권) 확보에 힘입은 바가 컸다. 1890년대에 들어서는 드디어 노동당이 결성되기에 이르렀다(1893년 독립노동당 결성). 힘을 지니게 된 노동자들은 자연히 빈곤층의 권리를 주장하게 되었고 동시에 구빈법의 재고를 요청하였던 것이다.

두 번째 요인은 온정주의적 인도주의(paternalistic humanitarianism)의 확산이다. 웹(Webb)에 의해 죄의식(consciouness of sin)으로 표현된 이러한 의식은 주로 부유한 지식인과 전문직 종사자들로부터 나왔으며, 명백하고도 점차 증대되는 풍요 속에서 여전히 존재하는 빈곤에 대한 죄의식을 느끼게 됨으로써 형성되었다. 앞서 언급한 자선조직협회(COS)운동, 런던 빈민의 비참한 생활을 파헤친 먼스(Mearns)의 팸플릿, 바넷(Barnett)에 의해 주도된 인보관 운동(the Settlement House Movement), 근본적인 사회경제적 개혁을 주장한 페이비언협회의 활동 등이 좋은 예이다. 그러나 이때까지도 페이비언협회 활동을 제외한 모든 활동들은 대체로 도덕적 요인을 강조하였으며, 기존의 경제 및 정치체제의 변화에 대해서는 고려하지 못했다.

빈곤에 대한 태도변화의 세 번째 요인은 산업복지의 인식, 즉 노동자에 대한 생활임금의 지급과 구제 또는 교육 및 보건서비스의 제공이 자본가와 산업에 위협이 되기보다는 경제적 번영의 촉진제가 될 수 있다는 인식에로의 변화이다.

변화의 네 번째 요인은 빈곤에 대한 실증적 연구에 의한 영향이다. 즉, 부스(Booth)와 라운트리(Rowntree)는 1880년대 런던과 요크의 빈민의 생활실태를 극적으로 밝혀내었다. 부스는 런던 시민의 약 3분의 1이 빈곤상태에 있으며 이들은 신체적 효율성을 유지하는데 필요한 최소한의 음식과 피복이 부족한 상태에 있음을 통계화했고, 아울러 빈곤의 원인이 도덕적 결함보다는 실업과 노령에 있음을 밝혔다. 또한 라운트리는 부스의 조사방법을 더욱 세련화시켜 요크빈민의 생활조건을 실증화하였는데, 주민 중 28%는 저임금의 상태에 있고, 10%는 신체적 효율성을 유지하기가 불가능할 정도의 저임금 상태에 있으며, 18%는 2차적 빈곤, 즉 소비를 보다 합리적으로 한다면 최소한의 생활만큼은 영위할 수 있는 빈민이라는 사실을 발표하였다.

이상과 같은 변화는 이제 더 이상 빈곤을 개인의 책임만이 아닌 사회문제로서 인식하기에 이르렀고, 따라서 전통적 구빈법에 대한 새로운 변화에의 요구가 증대하기 시작했다.

1905년의 왕립조사위원회는 이러한 시대적 요구에 부응하여 구빈법 및 실업자들의 제반 구제책에 관한 실태 파악을 위해 성립된 것이며, 3년간의 조사 끝에 1909년 다수파 보고서와 소수파 보고서라는 2개의 보고서를 제출하게 된다. 소수파 보고서는 조사위원 중에 한 사람이었던 웹(Webb)부인이 주로 그녀의 남편 시드니 웹(Sidney Webb)과 함께 공동으로 조사연구한 결과를 중심으로 만들어졌는데, 기존 구빈법의 전면 폐지와 함께 그 대안으로서 국가 주도의 보험과 의료서비스 그리고 직업안정책(職業安定策 : labour exchange)을 제시했다. 이에 반해 다수파 보고서는 주로 자선조직협회의 영향을 받아 구빈행정 및 자선기금에 의한 서비스 제공의 자율성에 강조점을 둠으로써, 자선활동을 국가행정의 보조역할로 보았던 소수파 보고서와 차이를 보여 주었다(신섭중 외, 1986 : 43).

비록 개혁적인 소수파의 보고서는 무시되고 다수파 보고서가 개혁안으로 채택되기는 하였으나, 이때부터 영국 사회복지의 역사는 제도적 변화를 통한 국가의 적극적인 사회복지에의 책임으로 역사적 전환을 맞이하게 된다.

2 사회보장의 성립

1) 독일의 사회보험

영국의 구빈법이 가진 전통은 국가가 빈곤한 사람을 대상으로 통일적인 기준을 가지고 국가적인 차원에서 개입하였다는데 역사적으로 중요한 의미를 가진다. 영국의 구빈법 전통과 그 한계를 극복하기 위한 민간의 자발적인 노력은 공공부조와 사회사업과 같은 사회복지 혹은 사회보장제도로 발달되는 역사적 경험이 되었다.

하지만 독일의 경우는 1880년대에 와서 몇 가지 사회보험제도를 최초로 도입함으로써 사회보장의 역사에 중요한 전환점이 되고 영국과는 다른 모습을 보였다.

1871년 당시 독일은 국가통일을 이루고 산업화와 경제성장을 견인하여 영국이나 프랑스와 같은 나라를 추격해야 하는 상황에 놓여있었다. 독일 역시 산업화 과정에서 저임금과 장시간 노동 및 열악한 노동조건 등에 대한 노동자들의 불만은 노동조합운동을 확산시키는 계기가 되었다. 상부상조적 성격으로 시작한 노동운동은 점진적으로 정치세력화하는 한편 사회주의 운동과 결합하게 되었다.

독일은 영국과 프랑스 등에서 먼저 산업화를 경험하는 가운데 산업화가 가져오는 문제와 어려움을 미리 알고 대응하려는 보수주의적인 귀족의 저항과 한편으로는 노동자들과 합세한 사회주의자들의 정치운동에 직면하여 자유주의와 부르조아 계층은 지극히 허약하였다. 반면에 이러한 사회적 여러 세력 중에서 중요한 힘은 정부관료로부터 발휘되었는데, 산업화와 경제개혁이 부르주아의 주도가 아니라 슈타인(Stein)이나 비스마르크(Bismark)와 같은 국가관료들에 의하여 주도되었다(Rimlinger, 1971; 이인재 외, 2001: 71).

특히 독일은 산업화와 노동계급의 정치운동이 일찍부터 활성화되었다. 노동계급의 전국적 정치조직으로 볼 수 있는 독일노동자총연맹이 1863년 라살레(Ferdinand Lassale)의 주도하에 결성되었으며, 1869년 맑스(Karl Marx)의 주장에 동조하는 리프크네히트(Wilhelm Liebknrcht)와 베벨(August Bebel)에 의해 주도된 독일사회민주노동당이 아이제나흐에서 출발하였다. 1875년 고타(Gotha)에서 두 단체는 통합하여 독일사회민주당을 만든다. 이러한 노동계급 및 사회주의 세력의 성장은 매우 급속하게 진행되었다(이인재 외, 2001: 72).

1871년 당시 독일은 국가통일을 이루고 급속한 경제성장을 통해 먼저 산업혁명을 완수하고, 경제 선진국으로 앞서가던 영국을 따라잡기 위해 국가적인 힘을 기울이기 시작하였다. 비스마르크는 이러한 환경과 여건 속에서 사회주의 운동에 대해서는 사회주의자탄압법이라는 억압적·징벌적 정책을 통하여 사회주의자와 노동자를 억압하였다. 동시에 노동자 계급에게는 안전하게 산업현장에서 근로 활동을 하도록 유도하는 사회보험입법을 단행하였다. 비스마르크는 사회보험입법을 통하여 노동자들이 사회주의자들과는 단절하게 하는 한편 국가의 가부장적 통제와 보호를 통해 노동자들을 국가에 충성하게 하려는 정책목적을 가진 것으로 풀이된다. 1883년 질병보험, 1884년 재해보험 및 1889년 노령폐질보험 등이 잇달아 입법되고 제도화됨으로써 세계 최초로 사회보험을 실시한 역사를 가지게 되었다.

질병보험법은 비스마르크의 사회보험입법 가운데 가장 먼저 제정된 사회보험으로, 질병에 걸린 노동자에 대한 무료 치료와 질병수당을 지급하는 일종의 의료보험제도였다. 세계 최초의 사회보험으로 볼 수 있는 질병보험법은 광산, 공장, 철도, 수공업 등에 종사하면서 일급이 6과 3분의 2마르크에 미달되는 모든 저소득 노동자를 강제 적용대상으로 하였다. 이 법은 노동자가 3분의 2, 사용자가 3분의 1씩 비용을 분담하는 질병금고를 설치할 것을 의무화하고, 발병 시에는 가입자에게 무료 진료와 아울러 질병 수당을 지급하도록 규정하였다

1884년에 제정되었던 재해보험은 연간소득이 2천 마르크 미만인 광산, 공

장, 건설업 등에 종사하는 저소득 노동자를 의무적인 가입대상으로 하여, 업부상 노동자에게 발생하는 재해에 대하여 사용자가 전적으로 책임질 것을 규정함으로써 업무상 재해에 대한 사용자 책임제도를 확립하였다.

1889년 제정되었던 노령폐질보험은 공무원과 일부 직종의 도제를 제외한 연간소득 2천 마르크 미만인 저소득 노동자를 의무가입 대상으로 하였다. 이들 가운데 70세에 달한 노동자에게는 노령연금을 지급하고, 자신의 과오가 아닌 이유로 노동이 불가능하게 된 노동자에게는 폐질연금을 지급하도록 하였다. 연금재원은 노동자와 사용자가 각각 절반씩 부담하는 갹출금과 정부가 부담하는 약간의 보조금으로 충당하였다(김기원, 2016: 128-129).

2) 영국의 사회보험

19세 말 영국은 산업혁명으로 자본주의가 진전되면서 노동자들의 빈곤 문제에 대하여, 각종의 사회조사 결과로 인한 빈곤의 사회적 책임의 인식과 획득은 물론 구빈법을 기반으로 하는 사회정책이 새롭게 변화되어야 한다는 주장이 민간 및 국가부문에서 제기되었다.

이러한 사회경제 · 정치적 격변 속에서 나타나게 된 사회개량 입법은 1891년 무료교육법, 1896년의 노동자재해보상법, 1905년의 실업노동자법, 1909년의 최저임금과 직업소개제도 등의 공적제도가 점진적으로 등장하였다(원용찬, 1998: 68). 특히 1908년 노령연금법과 1911년의 국민보험법은 전통적인 구빈법을 중심으로 하던 공공부조 정책이 노동자와 그 가족에 대한 사회보험 정책으로 이행하여 가고 있음을 반증하는 것이었다.

(1) 1908년 노령연금제도

영국이 독일에 비해 산업혁명이 먼저 발생하였고 자본주의 발전도 앞서 있었으나, 사회보험제도의 도입이 독일에 비해 대략 20여 년이나 늦은 배경은 무엇인가?(1908년의 노령연금법과 1911년의 국민보험제도) 이러한 배경은 여러 가지 측면에서 발견된다. 먼저 1873년에서 1896년에 이어졌던 장기적인 대불황기로 인한 기존의 자조집단인 우애조합(friendly societies: 우애협회)의 재정파탄과 구빈재정의 재정부담 증대로 인하여 새로운 대안책이 필요하였다는 점이다.

영국은 이 대불황의 시기를 거치면서 자조집단이었던 우애조합이 조합원들의 상대적인 임금저하, 실업률의 증가와 생활고에 따른 질병으로 급부지출이 급증하였고 재정파탄에 이르게 되었다. 지금까지 영국에서 생활보장 시스템으로서의 복지 내용이 신(개정)구빈법과 우애조합을 비롯한 공제조합 등 자조집단의 복합(combination)에 의한 것이었다면, 우애조합의 기능마비는 생활보장의 새로운 대체수단이 등장해야 하는 당위적 논리의 출발점이 되기도 하는 것이다(원용찬, 1998: 68).

이는 결국 구빈행정의 공적 비용을 억제하기 위한 방책으로서 새로운 형태의 정책인 사회보험제도가 필요하였던 것으로 보인다. 1908년의 노령연금제도는 무갹출연금제도이어서 사회보험제도로서 형식은 갖추었으나 내용면에서는 본격적인 사회보험제도로 볼 수 없다. 노령연금제도 도입을 두고 여러 가지 논쟁이 있었다. 영국의 전통적인 우애조합은 자신들의 방식과는 다르게 국가가 개입하고 사용자가 함께 하는 사회보험제도 형식인 노령연금제도를 강력하게 반대하였다. 우애조합은 노동계급의 소득에서 공제하는 기여금을 놓고 국가와 경쟁하는 것을 원치 않았다. 또한 1834년 이후 국가개입의 쇠퇴와 함께 빈민구호가 주로 민간의 자발성에 의존하면서 강성해지기 시작하자 자선조직협회 역시 자조의 원칙에 위배되는 연금법안에 대해 반대활동을 펼친 단체였다. 그러나 우애조합은 사망률의 감소와 함께 재정상의 문제에 부딪히면서, 보험방식의 노령연금이 아닌 무갹출 노령연금은 일정 정도 우애조합 운영에 도움이 된다는 것을 인식하였다(이인재 외, 2001: 78).

한편 무갹출 노령연금제도가 도입되는 과정에는 기존의 전통적인 구빈법에 의한 빈곤정책의 변화를 반대하였던 민간조직들의 입장을 반영하였던 측면도 있었지만, 노동자계급의 영향력, 고용주들의 이해관계 그리고 자유당의 정치적 판단 등이 함께 복합적으로 작용하였던 것으로 분석된다. 먼저 1898년 가을 뉴질랜드에서 비기여금제 연금안이 채택되자 이에 자극되어 영국에서도 비기여금제 연금을 위한 국민적 캠페인이 전개되었다. 이와 관련하여 노동계급은 1899년부터 전국노동자전국위원회(National Committee of Organized Labour: NCOL)를 조직하여 양로연금의 제정을 추구하여 왔다. 이들은 연금이 보편적이고 비기여이며 구빈법과 분리되기를 바랐다. 또한 고용주들은 비기여금제 연금을 희망하였다. 고용주들은 모든 노동자들에게 영속적인 노동을 보장해줄 수 없었기 때문에 비기여금제인 국가연금이 자신들에게 유익하였기 때문이었다. 자유당 정부는 노령연금법안을 제정하는 과정에서 보편적이기를 원하는 진보주의 세력과 노동계급의 요구를 외면하였고, 기본적으로 현상유지를 바라는 중산계층의 염원이 법안에 반영되었다(양병우 외, 1983: 147-150. 참조).

그럼에도 불구하고 1908년의 노령연금제도는 영국에서 사회보험제도가 도입되는 과도기적인 보험제도로 보여진다. 본래의 사회보험과는 다른 무갹출 제한적인 노령연금제도였으나 억압적인 구빈법의 전통과는 다른, 일종의 권리로서 연금을 수급할 수 있음은 과거로부터 새롭게 사회보험으로 나아간 역사적 발걸음이었다.

(2) 1911년 국민보험법

영국에서 사회보험으로서 정상적인 모습을 갖춘 사회보험제도는 1911년에 도입된 국민보험(National Insurance)제도에서 찾을 수 있다. 국민보험제도는 제1부 건강보험과 제2부 실업보험으로 구성되어 있는 사회보험제도로서, 당시 질병과 실업문제를 사회문제로 인식하고 국가가 개입하여 보험원리를 통해 해결하였다는 점에 사회보장의 역사적 의미를 가진다. 또한 이는 산업화와 자본주의의 전개과정에서 발생하는 질병과 실업문제가 중요한 사회문제로 대두되었음을 인식하며, 이를 사회보험제도를 통하여 해결하였다는 점에서 중요한 의미를 가진다.

제1부 건강보험은 연소득 250파운드 이하 16~70세의 모든 육체노동자와 연소득 160파운드 이하의 비육체노동자가 건강보험의 대상자가 되었다. 보험료는 주당 피용자가 4펜스, 고용주가 3펜스, 대장성이 2펜스를 부담하고, 운영은 공제조합 중 정부가 인정한 공인된 공제조합이 맡고, 피보험자에게 조합선택권을 주었다. 가입은 의무적이었고 국가는 감독권을 행사했다. 말하자면 국가가 국민에게 의료서비스와 질병급여를 직접 제공한 것이 아니라 국민이 자신의 힘으로 의료서비스와 질병 급여를 받도록 강제한 셈이다. 상병수당은 주당 10실링, 장애수당은 5실링, 출산수당은 30실링이었으며, 피보험자(가입자 본인, 부양가족은 제외)는 지역보험위원회의 의사명부에서 의사를 선택하여 무료로 진료를 받게 되었다. 의사는 자신의 명부에 등록된 피보험자의 수에 비례하여 진료비를 받았다(원석조, 2016: 113).

건강보험제도의 기원은 보다 일찍부터 시작되었다. 산업사회의 전개과정에서 건강과 청결의 문제가 공공의 관심사로 떠오른 것은 1840년대에 들어서였다. 1848년에 공중보건법이 제정되고 그 이후 여러 차례에 걸쳐 개선되었지만 1890년까지 여전히 미흡하였다. 건강문제에 대한 관심은 보어전쟁과 뒤이은 공공조사보고서에 의해 '국민적 효율'에 입각하여 아동복지가 교육법으로써 보장되었다. 그러나 라운트리가 요크시에 대한 그의 연구에서, 빈곤과 낮은 수준의 건강이 국가발달을 지연시킬 수 있다는 결론이 1904년 보고서에 발표됨으로써 당시 세대에게도 관심이 기울여졌다. 앞서 언급한 구빈법에 대한 왕립위원회의 두 보고서에서도 공공 및 개인 건강의 분야에서 국가행동을 추천하였다(양병우 외, 1983: 159~160. 참조).

자유당 정부에서 건강보험제도 도입을 주도한 로이드 조지(Lloyd George) 대장상이 1908년 8월 독일의 보험제도를 조사하기 위해 독일로 간 것은 또 '하나의 전환점'으로 인정될 수 있다. 물론 독일여행의 원래 목적은 연금제도의 연구였으나, 그가 귀국할 때는 거대한 사회보험으로 변모하였다고 전해진다. 연금법안이 의회에서 토론되는 동안 독일보험제도가 영국에서도 적용될 수 있다는 설명을 들었으며, 독일의 병약보험이 연금연령을 무차별적으로 하향화시키는 것에 대한 대안이 될 것을 충분히 인식하였다고 전해진다. 1908년 10월에 로이드 조시는 건강보험에 대한 계획을 추진하기 시작하였다(양병우 외, 1983: 161-163. 참조).

당시 영국 정부는 공제조합, 상업보험회사 및 의사 등과 같은 건강보험제도 도입과 관련된 기득권 집단과의 오랜 협상을 거쳐야 했다. 이러한 이익집단과의 협상은 자유당 정부의 사회보장 도입에 중요한 역할을 했다는 것이 역사적으로 의미를 가진다. 사회정책사를 연구하는 학자들은 1911년 영국의 국민보험이 오랜 구빈법의 역사와 결별하여 새로운 사회보험, 사회보장의 길로 나아갔으며, 이는 복지국가의 초석으로 의미부여를 할 수 있다고 하였다.

자유당 정부는 공제조합에게는 건강보험 운영권을 제공하였고, 상업보험회사에게는 당초 건강보험제도안에 포함되어 었었던 미망인급여와 고아급여를 삭제하여 주었으며, 의사들에게는 건강보험의 대상을 구빈법 대상 이상에서 일정 소득 이하인 사람들을 제시하였고, 그들과의 협상을 성공시켜 마침내 건강보험제도를 탄생시켰다.

다음은 국민건강보험의 제1부인 실업보험제도이다. 실업문제가 영국에서 정치인의 주목을 받고 정부의 개입이 논의되기 시작한 것은 1880년대부터였다. 그 후 1905년 제정된 실업노동자법은 '실업을 국가적 문제로서 해결하려는 최초의 시도'였으나 사실상 실패한 법률이었다. 구제된 대부분의 노동자들이 만성적인 불완전고용의 실업자들이었기 때문이었다. 당시 이들에게 제공한 16주간의 취로사업은 명백한 치료책이 못되었기 때문이었다.

1906년 총선에서 다수당이 된 자유당은 실업에 대한 어떤 공약도 없었는데, 1908년에 이르러서는 불황으로 인하여 상당한 어려움이 도래하였다. 1908년 실업률이 전년의 두 배가 넘는 7.8%로 급상승하자, 사회주의자들의 선동과 노조의 압력이 증대하였다. 자유당 정부는 실업문제에 직면하여 문제해결을 해야 하는 것이 당면 과제였다. 1900년대까지 지방적 규모의 자발적인 실업보험은 유럽의 많은 도시에서 시행되고 있었으며 영국의 몇 개의 대규모 노조에서도 실시되고 있었다. 다만 강제보험의 경우는 1895년 스위스 북동 지방에서 시도되었으나 2년 만에 실패하였다.

1908년 가을 로이드 조지가 독일에서 귀국하자 처칠이 만나서 상무성에서 실업보험의 가능성에 대하여 비공식적인 조사를 하도록 하였다. 광범위한 영역의 사상가들과 관계 전문가들의 의견을 청취하였는데, 일반적으로 비공식적인 조언자들은 보험이념에는 수긍하였으나 그 실행에 대해서는 주저하였다. 어떤 인사는 노동자에게 기여금을 부과하는 것은 인기가 없을 것이라고 생각하였다. 노조인사들도 정부후원의 보험에 반대하였는데, 이것은 보험으로 인해 노동조합의 노조원에 대한 지배력이 약화되지 않을까 하는 두려움 탓이었다. 반면에 고용주측의 주된 견해는 정부후원의 실업보험제도를 반대하지 않았다. 그들은 노동자들을 질병과 노령에 대처시키고 '범죄적이며 결함있는 계급들'을 엄격히 통제하기 위해서는 강제적인 보험이 필요하다는 생각을 가지고 있었다.

자유당 정부에서 실업보험법이 추진되었던 점은 이전의 사회입법과는 다른 성격을 가진다. 그럼에도 불구하고 실업보험법은 현상유지적이고 사회통제적인 성격을 드러내었다. 즉, 노동자들이 능률적으로 일하고, 이들에 대한 효율적인 통제를 바라는 중산계층의 주장이 구현되 반면에 진보주의적인 요구는 외면되었기 때문이다. 더욱이 국민보험은 사회주의의 위협에 대한 자유당의 응답이었던 것이다(양병우 외, 1983: 154-158. 참조).

3) 미국의 사회보장법

미국은 유럽국가와 같이 산업화와 자본주의 진전에 따른 사회적 위험과 사회문제를 해결하기 위해 착실하게 사회보장제도를 수립해가던 19세기 후반과 20세기 초반까지, 여전히 개인주의와 자유방임의 원리가 지배하는 국가 사회적 풍토에 젖어 있었다. 자유방임주의는 식민지시대부터 뿌리를 내리고 있었고 이에 따라 정부는 시장경제에 간섭하지 않는 형태를 유지하였다. 미국 건국과 함께 자유방임적 자본주의와 정부간섭의 배제, 개인의 자유와 개척정신이 국가 사회를 지배하는 사상이었고 경제 · 사회적 원리였다. 식민지시대부터 개인의 책임과 능력을 중시하는 경향을 갖게 되었다.

이러한 사상과 경제 · 사회적 원리 속에서 정부는 빈곤문제와 복지에 개입할 수 있는 여지가 없었다. 빈곤과 복지는 어디까지나 개인책임이고 개인문제로 간주되었다. 빈곤의 원인은 개인의 게으름과 무책임, 무계획 등에 있는 것이지 국가 사회나 경제구조에 있는 것으로 간주하지 않았다. 따라서 국가 사회가 하는 일은 빈곤한 사람들로 하여금 스스로 자기 생활을 유지하고, 빈곤문제를 해결할 수 있도록 능력을 개발하게 돕는 역할을 하고 노동시장, 경제시장으로 돌려보내는 일이었다. 위기적 상황으로 인하여 빈곤이 만연하고 사회적으로 큰 어려움이 있을 때 한하여 임시적인 구호사업을 수행하고, 주로 교회나 자선단체가 자발적으로 이들을 돕는 일을 수행하였다. 결국 유럽의 구빈법적 전통과 자선사업과 같은 민간활동이 주류를 이루고 있었다.

미국의 경우 1840년대 이후 산업화가 진행되었고 1860년대에는 급속하게 도시화가 진행되었다. 이에 따라 19세기 후반에는 기업의 대형화 및 집중화 · 금권정치 · 주기적인 대량실업 · 노사의 격렬한 대립 · 만성적 빈곤 등의 현상이 심각한 형태로 제기되었다. 빈곤에 처한 노동자와 농민은 그들의 어려움을 타개하기 위하여 자유방임주의에 반론을 제기하였다. 그들은 철도의 국유화 · 독점의 규제 · 임금제도의 철폐 · 농토공급의 확대 등을 주장하여 시장경제에 대한 정부의 적극적인 간섭을 요구하였다(배영수, 1983: 245-247. 참조).

개인의 자유와 자유방임적 자본주의 경향은 1929년 10월에 시작된 대공황으로 인하여 새로운 변화의 기회를 맞이하게 되었다. 대공황으로 인하여 미국은 유례없는 경제 · 사회적 위기에 부딪히는데, 1929년부터 1932년 사이에 국민소득은 874억 달러에서 417억 달러로, 산업생산지수는 110에서 57로, 임금총액은 500억 달러에서 300억 달러로 각각 하락하였다. 실업자는 이 기간에 150만 명에서 1,200만 명으로 팽창하였다. 노동자와 농민은 물론 기업가도 두려움과 무력감에 사로잡혔다. 그들의 가정마저도 가장의 권위와 가족간의 유대관계가 약화됨에 따라 와해의 위험에 직면하였다(배영수, 1983: 249. 참조).

이러한 위기 속에서 종래의 지배적인 구빈법적인 빈곤 관점과 개인주의적이고 자유방임적 사조는 마침내 점진적으로 국가개입의 흐름 속으로 들어가기 시작하였다. 빈곤의 원인은 개인의 결함과 책임이라기보다는 대공황을 초래하였던 경제체제의 결함으로 인식하기 시작하였다. 그리하여 정부는 시민의 빈곤과 어려움을 해결하기 위하여 적극적인 구호대책과 복지대책을 전개해야 하였던 것이다.

당시 루즈벨트 대통령이 이끄는 뉴딜행정부는 2가지 사업을 수행하였는데, 하나는 구호사업과 다른 하나는 사회보장법의 제정이다. 구호사업은 과거에 자선단체와 지방정부에 맡겨왔던 전통을 무시하고, 연방정부에서 대규모로 구호사업을 전개하기 시작하였는데, 이는 본격적인 정부개입을 의미하는 것이었다.

사회보장법은 1934년 6월부터 제정되기 시작하였다. 1934년 루즈벨트 대통령은 국민생활보장제도에 관한 연구와 보고를 주 임무로 하는 경제안정위원회를 설치하였다. 노동성 장관을 위원장으로 하고 노동, 농무, 재무의 각 장관들과 검찰총장 및 연방긴급구제국 장관을 위원으로 하는 이 위원회는 대통령에게 보고서를 제출하였다. 그리하여 이 위원회가 작성한 보고서를 기초로 1935년 8월 14일 사회보장법을 제정하였는데, 주요 내용은 다음과 같다(양정하 외, 2013: 70).

① 사회보험 프로그램: 연방노령연금과 실업보장제도(연방과 주가 함께 운영)
② 공공부조 프로그램: 노령부조, 요보호맹인부조, 요보호아동부조 등을 포함하는 연방보조금(주 운영)
③ 사회복지서비스 프로그램: 모자보건서비스, 절름발이 아동을 위한 서비스, 아동복지서비스, 직업재활 및 공중보건 서비스에 대한 연방 보조금(주 운영)

사회보장법의 제정으로 인해 미국은 국가개입의 시대가 확고하게 열렸으며,

사회보장제도가 전 세계적으로 확대되는 계기가 되었다. 사회보장제도 수립 이후 미국의 사회보장제도는 경제·사회적 변동과 함께 그 내용이 점진적으로 변화되어갔다.

3 사회보장의 확산과 발전: 복지국가의 등장과 발전

1) 국제기구의 역할

제 2차 세계대전 이후 식민지 국가들이 독립하면서 선진국의 사회보장제도를 도입하게 되었고 사회보장은 국제적으로 널리 확산된다. 이 과정에서 국제기구는 사회보장에 관한 조약이나 협약 혹은 권고 등의 형태를 발표함으로써 후발 국가들이 사회보장제도를 도입할 수 있는 기반을 마련하는 근거를 제공하였다.

관련 국제기구 중에서 국제노동기구(ILO)와 국제사회보장협회(ISSA)가 사회보장의 국제화에 기여한 기구로 손꼽을 수 있다.

ILO는 제1차 세계대전 후의 창설을 거쳐서 오늘날에 이르기까지 국제연합의 협력 전문기관으로서, 근로자의 근로조건은 말할 것 없이 사회보험 등을 포함하여 사회보장 수준에 관해서 그 체계와 권리보장을 실현해 왔다. ILO는 사회보장에 관한 각종 중요한 조약이나 권고를 채택하고 있다. 그래서 이러한 조약이나 권고는 그 조약의 비준에 의한 국내법화를 거쳐서 비준국가의 사회보장법과 행정체계에 커다란 영향을 미치게 된다.

ILO가 만든 제 2차 세계대전 후의 조약은 「사회보장최저기준조약(ILO 102호 조약 1952년)」, 「모성보호조약(ILO 103호 조약 1952년)」, 「산업재해·직업병 급여에 관한 조약(ILO 121호 조약 1964년)」, 「노령·장애·유족연금에 관한 조약(ILO 128호 조약 1967년)」, 「의료급여에 관한 조약(ILO 130호 조약

1969년)」 등을 들 수 있다(佐藤 進, 1981; 현외성, 2017a: 63).

이러한 ILO의 활동은 조약비준 등의 촉진을 통해서 ILO가맹국들이 사회보장을 통한 근로자의 인권보장은 물론이고, 구체적으로는 생산과정에 있어서 ILO에서 설정한 근로자의 근로조건과 생산환경의 최저기준의 설정 및 사회보장의 최저기준을 준수하도록 함으로써, 가맹국들의 관계입법과 그것에 의거한 행정시책 등에 영향력을 발휘하여 사회보장의 국제화에 기여하고 있다.

또한 국제사회보장협회(ISSA) 역시 사회보장의 국제화에 중요한 영향을 미치고 있다. 이 기구는 사회보장제도, 개별 국가의 부서와 기관을 위해 일하는 국제기구이다. ISSA는 전 세계에 걸쳐 회원국들에게 전문적인 가이드라인이나 전문지식을 제공하고, 서비스와 지원을 제공함으로써 회원국들이 사회보장체계와 정책을 개발하고 발전시킬 수 있도록 사회보장 행정을 증진시키고 있다. ISSA는 1927년 ILO의 후원으로 설립되어 2017년 9월 현재 회원은 160개국에 걸쳐 330개의 조직으로 구성되어 있다(국제사회보장협회, http://socialprotection.org/institutions/international-social-security-association-issa, 접속일 2017. 9. 6). ISSA는 '세계의 사회보장 프로그램(social security programs throughout the world)'라는 사회보장에 관한 전 세계 국가들의 사회보장 관련 자료를 수집하고 편집하여 정기적으로 출판하여 사회보장제도 발전에 기여하고 있다.

2) 베버리지보고서

1909년의 보고서 이후 실시된 많은 사회보험의 입법화는 비록 다수파의 권고가 받아들여진 일련의 형태이나, 이후 모든 사회정책의 발전에서는 소수파 의견과 영향력을 무시할 수 없다.

오늘날 '요람에서 무덤까지'라는 복지국가 체제에의 성립을 보게 된 것이 실질적으로는 구빈법과 구빈법적 세계관 및 그 행정적 실천의 폐기를 향한 웹 등의 권고와 노력에서 출발하여 최저생활의 보장을 지향하는 1942년의 베버리지계획과 1945년에서 1948년까지 사회보장제도의 전면적 실시에 따라 현실화되어 갔다고 할 수 있는 것이다(孝橋正一 著, 중앙사회복지연구회 역, 1991 : 236).

즉, 세계사적으로 제 1차 세계대전 발발 후 제 2치 세계대전까지의 진쟁기간 동안 정치, 사회, 경제적인 변화가 있었다. 특히 영국에서는 1911년 국민보험법의 입법화 이래 사회보험의 입법과 원리에 다양한 변화가 있게 되었으며, 동시에 사회보장의 수준과 관련된 국민최저수준(national minimum)의 개념에 대한 요구가 증대하게 된다. 이 과정에서 1941년 5월 영국은 역사적인 사회복지의 개혁에 착수하게 되었으며, 베버리지를 중심으로 조직된 사회보험 및 관련 서비스에 관한 각종 위원회에서 유명한 베버리지보고서의 탄생을 보게 된다.

베버리지는 기존의 복잡하고 산만한 사회보험을 하나의 통일된 체계로 통합할 것을 권고하였으며, 자영자를 포함한 포괄적인 사회보험을 제안하였다. 또한 보편주의 원칙하에 정액기여제(flat-rate contribution)와 최저수준의 정액급여제(flat-rate sunsistence benefit)의 도입을 주장하였다. 그리고 이 보고서에서는 사회문제를 5대악, 즉 무지, 불결, 질병, 나태 및 결핍으로 규정하고, 사회보험의 성공을 위한 전제로서 완전고용, 포괄적 보건서비스 및 가족수당의 필요성을 강조하였다(Fraser, 1970 : 199; 한국복지연구회, 1990 : 76 재인용).

베버리지보고서 이후 1945년의 가족수당법(the Family Allowances Act), 1946년의 산업재해 국민보험법(the National Insurance Industrial Injuries Act)과 국민보험법(the National Insurancc Act) 및 국민보건서비스법(the National Health Service Act), 1948년의 국민부조법(the National Assistance Act) 등 위 보고서의 권고사항들이 속속 입법화되었다. 그리하여 소위 '요람에서 무덤까지'라는 복지국가의 골격을 갖추게 되면서 영국 국민은 각종 사회적 위험으로부터 최소한의 보장을 받을 수 있게 되었으며, 사회급여는 시혜가 아닌 하나의 권리로서 제공받게 되었다(현외성, 2016b).

1948년의 국민부조법의 성립과 더불어 영국은 구빈법의 잔재를 완전히 청산,

최저생활보장의 이념을 현실화했고 이후 자본주의제도의 규정과 한계 내에서 사회보장제도는 변화와 발전의 양상을 거듭하고 있다. 이러한 사회보장제도를 바탕으로 영국은 1970년대 초반까지 서구 선진 복지국가의 맨 앞에서 역사를 만들어갔으나, 1970년대 중반 석유위기와 함께 생긴 복지국가의 재정파탄과 위기로 새로운 재편과 변화의 시기로 전환하게 된다.

3) 제 2차 세계대전 이후의 사회보장 발전과 확산

제 2차 세계대전 이후 사회보장제도는 활발하고 뚜렷한 발전과 함께 전후 독립한 제3세계 국가들에게 사회보장제도가 확산되기 시작하였다.

1950년대부터 전후의 장기적인 세계의 경제성장을 바탕으로 서구 선진국들은 사회보장제도를 확대하고 충실화하는 작업을 시도한다. 어떤 학자들은 1945년부터 1970년대 중반까지의 이 시기를 복지국가의 확대기 혹은 '황금시기'로 정의하기도 한다. 특히 이 시기는 ① 공유된 시민권이라는 이념을 기반으로 훨씬 더 포괄적이고 보편적인 복지국가를 만들려는 급속한 초기의 개혁, ② 이런 확대된 제도 내에서 급여와 적용범위의 급속한 확대를 향한 직접적인 자원 증가의 실행, ③ 혼합경제와 확대된 사회복지제도에 호의적인 아주 폭넓은 기반을 둔 정치적 합의, ④ 경제성장과 완전고용의 실행을 가져온 것으로 여겨진다(C. Pierson 저, 현외성 · 강욱모 역, 2007: 172).

영국은 고도성장에 따른 생활수준의 향상과 사회적 니드의 변화로 인해 사회보험의 원리가 변화되었다. 1959년 국민보험 개정법을 통해 베버리지의 최저생계보장이라는 내셔널 미니멈과 균일기여, 균일급여의 원리가 무너지고, 급여 시 상대성을 충족시켜 줄 수 있는 소득별 급여제도가 도입되었다.

미국은 1960년대 중반부터 제도 개혁이 이루어지면서 주요한 프로그램이 도입되었다. 1962년과 1967년에 개인적 사회서비스(personal social service)에 관한 개정이 있었고, 1965년에는 고령자 의료보장을 위한 메디케어(Medicare) 프로그램과 장애자 등을 위한 의료보호로서 메디케이드(Medicaid) 프로그램이 각각 수립되었다. 독일은 1950년에 이미 경제부흥과 노동운동을 배경으로 사회보험을 비롯한 각종 복지체계가 종합적 체계를 갖추었으며, 1960년대에는 순조로운 경제발전을 바탕으로 사회보장제도가 대폭 확충 · 정비되었다(원용찬, 1998: 81).

제 2차 세계대전 전후 각국의 이러한 각국의 사회보장제도의 확대 · 발전은 사회적 지출에서 급속한 증가 현상을 보여왔다. 예를 들면, 1930년대 초 서유럽에는 노동인구의 약 절반만이 재해, 질병, 폐질, 노령보험에 의해 보호받았다. 간신히 5분의 1 정도만이 실업에 보호되었다. 그러나 1970년대 중반까지 노동인구의 90% 이상이 노령, 폐질, 질병으로 인한 수입상실에 대비한 보험혜택을 누리게 되었으며, 80% 이상이 재해보험, 60%가 실업보험에 적용되었다. 1950년에서 1955년 사이 약 0.95였던 사회보장비용의 연평균 증가율은 1970년에서 1974년 사이 3.45로 가속화되었다. 1950년대 초반에 GNP의 약 10~20% 정도를 지출하였던 사회적 지출은 1970년대 중반까지 GNP의 약 4분의 1 심지어 3분의 1 이상까지 증대하였다(C. Pierson 저, 현외성 · 강욱모 역, 2007: 173-174).

표 2-1 시회적 지출 증가, 1960-1975, GDP에서 차지하는 비율(%)

구분	1960	1975
캐나다	11.2	20.1
프랑스	14.4	26.3
서독	17.1	27.8
이대리	13.7	20.6
일본	7.6	13.7
영국	12.4	19.6
미국	9.9	18.7
평균	12.3	21.9

자료: C. Pierson 저, 현외성 · 강욱모 역(2007: 174).

4 사회보장의 재편: 복지국가의 위기와 재편

1) 위기의 배경과 재편방향

(1) 복지국가 위기의 배경

1960년대까지 세계적인 자본주의의 호황과 합의 정치 구도하에서 안정적으로 확대, 발전하던 서구 복지국가들은 1970년대 중반에 이르러 위기를 맞이한다. 위기의 배경으로는 ① 경기침체, 성장의 둔화 및 실업의 증대, 지하경제의 문제, 세금회피와 탈세 등의 경제적 배경, ② 정부에 대한 신뢰성의 저하, 정당에 대한 애착의 결여, 관료기구의 비효율성 및 통제 강화, 이익집단 중심의 비효율적 다원주의 등의 정치·행정적 배경, ③ 아노미 현상, 사회통합의 이완 현상, 성별·계층별 갈등 현상 등의 사회·문화적 배경 등이 제시되고 있다(현외성 외, 1992: 27-29).

하지만 1973년 10월 중동발 석유 생산량이 줄고 가격이 폭등하는 이른바 석유파동(oil shock) 이후 복지국가 위기의 배경에는 혼합경제와 포디즘 생산체계의 붕괴, 전후 합의의 붕괴, 노동연대의 약화 등의 좀 근본적 변화가 있었음에 주목할 필요가 있다(감정기 외, 2006: 257).

(2) 복지국가의 재편: 신보수주의적 재편

이러한 복지국가의 위기로 인하여 서구 복지국가는 다양한 방향으로 재편성되는 경향을 보이지만, 주된 흐름은 신자유주의 혹은 신보수주의적 재편의 모습이다.

신보수주의적 관점은 정부개입을 가능한 한 줄이고 자율시장의 기능을 활성화하며, 개인의 자발성을 강조하는 방향으로 정책을 실천해 나가는 것이다. 이러한 신보수주의적 사회정책의 대표적인 예가 바로 레이건 정부의 미국과 대처(Thatcher) 정권의 영국이다.

신보수주의는 기본적으로 복지국가의 핵심원리와 제도를 부정한다. 즉, 복지국가의 일반원리란 정부가 모든 시민의 최소한의 생활 수준을 유지시킬 책임을 져야 한다는 것이다. 이러한 목적은 세 가지 방향으로 이루어진다(Mishra, 1990 : 18-19; 1992 : 7-10). 첫째, 높고 안정된 고용수준을 유지할 수 있도록 시장경제를 규제하는 것과 둘째, 복잡다단한 사회에서 시민들의 기본적인 욕구를 충족시키기 위하여 일련의 보편적인 사회서비스, 특히 교육, 소득보장, 의료 및 대인 사회서비스를 공적으로 제공하는 것, 셋째, 예외적인 경우의 욕구를 충족시키고 빈곤을 감소시키기 위하여 소득조사나 자산조사를 통한 안전망(safety net)으로서 부조서비스를 제공하는 것 등이 그 내용이다. 이렇게 완전고용, 보편적 사회서비스 및 사회부조가 바로 사회권으로서 국민 최저수준의 생활을 유지시키는 집합적 책임의식의 구체적인 표현인 것이다.

신보수주의는 이러한 전략으로 발달된 복지국가가 그 결함의 요인으로 지적받고 있는 낭비와 비효율성을 해소하고, 정부의 과부담과 관료주의적 비능률성을 줄이고, 궁극적으로는 정부에 대한 실추된 신뢰감 회복이라는 목표를 지니고 있다고 볼 수 있다.

영국의 신보수주의적 정책은 1979년 집권한 대처 수상으로부터 시작된다. 대처의 주요 신보수주의적 정책 중 특히 사회정책 부문에서의 목표로 내세우고 있는 전략은 민영화(privatization), 지방정부의 억제, 불평등의 장려 등으로 집약된다(Johnson, 1990 : 7-32).

2) 사회보장의 재편 혹은 축소

각국의 사회보장제도의 재편은 사회보장 급여의 축소, 급여자격의 잔여화 혹은 선별주의화 그리고 노동연계복지의 강화 등으로 요약된다. 그 결과로 사회보장 비용의 축소와 삭감이 단행된다.

(1) 사회보장 급여의 축소

복지국가의 위기로 인한 사회보장제도의 재편 경향은 먼저 급여의 축소로 나타났다. 여러 가지 사회보장제도의 급여내용이나 수준을 삭감하는 형태를 보였다. 예컨대, 사회보장 급여를 제공함에 있어 매년 발생하는 인플레 수준을 반영하지 않음으로써 실질가격이 감소하는 결과를 가져왔다든지 급여자격 심사에서 자산조사를 엄격하게 함으로써 사회보장급여 수혜에서 탈락하게 한다든지 연금급여를 받을 수 있는 연령을 높게 책정하는 방식이 대표적이다. 즉, 사회보장 급여 대상자들이 급여의 축소를 민감하게 알아차려서 저항하려는 것을 방지하도록 제한적이고 점진적인 축소와 회피전략을 구사하는 것으로 판단된다. 표 2-2에서 보는 바와 같이 사회보장 급여의 삭감이 여러 가지 급여에서 진행되었다.

표 2-2 OECD 국가의 급여 삭감

급여형태	변경사항	예
노령연금	퇴직연령을 높임 완전연금 수혜자격 기간의 증가 인플레이션에 맞춰 급여를 인상시키는 근거를 낮춤 연금의 소득심사	영국, 뉴질랜드, 이태리, 일본 프랑스, 포르투갈, 아일랜드, 핀란드 영국, 프랑스, 스페인 오스트리아, 덴마크, 호주
장애	무능력에 대한 보다 엄격한 심사 새로운 기간 제한, 급여 축소	영국, 미국, 네덜란드, 노르웨이 영국, 미국, 네덜란드
실업	급여 기간의 축소 급여 수준의 축소 자격 축소	벨기에, 영국, 덴마크, 미국 독일, 아일랜드, 뉴질랜드, 스위스 네덜란드, 영국, 벨기에
가족수당	실질가치를 내리거나 자격을 축소	영국, 스페인, 네덜란드

자료: C. Pierson 저, 현외성 · 강욱모 역(2007: 225).

(2) 사회보장 급여자격의 선별주의 경향

두 번째 특징은 각종 사회보장 급여자격을 심사하는 것을 엄격하게 함으로써 급여 수급자격에서 탈락하게 하는 방식은 결국 전후의 보편주의적 급여에서 선별주의적 성향으로 선회하였음을 말한다. 각국은 가능한 사회보장 급여를 받을만한 자격있는 사람은 급여를 제공하고, 그렇지 않은 사람은 급여 수혜를 받지 못하게 하는 정책기조를 수립한 것으로 보인다. 즉, 제한된 복지재원을 필요한 사람들에게 제한하여 제공함으로써 효율성을 높이면서 복지재원을 절약하려는 전략으로 풀이된다. 영국의 경우 전후 베버리지의 보편주의적 사회보장원리는 복지국가의 재정위기로 인하여 잔여적 선별주의적 경향을 띤 구빈제도의 복귀를 의미한다.

(3) 근로연계복지의 강화

복지국가의 세 번째 전략은 사회보장 급여를 가능하면 노동과 연계시키거나 생산성 있는 급여로 전환하는 것이다. 전후의 방만하였던 생활보장의 성격을 가졌던 복지급여를 노동유인, 고용촉진과 연계시킴으로써 급여 대상자 중 일할 수 있는 사람을 일하게 하여 자립을 유도하고, 복지수급을 줄이고 복지재정을 축소시키려는 노력이라고 볼 수 있다.

또한 적극적 노동시장정책이 이 시기에 이루어졌는데, 이는 복지제도와 경제정책을 긴밀하게 연계시키는 것으로서 직업훈련, 직업 알선과 배치 등의 정책을 통해 노동시장의 유연성과 탄력성을 높이고, 산업의 활성화를 통해 복지와 경제가 선순환적으로 작동하게 하는 전략이다. 이는 노동시장에서의 탈락을 방지하여 복지대상자로 전락하는 것을 막아, 결과적으로 사회보장 비용을 절감하는 효과를 가져오는 동시에 경제순환을 원활하게 하여 복지정책에도 유익한 파급효과를 가져오게 하는 것이다.

(4) 사회보장 비용의 축소 혹은 삭감

복지재정의 위기는 사회보장 비용의 축소 혹은 삭감을 초래하였다. 영국의 대처정부가 들어오면서 신보수주의적 재편 과정에서 복지축소를 시도하였으나, 사회지출의 절대액은 지속적인 증가를 보였다. 다만 1970년대 중반까지 사회지출의 예산 증가율은 복지국가의 황금기라고 일컬어지던 전후에서부터 1970년대 중반까지의 예산 증가율에 비하여 감소하는 추세를 보였다. 표 2-3과 같이 1960년부터 1990년까지 OECD국가의 GDP 대비 공공지출비와 사회지출비의 추이는 전반적으로 증가하였으나 1980년대 이후의 증가율은 그 이전의 증가율에 비하여 낮을 뿐만 아니라 사회지출비의 경우는 이러한 현상이 더욱 확연하게 드러나는데, 복지국가 위기 이후 재편의 특성이 복지비용, 사회보장 비용의 축소 경향을 발견할 수 있다(감정기 외, 2006: 276. 참조).

표 2-3 GDP 대비 공공지출비와 사회지출비의 비율 1960-1990(%)

	공공지출비				사회지출비			
	1960	1975	1980	1990	1960	1975	1980	1990
OECD	28.5	38.0	37.1	39.1	10.1	18.1	19.6	21.5
덴마크	24.8	48.2	56.2	58.3	9.0	24.2	26.8	27.8
프랑스	34.6	43.4	46.1	49.8	13.4	17.7	22.5	26.5
독일	32.0	48.9	47.9	45.1	18.1	26.2	25.7	23.5
그리스	17.4	26.7	33.1	53.3	7.1	8.6	11.1	20.9
이탈리아	30.1	43.2	41.9	53.2	13.1	21.0	21.2	24.5
네덜란드	33.7	55.9	54.9	54.1	11.7	29.6	28.3	28.8
스페인	13.7	24.7	32.2	41.8	7.8	11.8	16.8	19.3
스웨덴	31.1	48.9	60.1	59.1	10.8	21.2	25.9	33.1
영국	32.6	49.6	43.0	39.9	10.2	15.6	16.4	22.3
미국	27.8	43.6	31.8	33.3	7.3	14.5	13.4	14.6

자료: 감정기 외(2006: 276).

PART

2

사회보장의 이론

Chapter 3 • 사회보장의 목적과 기능

Chapter 4 • 사회보장의 전제 조건과 원리 · 원칙

Chapter 5 • 사회보장의 종류와 특성

Chapter 6 • 사회보장의 제도 분석틀

Chapter 03

사회보장의 목적과 기능

1 사회보장의 목적

사회보장의 목적은 학자와 국가에 따라 약간 상이하고 또 상호 중복되는 부분이 있다. 경우에 따라서는 사회보장의 목적과 기능 혹은 효과 등이 모호하고 혼합되어 있는 경우도 있다. 이 장에서는 크게 4가지로 구분하여 사회보장의 목적으로 설명하고자 한다.

1) 빈곤의 해소와 인간다운 생활의 유지

사회보장의 목적은 국가 사회의 진전과 함께 점차 다양해지고 있다. 첫 번째, 가장 전통적이고 기본적인 사회보장의 목적은 빈곤의 해결과 소득유지 그리고 이를 통한 인간다운 생활을 유지하는 것이라 할 수 있다. 앞에서 사회보장 개념을 논의할 때 살펴본 바와 같이, 사회구성원들이 사회생활상에서 직면하게 되는 사회적 위험과 사고의 결과로 발생하는 빈곤과 소득의 단절을 해결하기 위하여 사회보장제도가 필요하게 되었다.

공공부조제도는 절대 빈곤의 해소와 자립의 증진을 위해 작동되는 구빈적 특성을 지닌 사회보장제도의 일환인 반면에, 사회보험제도 중 연금보험이나 고용보험 등은 1차적으로 소득의 단절을 해결함으로써 빈곤의 나락으로 떨어지는 것을 예방하는 방빈적 특성을 지니는 사회보장제도라고 할 수 있다. 따라서 이러한 것을 통해 결국은 인간다운 생활을 유지하는 것을 목적으로 사회보장제도가 작동되고 있다.

2) 사회적 위험으로부터 보호를 통한 삶의 질 보장

두 번째, 사회적 사고 혹은 위험에 대응하는 것으로서, 빈곤을 포함하여 질병, 장애, 노령, 실업, 사망, 모성보호 등을 해결하기 위한 목적으로 각각 1대 1로 사회보장제도가 기능하고 있다. 물론 이들 사회적 사고는 근본적으로 화폐로 환원되는 특성이 있어 소득보장이라는 1원론적인 목적을 사회보장의 목적이라고 하는 학자들이 있는가 하면, 점차 다원사회, 복잡한 사회로 진전되는 가운데 비경제적 문제, 즉 화폐로 환원되지 않은 건강과 사회복지서비스로 사회보장의 목적을 2원론과 3원론으로 주장하기도 한다. 결국 사회보장의 목적은 사회적 사고나 위험으로부터 모든 국민을 보호하는 데 주된 목적이 있다고 할 수 있다.

3) 소득재분배를 통한 사회적 평등

세 번째, 소득의 재분배와 이를 통한 사회적 평등을 목적으로 한다. 사회적으로 소득의 재분배 방법은 주로 조세제도를 통해서 이루어지지만 사회보장을 적절하게 활용함으로써 소득재분배가 이루어진다. 특히 현대 복지국가에서 국민부담 부분 중 조세부담 못지않게 보험료 부담이 점차로 높아지고 있어, 이것을 적절하게 운용하여 소득의 재분배를 도모하는 국가가 대부분이다. 따라서 소득의 양극화 현상으로 불평등이 노정되고 사회적 불안정이 높아지는 것을 방지하는 한편, 사회적 평등을 확보하여 전체 사회의 안정화를 만들어가는데 사회보장제도가 중요한 역할을 수행하고 있다.

4) 사회적 연대감의 조성

네 번째, 사회적 연대감의 조성을 목적으로 한다. 사회보장제도는 사회구성원들 사이에 상호원조의 기본원리가 그 바탕에 깔려있다. 전통적인 민간의 상호부조 원리가 국가를 중심으로 공식적 제도인 사회보장제도를 통해서 사회적 위험과 사고를 공동으로 연대하여 방어하는 형식을 취한 것으로 해석할 수 있다. 사회보험제도에 가입한 보험자인 국민이 상호 연대하여 위험공동체를 형성하여, 보험사고에 집단적으로 대응하는 형식으로 보험료를 납부하고, 보험사고에 직면한 국민에 대하여 보험급여를 제공하는 것이다. 또한 공공부조제도 역시 국민들이 부담한 조세를 기반으로 한 재원을 빈곤가족이나 개인에게 무차별 평등하게 급여형태를 통해 제공함으로써 사회적 연대를 표현하는 것으로 이해할 수 있다.

2 사회보장의 기능

사회보장의 기능에 대해서는 여러 학자와 연구보고서 등에서 다양한 기능을 언급하고 있다. 최저생활의 보장, 소득재분배, 저축효과, 자본축적, 노동력의 양질화, 경기순환의 자동안정조절, 사회안정과 통합, 가족해체의 방지, 정치적 계급갈등의 해소, 자본주의 체제유지 등 수많은 기능을 열거할 수 있다.

여기서는 경제적 기능, 사회적 기능 및 정치적 기능으로 구분하여 설명하고자 한다. 또한 이러한 3가지로 대별되는 기능도 사회보장제도를 어떻게 운영하느냐에 따라 양날의 칼과 같이 순기능과 역기능을 가지고 있다.

다음에서 논의하는 이들 3가지 기능은 주로 사회보장제도가 가진 순기능적인 측면을 언급한 것이므로 3가지 기능을 설명한 다음에, 마지막으로 사회보장제도의 역기능적인 측면을 제시하고자 한다.

1) 경제적 기능

(1) 기본생활의 보장

사회보장의 일차적이고 명백한 목적은 국민들이 미래의 사회생활 중 예상되는 사회생활상의 위험과 사고에 대처하여 기본적인 인간다운 생활을 유지하는 것이다. 산업사회로 사회가 변화되는 가운데 각국은 사회변동에 따라 발생하는 각종 사회문제에 대응하여 모든 국민들이 기본적이고 인간다운 생활을 유지할 수 있도록 사회보장제도와 사회복지정책을 수립하고 실행하였다.

특히 산업혁명 후 자본주의 경제제도와 산업화가 진행되는 가운데, 과거의 전통사회에서는 볼 수 없었던 사회적 위험과 사고가 발생하였고 이에 따라 사회구성원들의 생활이 궁핍하고 어려워지고 사회혼란이 가중되었다. 국가의 경제 · 정치 · 사회적 상황에 따라 국민들이 삶의 과정에서 직면하게 되는 사회적 위험과 사고를 미리 예측하고, 이에 대처하기 위하여 정형화된 제도적 장치를 수립 · 시행하게 된 것이 바로 사회보장제도이다. 그러므로 사회보장제도는 모든 사회구성원이 사회적 사고와 위험으로부터 벗어나 기본생활과 인간다운 생활을 유지하는 것을 일차적인 목적으로 한다고 볼 수 있다.

(2) 소득재분배

사회보장의 두 번째 목적은 소득의 재분배이다. 소득재분배란 한 개인이나 집단으로부터 다른 개인이나 집단으로 소득이 이전되는 것을 말한다. 사회보장의 소득재분배를 티트머스(Titmuss, 1976)는 물질적 · 비물질적 자원을 부유한 자에게서 가난한 자에게로, 한 인종 집단에서 다른 인종집단으로, 근로

연령에서 퇴직한 연령계층으로 이전하는 것을 의미한다고 하였다. 또한 그는 소득재분배가 일어나는 시간적 기준에 따라 장기적 재분배와 단기적 재분배로 구분하였다. 단기적 재분배는 현재 드러난 사회적 욕구의 충족을 위해서 현재의 자원을 사용하여 소득재분배를 기하는 것을 말한다. 공공부조가 대표적인 예이다. 장기적 재분배란 생애에 걸쳐서 발생하는 재분배를 말하는 데 적립 방식의 연금이 좋은 예이다.

소득재분배의 유형은 여러 가지가 있는데, 그중에서 수직적 재분배와 수평적 재분배, 세대간 재분배와 세대내 재분배 등으로 구분할 수 있다. 수직적 재분배는 고소득 집단에서 낮은 소득 집단으로 소득이 이전되는 경우를 말하는데, 주로 연금제도가 그러하다. 수평적 재분배란 동일소득 집단 간에 이루어지는 재분배를 말하며, 동일 소득계층 내에서 재정적 측면에서 욕구가 큰 계층에게 소득이 이전되는 것을 말한다. 건강보험에서 건강한 사람에서 질병을 가진 사람에게로, 아동수당에서 가족 중 보호가 필요한 아동을 둔 가족에게 아동수당을 제공하는 것이 예가 된다.

(3) 저축효과와 자본축적

사회보장은 특히 사회보험 가입자일 경우 개인적으로 저축효과를 가진다. 적립방식의 연금제도는 장기적인 개인저축의 성격을 가지며, 이를 국가적으로 장기적인 자본축적으로 하여 재정 투·융자 재원으로 활용하는 경우가 많다. 대체로 연금보험의 경우는 가입기간이 20여 년의 장기적인 기간동안 개인적으로는 노후보장을 위한 저축효과를 가지고 있으며, 국가 전체적으로는 적립방식으로 축적된 재원을 국가의 경제·사회적 부문에 투자할 수 있는 자본으로 활용하고 있다. 축적된 연금기금의 활용과 운용과정에서 투자는 매우 중요한데, 연금기금의 투자는 국가경제에 있어 매우 의미있는 자본으로 거의 모든 복지국가에서 정책적으로 활용하고 있는 추세이다.

(4) 노동력의 양질화와 재생산

사회보장제도는 한편으로는 사회구성원의 인간다운 생활을 유지하고 삶의 질을 향상시키는 목적으로 가지면서, 다른 한편으로는 노동력의 재생산과 양질화에 기여한다. 공공부조는 말할 것도 없고 각종 사회보험은 노동자 그 가족을 안정적인 생활을 가능하게 하며, 산업재해보상보험제도와 고용보험은 직업훈련, 재활, 취업을 위한 알선, 보조금제도 등을 통해 노동력을 양질화하는 데 기여하고, 다음 세대의 노동력을 재생산하는 데 중요한 도움이 된다. 더 나아가 각종 사회보장제도가 가지고 있는 가족제도 지원이나 영유아의 출산이나 양육 그리고 휴가 등 역시 가족제도를 유지하고 노동력을 양질화하고 노동력을 재생산하는 데 유익한 역할을 수행한다.

(5) 경기순환의 자동안정조절

사회보장제도는 경기순환과정에서 경기를 안정화시키는 기능을 하는데, 이 기능을 '자동조절기능'이라고도 한다. 사회보장 재원으로 사용되는 세금이나 기여금 등은 경기변동에 영향을 미치는 폭이 크다. 예컨대, 세금의 경우 간접세보다는 직접세가 일반적으로 누진적인 성향을 띠고 있으므로 경기변동의 안정화에 기여하게 되는 폭이 크다. 또한 대부분의 국가에서는 사회보장 재원으로서 누진적인 직접세를 채택하는 것이 일반적이어서 경기변동에 기여하는 측면을 짐작할 수 있다.

직접세를 통한 사회보장 재원조달은 경기변동을 자동적으로 안정화시키는 작용을 한다. 경기가 가열되어 호경기가 되면, 이로 인하여 사람들의 실질소득이 증대한다든지 혹은 인플레이션이 가속화되어 개개인의 명목소득이 상승하지만, 누진세제하에서는 소득에서 세금이 차지하는 비율이 점차 높아질 것이다. 다시 말해 호황일 때에는 정부의 수입은 자동적으로 누진적으로 증가하여 재정의 수지는 호전된다. 따라서 조세의 증가는 경기를 진정시키는 작용을 한다. 또한 사람들의 가처분 소득의 신장률은 실질 GNP의 그것에 비하여 완만하다고 생각할 수 있으므로 소비가 억제되어 역시 경기가 진행되는 것을 막는 역할을 한다.

불황 시에는 실질적으로 감세가 이루어지는 결과가 되므로 경기를 자극시키는 효과를 갖는다. 다만 스태그플레이션 하에서는 명목소득이 증가하면 누진과세가 불황 시에 경기를 자극한다는 것은 고사하고, 오히려 불황을 장기화시키는 경우도 있다.

이런 측면에서 사회보장정책을 여러 나라에서 경제안정과 성장에 기여하는 정책목표로서 활용하는 경향이 있다(현외성, 2010).

2) 사회적 기능

(1) 가족해체의 방지와 사회문제 예방

오늘날 사회변동에서 야기하는 각종 문제는 가족을 해체시키는 사회적 환경이자 사회적 힘으로 작용하고 있다. 산업재해로 인한 질병과 장애는 가족구성원 중의 주 소득원으로 하여금 노동능력을 감퇴하게 하여 소득의 단절과 함께 보건의료서비스를 필요로 하여 재정적 부담을 증가시키고 가족의 빈곤을 악순환시키는 것으로 작동한다. 이 경우 산재보험은 위험의 분산과 공동분담으로 소득의 단절을 보충하며 재활을 위한 보건의료서비스 비용을 지원하여 빈곤의 나락으로 떨어지는 것을 방지함으로써, 가족해체를 방어하며 그로 인한 사회문제의 발생을 예방하는 효과를 가진다.

이런 점에서 사회보장은 사회적 위험과 사고에 대응하여 가족해체를 방지하고, 사회문제의 발생을 유발시키지 않도록 하는 가족과 사회의 안전망 역할을 하는 것으로 이해할 수 있다. 그러므로 세계 복지국가는 다양한 형태의 사회보장제도를 수립하여 가족해체와 사회문제를 방지하는 사회안전망으로서 중요한 정책목표로 이용하고 있다.

(2) 사회안정과 통합

사회적 위험에 처한 개인이나 가족들이 늘어날 경우, 사회 전체는 혼란과 불안이 증폭될 수 있다. 사회구성원들 사이에 사회적 위화감이 증대되고 불평등이 높아갈 때 사회적 불만족과 갈등이 발생할 가능성도 높아진다. 사회보장은 제반 급여를 통해 일차적으로는 생활의 안정과 인간다운 삶을 확보하는 한편, 사회 전체적으로는 사람들 사이의 불안과 갈등을 해소하는 결과를 가져온다. 그리고 그 결과로 사회구성원들 사이의 신뢰가 증대되고, 연대감이 형성된다.

사회통합은 사회구성원들로 하여금 소속감을 높이고 상호 신뢰와 연대감을 가질 때 이루어질 수 있다. 사회보장은 어려움에 처한 사람들을 각종 사회보장 급여를 제공하여 위험의 분산과 공동부담을 통해 상호 원조함으로써 그 어려움을 극복하고, 자립하여 사회구성원으로서 정체성과 소속감을 갖게 한다.

3) 정치적 기능

(1) 계급갈등의 해소

산업혁명이 진행되면서 노동자 계급과 자본가 계급이 주류를 형성하는 산업사회가 되면서부터 각종 사회문제가 발생하기 시작하였다. 그중에 기존의 농민이나 귀족 계급이 점진적으로 노동자, 자본가 및 전문가 집단으로 변화되는 가운데 노동자와 자본가 계급이 충돌하기 시작하였다. 노동자 계급의 빈곤, 산업재해, 질병, 실업, 주거 등의 문제가 사회적 문제로 부각되는 가운데 한편에서는 사회주의 운동이 전개되었다.

조지와 윌딩(George & Wilding, 1984)은 노동자들이 직면하는 빈곤, 산업재해, 질병, 실업, 주거, 노령 등과 같은 사회문제를 각종 사회보장제도를 통해서 해결함으로써, 노동자 계층의 불만을 줄이고 노동자와 자본가 간의 계급갈등을 해소하는 정치적 안정과 급진적 경향을 막는 기능을 한다고 주장하였다.

(2) 자본주의 체제 유지와 복지국가화

산업화로 인한 자본주의 체제의 생성과 발전은 노동자와 자본가 계급의 분화를 가져왔고, 그 충돌이 자본주의 전개가 진행되는 가운데 심화되고 격화되어 갔다. 역사적으로 산업화 초기의 자유방임주의, 자본주의 경제체제는 더 이상 노동자와 자본가 사이의 갈등과 대립을 용인할 수 없는 상태에 이르게 되면서 정부의 개입이 시작되었다. 즉, 노동자의 사회적 어려움으로부터 야기되는 생활문제를 해결하여 계급간 갈등을 해소함과 동시에, 더 나아가서는 자본주의 체제를 공고화 내지 안정화시키려는 노력이 경주되기 시작하였다.

뉴딜정책이 역사적으로 이러한 국가개입의 중요한 계기로 손꼽힐 수 있는데, 국가가 대규모 사업을 통해 자유방임적 자본주의 체제에 개입하는 새로운 자본주의 체제인 수정자본주의 형태로 가는 사건이었다. 결국 각종 사회보장제도를 통한 국가개입은 자본주의 체제가 가진 한계를 부분적으로 수정하는 복지국가로의 길을 터놓은 결과를 가져왔다. 노동자의 생활상의 어려움을 사회보험과 공공부조 등의 제도적 장치를 통해 해결함으로써, 노동자들이 새로운 형태의 자본주의 체제에 순응하여 살아가도록 하는 기능을 수행하였고 해석한다.

피븐과 클로워드(Piven & Cloward, 1971)는 미국 복지재정의 흐름을 분석하여 공공복지 재정이 확대되는 시기와 축소되는 시기를 연구하였다. 그리하여 대량실업 등과 같은 사회·경제적 무질서와 어려움이 발생하면 공공복지 재정이 확대되고, 대량실업 등이 약화되면 공적복지 재정이 줄어드는 경향을 분석하여, 정치적 안정과 노동자 계급의 통제를 위해 사회보장제도 및 사회복지제도가 기능하였다고 주장하였다.

물론 이들 주장은 미국 공적복지 재정분석을 통해 사회보장제도가 가난한 사람들과 노동자들을 사회적으로 통제하는 기능을 가졌다고 주장하는 소위 '사회통제론'을 제기하였으나, 미국 역사학자들의 광범위하고 오랜 논쟁 끝에 사회보장제도의 '사회복지 혹은 사회통제'의 기능논쟁은 구체적인 결론을 맺지 못한 채 종식되었다(Trattmer, 1983).

그럼에도 불구하고 사회보장제도는 '통제 혹은 복지'라는 논쟁을 넘어서 노동자와 그 가족의 생활문제를 해결하며, 결과적으로 자본주의 체제를 유지케 하며, 그 제도적 장치는 결국 복지국가를 형성하는 데 기여하였음을 분명하다.

4) 사회보장의 역기능

이상과 같이 사회보장제도는 각각의 다양한 제도를 통해 경제, 사회, 정치적 기능을 수행하고 있다. 통상 이러한 사회보장의 기능을 순기능이라고 한다면, 제도 설계와 운용 시에 생각하지 못하거나 일부분은 예측하는, 사회의 여러 측면에 부정적인 기능도 발생할 수 있다. 부정적인 사회보장 기능을 역기능이라고 하는데, 몇 가지 알아보자.

(1) 조세부담과 재정적자

사회보장제도의 재원은 조세와 보험료, 수익자 부담 등이 주류를 이룬다. 사회보장제도가 발달할수록 재정규모도 커진다. 결국 국민들이 부담하는 조세와 보험료가 늘어 국민들의 삶에 가중된다. 즉, 국민 한 사람 한 사람의 가계의 가처분 소득을 줄어들게 하여 생활에 부담을 주는 역기능을 가져오며, 재정규모가 더욱 커질 경우 국가 재정의 적자를 발생시켜 심각한 어려움을 야기한다. 경우에 따라서는 사회보장 재정적자 부분이 다음 세대로 이전되어 계층 간 갈등이 되기도 한다.

(2) 인구조절의 어려움

각종 사회보장제도 중 사회수당은 특히 인구증가를 유발시키며 늘어나는 인구조절에 어려움을 가져다 준다. 이러한 역기능을 주로 개발도상국가에서 볼 수 있다. 한편 선진국의 경우 사회보장제도의 발달은 경우에 따라서는 출산율을 낮추고 인구저하 현상을 초래하는 영향을 주기도 한다.

(3) 근로의욕의 감퇴와 생산성 저하

사회보장급여는 빈곤가계의 경우 근로의욕과 도덕적 해이를 초래하는 경우가 종종 있다. 예컨내, 근로 활농을 통해 어렵게 적은 소득을 획득하기보다는 차라리 공공부조 대상자 자격을 가져서 복지급여를 받으려는 근로의욕 감퇴가 사회보장제도의 역기능으로 지적되기도 한다. 또한 사회보험제도가 적절하게 확보되어 있는 경우 도덕적 해이와 생산성 저하 현상이 일어날 수 있다는 주장도 종종 제기된다.

(4) 개인저축 감소

사회보장 급여 중 연금을 포함한 산재보험이나 건강보험은 국민들이 관련 사회적 위험에 대비하기 위하여 개인적인 저축이나 민간보장제도에 상대적으로 관심을 적게 두는 결과를 가져오기도 한다. 예컨대, 노후보장를 위한 개인저축을 소홀히 한다는 견해가 있으나, 최근에는 연금제도의 수립이 100년 이상인 선진국의 경우 사회보장의 한계와 인구변동으로 인하여 연금보험 급여만으로 노후보장이 어려워 소위 '3층보장(3 tired system)'이라는 공사혼합 연금제도를 통해 안전한 노후소득보장을 권고하고 있는 추세이다. 오늘날 연금제도가 가지는 소득보장의 한계는 개인저축을 결코 감소시키지는 않을지라도, 개발도상국가의 경우 연금제도는 개인의 저축을 축소하는 영향을 미친다는 연구결과들이 있다.

(5) 투자재원 감소로 경제성장 둔화

연금제도나 산재보험제도는 기금의 장기적 축적으로 국가의 재정투 · 융자에 도움이 되기도 하지만, 기업이나 개인의 사회보험료 부담은 상대적으로 사회 전체의 투자재원을 감소시키고, 특히 기업의 사회복지재정 혹은 사회보장재원부담으로 인하여 그만큼 투자재원이 감소하는 경향이고, 결과적으로는 국가 전체의 경제성장에 도움이 되지 못한다.

(6) 복지의존과 도덕적 해이 발생

사회복지제도나 사회보장제도가 다양해지고 급여수준이 나아질 경우 복지의존자가 늘어나고 도덕적 해이 현상도 부작용으로 생기는 경향이 있다. 즉, 사회보장제도의 대상자에 대한 관대한 기준은 결국 복지의존자를 양산하거나 근로의욕을 약화시키는 등의 도덕적 해이 현상을 발생시킬 수 있다. 더 나아가 복지급여를 둘러싼 과잉, 남용, 악용의 사례들이 나타나기도 한다.

Chapter 04

사회보장의 전제 조건과 원리 · 원칙

1 개념

원리와 원칙은 어떤 일을 수행하거나 조직에서 조직을 관리, 운영하는데 중요한 것으로 인식되고 있다. 또한 조직의 구성원들이 원리와 원칙을 잘 이해하고 그것을 준수할 때 성공적인 조직이 되고 성장, 발전한다.

원리는 '사물의 근본이 되는 이치' 혹은 '행위의 규범' 등으로 국립국어원 표준국어대사전에 풀이되어 있다. 즉, 원리는 사물이나 조직 등의 근본 이치, 사물이나 조직이 구성되고 활동하는 근간이 되는 것을 말하며, 조직의 구성원이나 구성요소의 기능이 준수하고 따라야 하는 행위의 규범이라는 것이다. 규범은 집단 간의 약속으로서 행동이나 행위 시에 따라야 하는 내용을 말한다.

원칙은 '어떤 행동이나 이론 따위에서 일관되게 지켜야 하는 기본적인 규칙이나 법칙'으로 풀이되는데, 원칙은 원리의 하위요소로서 원리를 지키기 위해 필요한 행동상의 기본적인 규칙이나 법칙인 것이다.

예를 들어, 경제 원칙은 '인간의 효율적인 경제생활을 이루기 위하여 따라야 할 기준', '가장 적은 비용으로 가장 큰 효과를 얻으려는 경제상의 원칙'이라고 할 수 있다. 또 예산 원칙은 '예산을 편성하고 운용할 때 가져야 할 원칙으로서 안전성의 원칙, 통일성의 원칙, 공개의 원칙, 사전승인의 원칙 따위가 있다(http://krdic.naver.com).' 사회복지 부분에서 특히 공공부조의 원칙에는 몇 가지가 관련법에서 언급되고 있는데, 공공부조급여를 제공하는 과정에서 지켜야 할 원칙으로 공공책임의 원칙, 최저생활보장의 원칙, 보충성의 원칙, 타법우선의 원칙, 자립조장의 원칙, 무차별평등의 원칙 등이 그것이다(현외성, 2016).

이상과 같은 점에서 사회보장의 원리와 원칙은 결국 사회보장을 구성하거나, 사회보장을 제도적 장치로서 실행할 경우 지켜야 하는 기본적인 행동규범으로 이해할 수 있다. 그러므로 사회보장제도의 원리와 원칙은 매우 중요하며, 이에 대한 학습과 이해가 필요하다. 이 장에서는 사회보장제도의 전제조건과 원리 및 원칙을 살펴본다.

2 사회보장제도의 전제 조건

사회보장제도는 산업화, 자본주의, 민주주의 등과 같은 역사·사회적 장치들과 함께 전개, 발전되어 온 사회제도이다. 사회보장제도는 인간다운 생활을 유지하기 위해 인류가 발전시켜 온 중요한 유산이자 사회제도이지만, 여전히 한계를 지니고 있다. 따라서 사회보장제도는 진공상태 속에 존재하는 것이 아니라 각국의 역사· 사회적 맥락 안에서 다양한 형태를 띠고 있다.

사회보장제도가 제대로 기능하려면 그 기본 바탕이나 혹은 환경적 여건이 갖추어지는 것이 필요하다. 예를 들어, 농업국가에서 농어업인이 대다수를 차지하는 곳에서 사회보장이 가능할 것인가? 사회보장제도를 운용할 수 있는 기술적 인력과 기술적 지식이 없는 곳에서 특히 복잡한 사회적 위험발생과 그것에 대응한 보험급여의 계산방법, 개인의 생애에 걸친 생활사고의 대응과 국민 전체에 대한 인구사회학적 미래예측력 등의 통계학적 인구가족, 미래학적 금융회계 및 거시경제 사회정책적 분석과 대응능력이 불가능한 사회에서 사회보장제도 실현이 가능할 것인가?

결코 그렇지 못할 것이다. 사회보장제도가 제대로 작동되어 국민들에게 인간다운 생활을 영위할 수 있도록 하기 위해서는 그 전제 조건이 필요하다. 어느 정도의 산업화, 자본주의 체제의 성장발전, 노사정의 건강한 사회적 합의를 이룰 수 있는 성숙한 민주주의, 인구사회학적으로 안정적 사회, 더 나아가 위험공동체를 견인할 수 있는 교양있는 시민의식 그리고 사회 전체의 공공복지 증진을 위해 개인의 자유의 제한을 균형있게 이룰 수 있는 복지국가의 법질서 등의 조건이 전제가 되어야 한다. 이 중에서 좀 더 구체적으로 언급되는 몇 가지 사회보장제도의 기본 전제 조건을 간략하게 설명하면 다음과 같다.

1) 생존권 보장

생존권이란 인간다운 생활보장을 국가에 요청할 수 있는 국민의 기본적 권리이다. 어떤 사회적 위험 상황에서도 국민은 보호받아야 하며, 인간다운 생활을 영위할 수 있도록 하는 것을 국가 존립의 근거로 하는 복지국가야말로 사회보장제도 실현의 기본 전제이다. 헌법은 국가 존립과 기능을 담은 최상위의 법규범이므로, 생존권 보장을 헌법에 규정함은 물론 그 하위 법률과 명령 등을 통하여 생존권을 실현하기 위한 구체적인 행위로서 사회보장제도를 실시하는 내용을 담아야 한다.

나병균은 사회보장의 원리라는 논문에서 '사회적 미니멈의 보장'과 '소득보장'을 사회보장의 원리라고 하였는데(나병균, 1986), 이는 결국 이 두 가지가 사회보장의 기초를 이루어야 하는 것으로 인식하였다. 이것 역시 생존권의 보장을 위한 것으로서 사회보장의 기본 바탕으로 이해할 수 있다. 세계 각국은 1919년 바이마르 공화국이 헌법에 생존권 규정을 도입한 이후 거의 모든 국가들이 생존권 조항을 헌법규정에 도입함으로써 복지국가를 지향하고 있다.

2) 완전고용의 실현

완전고용은 일해야 하는 의지와 능력이 있는 사람은 일할 수 있는 상태를 말하는 것으로서, 케인즈(J. Keynes)가 말하는 자발적 실업, 마찰적 실업, 비자발적 실업 중에서 비자발적 실업이 없는 경우를 의미한다. 사회보장제도는 임금노동자의 임금 혹은 보수를 근거로 하여 설계 · 운용되기 때문에 임금노동자의 존재를 기본 전제로 하고 있다. 즉, 임금근로자가 매월 받는 급료를 기반으로 연금보험, 산재보험, 고용보험, 건강보험 등을 운용하며, 공공부조 역시 이들의 보수를 기반으로 하는 조세를 재원으로 운영되고 있기 때문에 완전고용의 실현이 사회보장제도의 전제 조건이 된다.

베버리지 역시 1942년 그의 보고서에서 사회보장의 전제 조건으로서 아동수당, 포괄적 의료서비스, 고용수준의 유지 등을 세 가지 전제 조건으로 할 때 만족스러운 사회보장제도가 된다고 하였다(신섭중, 1998. 재인용). 완전고용은 사회보장의 기저를 이루는 전제 조건임과 동시에 사회보장제도를 실시함으로써 고용을 안정시키고 완전고용을 이루는 상호보완적인 관계도 성립된다고 볼 수 있다.

3) 최저임금제의 실시

완전고용이 되었다 할지라도 근로자의 임금수준이 인간다운 생활을 보장할 수 없을 뿐만 아니라, 미래의 위험에 대응할 수 있도록 보험료를 지불할 수 없을 만큼 임금수준이 낮다면 현실적으로 사회보장제도는 작동할 수 없게 된다. 따라서 완전고용과 함께 임금근로자의 임금수준이 인간다운 생활을 영위할 만큼 그리고 사회보험료를 지불할 수 있을 만큼 최저임금제도가 실행되어야 하는 것이 사회보장제도의 기본 전제 조건이다. 이런 측면에서 세계 각국은 최저임금제도를 공공복지를 위해 강제적으로 실행하는 것을 원칙으로 하고 있는 추세이다.

최저임금제와 사회보장제도의 관계를 살펴보면 다음과 같다.

첫 번째, 최저임금제는 사회보험의 급여수준 및 공공부조의 기준이 될 수 있다. 최저임금제의 확립은 사회보장제도의 급여수준을 향상시키는 데 영향을 미친다. 공공부조의 수준은 비록 열등처우의 원칙(principles of less eligibility)이 적용된다 하더라도 모든 국민의 인간다운 생활을 위한 최저생활보장의 기반이 될 수 있다. 열등처우의 원칙이 적용되지 않으면 근로자의 노동의욕을 상실케 할 수 있기 때문이다.

두 번째, 사회보장의 재원에서 근로자의 갹출금은 임금비례제가 일반적 원칙이다. 따라서 임금이 너무 낮으면 사회보장의 재정에 파탄이 올 수 있다. 이를 막기 위해 국고의 부담이 커질 수 있다.

세 번째, 저임금에 따른 비례갹출 비례급여의 원칙을 적용하면 저부담 저급여가 되는데, 이것은 모든 국민의 인간다운 생활에 대한 보장이라고 하는 사회보장의 의의와 기능을 기대할 수 없게 된다. 따라서 최저임금제는 사회보장의 전제 조건이 된다(박석돈, 2005).

4) 인구학적 재정적 안정: 지속가능성

사회보장제도는 기본적으로 '사회적 위험'의 공동부담과 공동대응이라는 사회연대 원리에 입각해 있다. 사회연대 원리는 사회구성원 모두가 이러한 사회보장제도가 가진 특성을 이해함을 기반으로 하면서 사회구성원들이 공동부담으로 보험료와 세금을 납부하는 것을 의미한다. 그만큼 도움을 받는 대상이 있는 반면 도움을 제공해야 하는 집단도 있고, 이러한 상호성과 호혜성은 인구학적으로나 재정적으로 지속적이고 안정적인 사회적 구조를 갖출 것을 필요로 한다. 만일 도움을 받아야 하는 인구집단이 상대적으로 많고 도움을 제공해야 하는 인구집단이 상대적으로 적다면, 국가·사회적으로 재정적 안정이 붕괴되고 사회보장제도는 성립하기 어렵다. 그러므로 장단기적으로 사회보장제도가 견실해야 하는데, 이를 위해서는 인구 및 재정적 안정이 필수불가결하고 전제 조건이 되는 것이다.

21세기 현대 복지국가에서 저성장 세계화와 함께 저출산고령화는 사회보장제도에 심각한 도전이 되고 있다. 임금과 연계된 사회보장제도와 다른 한편으로는 인구구성과 연계된 사회보장제도의 미래가 불확실하여 각국은 다양한 제도와 정책으로 지속가능한 사회보장제도를 모색하고 있다.

지속가능한 사회보장제도를 위해서는 먼저, 장단기적인 미래의 인구구성이 어떻게 전개될 것인지를 예측하면서 사회보장 재정을 운용해야 할 것이다. 두 번째는 이와 연관된 것으로서 복지재정을 염두에 둔 조세제도 혹은 조세수입을 적절하게 운용하는 정책이다. 세 번째는 장단기적 국가 재정계획을 보다 실효성 있고 구속력을 갖춘 재정규율 수단으로 활용하기 위해, 경기예측능력 제고를 통한 세수(稅收) 추계의 정확도 제고라든가 재원조달의 실현가능성 제고, 정부의 투자계획에 대한 심사분석 강화 등과 같은 '제도적' 노력을 경주할 필요가 있다. 또한 향후 재정의 지속가능성을 담보하기 위해서는 다소 경직적이면서도 강제적이고 '항구적인' 재정준칙(fiscal rules)을 '법제화'하는 방안을 적극 검토할 필요가 있다(김규판 외, 2013). 물론 이외에도 지방재정의 안정성을 확보하는 정책과제, 사회적 합의에 의한 사회보장 제도간 형평성과 균형을 조정하는 정책과제 등이 사회보장제도의 지속가능성에 중요한 요소이다.

3 사회보장의 원리와 원칙

1) 베버리지 보고서의 원칙

(1) 최저수준의 정액급여

베버리지는 소득보장을 위한 사회보험 급여수준은 최저한의 생존수준에 그치고 그 이상은 국민이 노력하여 보충적으로 소득을 보완하는 것이 바람직하다고 주장하였다. 최저수준의 정액급여는 국민을 궁핍으로부터 보호하고 그 이상은 개인의 책임으로 정하는 내용을 의미한다. 이때 정액급여는 실업이나 질병, 퇴직으로 인해 단절된 소득 정도에 상관없이 정액으로 지급한다(지은정, 2006).

(2) 정액기여금

정액기여금이란 기여금, 즉 보험료를 납부할 경우 소득수준이나 재산, 직업 등과 같은 사회경제적 수준과 가족수 등을 고려하지 않고 모든 사람에게 동일한 금액을 부담하게 하는 방식을 말한다. 보험가입자이든 고용주이든지 부유한 사람이건 가난한 사람이건 간에 자산 정도에 상관없이 동일하게 정책으로 보험료를 납부하는 원칙을 말한다.

(3) 행정책임의 통일

행정책임의 통일은 사회보험의 행정책임을 단일화 하는 것으로, 모든 기여금은 단일 사회보험기금에 적립되며 급여는 이 기금에서 지급되도록 한다는 원칙이다. 결국 국가가 사회보험의 관리운영을 책임지는 것을 말한다.

(4) 급여의 적절성

급여의 적절성은 일반적인 모든 상황의 생존에 필요한 최소한의 소득을 제공하며, 다른 재원이 없어도 그 자체로써 충분하도록 하는 원칙이다. 또한 욕구가 지속되는 한 자산조사 없이 지급하는 것을 말한다.

(5) 포괄성

포괄성의 원칙은 모든 사람과 욕구를 사회보장의 대상으로 하는 원칙을 말한다. 여기서는 근로자와 함께 고용주도 포함하는 모든 국민을 대상으로 포괄한다는 의미이다. 보편주의 원리가 적용되고 있다.

(6) 대상의 분류화

분류화의 원칙은 사회보험의 대상자를 생활방식, 고용형태, 소득원의 차이, 가정주부, 아동, 노인 등 다양한 집단별로 분류하는 것이다. 그러나 이런 대상자 분류는 일반인이 생각하는 것처럼 사회경제적 계급에 따른 것은 아니다. 시민의 생계능력을 고려한 분류는 아니라는 것이다. 베버리지가 주장한 분류화는 사회보험의 대상자 집단을 피용자, 자영업자, 전업주부, 기타 노동인구, 취업 전 청소년, 노동무능력 고령자 등 6개 층으로 구분한 것을 말한다. 이들 각 집단의 욕구는 서로 다르다. 예를 들어, 자영업자는 실업보험의 보호를 받을 필요는 없으나 장애인 대책은 필요하며, 가정부부는 장애인 대책과는 별로 상관이 없지만 결혼생활로부터 생기는 특수한 욕구, 즉 출산이나 가족해체 등과 관련된 욕구가 있다는 것이다(원석조, 2016).

이런 점에서 볼 때 베버리지 사회보험에서 분류된 대상은 경제적 혹은 사회적 의미의 계층이 아니라, 자산과 상관없이 모든 시민을 뜻한다. 즉, 사회보험은 동일하고 포괄적이되, 사회보험 대상(class)의 다양한 욕구나 상황, 삶의 방식을 고려해야 한다는 원칙이다(지은정, 2006).

2) 국제노동기구의 원칙

국제노동기구(ILO)는 1919년 제 1차 세계대전 종전 후 베르사유 평화조약으로 설립되었으며, 이후 1946년 12월 UN전문기구로 편입되었다. 국제노동기구는 사회정의가 보편적이고 지속적인 평화에 본질적인 요소임을 인정하는 가운데, 인권과 노동권을 국제적으로 인정하고 확산시키며, 사회정의를 증진시키기 위하여 활동하는 조직이다. 국제노동기구는 정부, 고용주 및 노동자 3자간의 대표기관으로서 유엔에서 활동하며, 2017년 현재 전 세계에 187개국이 회원국으로 되어 있다. 국제노동기구는 노동의 기준을 확립하며, 모든 남녀를 위한 적절한 노동을 만들어가기 위한 정책과 프로그램을 개발하고 있다(국제노동기구 홈페이지).

이 과정에서 국제노동기구는 사회보장과 관련하여 여러 가지 조약과 권고를 제시하여 제2차 세계대전 전후 사회보장제도가 각국에서 활발하게 정착되고 발전되도록 기여하였다. 예를 들어, 1942년 '사회보장에의 접근', 1944년 '소득보장의 권고', '의료보장의 권고', 1952년에는 '사회보장의 최저기준에 관한 조약' 등이 있다.

'사회보장 최저기준에 관한 조약'은 사회보장에 있어서 중요한 3가지 원칙을 결의하였다. 그것은 대상의 보편성, 비용부담의 공평성, 급여수준의 적절성이다(모지환 외, 2005).

첫 번째, 대상의 보편성 원칙은 한 국가에서 국민의 각계각층을 망라하여 모든 국민이 포괄적으로 적용되어야 한다는 원칙이다. 개발도상국의 경우 제도 도입 처음부터 전국민을 대상으로 하는 것 은 어렵지만, 장기적으로는 전국민을 대상으로 점진적으로 확대되어야 함을 지적하고 있다.

두 번째, 비용부담의 공평성 원칙은 사회보장 재정에 관한 원칙으로서 3가지를 포함하고 있다. 사회보장비용은 공동부담을 원칙으로 하되 재원은 보험료 또는 세금으로 충당하며, 자산이 적은 자에게는 과중한 부담이 되지 않도록 피보험자의 경제적 상태를 고려하여 결정하여야 한다. 또한 보험료에 대한 피보험자의 부담한계는 피보험자 계층의 직접 보호를 위해서 지급되는 전체 재원의 50%를 초과해서는 안 된다. 그 나머지는 사용자 부담, 특별세 수입, 일반재정의 보조금, 자본수입으로 충당되어야 한다. 마지막으로 어떤 경우든 보험 자체 수지로 운영이 어려울 경우 궁극적으로 국가가 책임을 져야 한다는 원칙을 내세우고 있다.

세 번째, 급여수준의 적절성 원칙이다. 이는 보험의 급여수준 및 급여방법에 관한 원칙이다. 여기에는 3가지 원칙이 있는데, 가족의 부양수준 원칙, 균일급여의 원칙, 비례급여의 원칙 등이 그것이다. 가족의 부양수준 원칙이란 보험급여의 총액과 수익자의 자력을 합한 것이 최저생활이 되도록 하려는 원칙이다. 균일급여의 원칙은 어느 수급자에게나 동액의 급여를 행한다는 원칙으로서, 보험급여가 기본급여와 부가급여로 이원화되어 있는 경우 기본급여에 적용되는 것이다. 즉, 최저기준선까지는 누구에게 동일하게 확보시켜 주어야 한다는 것이다. 비례급여의 원칙은 급여수준의 각 개인이 사회적으로 영위하는 생활의 정도가 모두 다르기 때문에 그것에 상응하는 정도의 급여수준이 되어야 한다는 것이다. 이는 각 개인의 임금, 보수 등에 비례하여 급여를 행하는 것을 말한다.

ILO는 국가 사이에 협력이 점차 긴밀해지고 국가간 자본과 노동의 이동이 잦아지는 상황에서 국제노동기구는 국가간 사회보장협정의 기본원칙을 제시하고 있다. 국가간 사회보장협정을 체결하는 목적은 해외주재 기업 근로자의 외국사회보장 비용부담을 해소하기 위해서, 외국 장기체류 또는 이민자의 양국 연금가입 기간을 합산하여 연금수급권을 보호하기 위해서, 외국기업의 국내 투자환경을 조성하기 위해서이다. 1964년에 발효된 ILO의 사회보장협정의 기본 원칙은 다음과 같다(김성숙, 2000).

첫 번째, '동등대우의 원칙'으로 사회보장제도의 적용 시 외국 근로자에 대하여 내국인과 동일하게 차별하지 않고 평등한 대우를 한다는 것이다.

두 번째, '이중 적용 배제의 원칙'으로 근로자 국적보유국의 법과 체류국의 법에 의해 이중으로 적용받지 않는 동시에 두 법의 적용에서 제외되어서도 안

된다는 것이다. 이 경우 근로사업장이 위치한 지역의 법을 따르는 것을 원칙으로 한다.

세 번째, '자격취득권리 유지의 원칙'으로 사회보험 수급권이 형성된 경우 수급권자가 본국으로 이주한 후에도 그 수급권은 그대로 인정해야 한다는 것이다.

네 번째, '가입기간의 합산원칙'으로 타국에서 사회보험에 가입한 기간은 본국제도의 가입기간에 산입하는 것을 원칙으로 한다는 것이다.

3) 세계노동조합연맹의 원칙

1961년 모스크바에서 개최된 세계노동조합연맹대회에서 '국제사회보장헌장'을 채택하였다. 이 헌장에서는 다섯 가지 기본원칙을 제시하였다(양정하 외, 2013: 45-46).

첫 번째, 근로자 무갹출의 원칙이다. 참다운 사회보장제도는 자신의 노동으로 생활하고 있는 자, 일할 수 없는 자, 일시적 또는 영구적 노동능력을 상실한 모든 사람들 및 그 가족들에게 본인의 어떠한 재정적 부담없이 법률로써 보장된 기본적인 사회적 권리를 확인하는 것을 토대로 해야 한다는 것이다. 이는 ILO의 '피보험자의 경제적 상태 고려' 주장보다 한 발 더 진전된 것이다.

두 번째, 의료의 사회화 원칙이다. 국가적 보건제도 또한 사회보장제도에 따라 근로자와 그 가족구성원에 대하여 전액 무상의료가 보장되어야 한다는 것이다.

세 번째, 사회적 위험의 포괄성 원칙이다. 사회보장은 그 원인과 이유에 구애되지 않고 질병, 출산, 신체장애, 노령, 근로재해, 직업병, 가족수당, 실업 및 사망 등을 포함하는 일체의 사회적 책임과 재앙에 대하여 적용되어야 한다.

네 번째, 적용대상의 포괄성 원칙이다. 모든 임금근로자 농업노동자, 가사노동자, 계절노동자, 견습공, 소농민, 소작인, 학생, 자영업자 그리고 육체적으로 일할 수 없는 모든 사람들에 대하여 사회보장이 행하여져야 한다는 원칙이다.

다섯 번째, 무차별 적용의 원칙이다. 사회보장에 대한 권리는 인종, 종교, 국적, 종교, 성, 연령에 따라 차별하지 않으며, 모든 사람에 대하여 평등해야 한다는 것이다. 또한 직업 차별, 경제의 공적 및 사적 부문간의 차별도 있어서는 안 된다는 것이다.

4) 우리나라 사회보장 관련법 상의 원칙

(1) 사회보장기본법

우리나라의 사회보장제도를 운영하는데 근간이 되는 법률은 사회보장기본법을 포함한 여러 가지 법이 있다. 그중에서 가장 기초가 되는 법률은 1995년 12월에 제정되고 1996년 7월에 시행된 사회보장기본법이다. 이 법은 제1조(목적)에서 '이 법은 사회보장에 관한 국민의 권리와 국가 및 지방자치단체의 책임을 정하고 사회보장정책의 수립·추진과 관련 제도에 관한 기본적인 사항을 규정함으로써 국민의 복지증진에 이바지하는 것을 목적으로 한다'고 규정하고 있듯이 사회보장제도를 실천하는 데 기초가 되고 있다.

이 법에서는 사회보장제도의 운영원칙을 규정하고 있다. 즉, 제25조(운영원칙)에는 5가지의 내용으로 운영원칙을 정리하고 있다. 첫 번째는 대상의 보편성의 원칙으로, 국가와 지방자치단체가 사회보장제도를 운영할 때에는 이 제도를 필요로 하는 모든 국민에게 적용하여야 한다는 내용이다.

두 번째는 사회보장 급여수준과 비용부담에 있어 형평성의 원칙이다. 즉, 국가와 지방자치단체는 사회보장제도의 급여 수준과 비용 부담 등에서 형평성을 유지하여야 한다는 것이다.

세 번째는 사회보장제도에 관한 정책결정 및 시행과정의 민주성 원칙이다. 국가와 지방자치단체는 사회보장제도의 정책 결정 및 시행 과정에 공익의 대표자 및 이해관계인 등을 참여시켜 이를 민주적으로 결정하고 시행하여야 한다고 규정하고 있다.

네 번째는 연계성과 전문성의 원칙으로서, 국가와 지방자치단체가 사회보장제도를 운영할 때에는 국민의 다양한 복지 욕구를 효율적으로 충족시키기 위하여 연계성과 전문성을 높여야 한다. 다양한 사회보장제도를 연계시키고 전문적으로 운용해야 한다는 원칙이다.

다섯 번째는 공공책임의 원칙으로서 사회보장제도 시행에 있어 사회보험은 국가의 책임으로 시행하고, 공공부조와 사회서비스는 국가와 지방자치단체의 책임으로 시행하는 것을 원칙으로 한다. 다만 국가와 지방자치단체의 재정 형편 등을 고려하여 이를 협의 · 조정할 수 있도록 규정하고 있다.

(2) 사회보장급여의 이용 · 제공 및 수급권자 발굴에 관한 법률(약칭 사회보장급여법)

우리나라의 사회보장제도를 실행하는데 중요한 또 하나의 법률은 사회보장급여의 이용 · 제공 및 수급권자 발굴에 관한 법률(약칭 사회보장급여법)로서, 2014년 12월에 제정되고 2015년부터 시행되고 있다.

당시 이 법을 제정하게 된 이유를 다음과 같이 밝히고 있다.

'늘어나는 복지예산과 서비스의 다양화에도 불구하고 현행 복지전달체계가 중앙행정기관별 · 지방자치단체별로 분절 운영되어 서비스의 효율적 연계를 기대하기 어렵고, 같은 대상자에게 복지혜택이 중복하여 제공되거나, 2월 26일 송파구에서 생활고를 비관한 세 모녀가 동반 자살하는 사건이 발생하는 등 도움이 절실한 계층이 복지의 사각지대에 놓이는 사례가 동시에 발생하고 있음.

개정된 「사회보장기본법」은 보건의료, 교육, 고용, 주거 등 다양한 복지서비스를 포괄하는 사회서비스 개념을 도입하여 국민의 보편적 · 생애주기적인 특성에 맞게 소득과 사회서비스를 함께 보장하는 맞춤형 사회보장제도의 운영을 지향하고 있으나, 이를 실현하기 위한 세부적인 실행방안과 절차가 미비하여 적절한 조사와 지급 이후의 사후관리의 미흡으로 국민의 예측가능성을 담보하지 못한다는 문제가 제기되어 옴.

또한 기존 사회복지사업법이 사회복지사업 중심의 서비스 이용 절차와 운영에 한정되어 있어 중앙행정기관과 지방자치단체의 유기적인 연계를 통한 지역단위의 사회보장을 제대로 이루어내지 못하는 한계가 있어 이를 보완할 후속조치가 절실히 요구됨.

이에 따라 사회보장급여의 신청, 조사, 결정・지급, 사후관리에 이르는 복지대상자 선정과 지원에 필요한 일련의 절차 및 방법 등에 관한 사항을 구체적으로 규정하고, 소외계층을 발굴하기 위한 신고의무, 보호대상자에게 필요한 급여의 직권신청, 보호계획 수립・지원, 상담・안내・의뢰 등 수급권자 보호를 강화하고 복지사각지대를 해소하기 위한 방안을 제도적으로 보완하려는 것임.

또한 중앙행정기관・지방자치단체 및 관련 공공기관 간 정보의 연계를 통하여 복지행정 업무를 전자적으로 지원하는 사회보장정보시스템의 원활한 운영을 뒷받침함으로써 복지사업의 효과성을 제고하는 한편, 중앙행정기관과 지방자치단체 간의 유기적인 연계와 통일성을 기하여 지역 단위의 종합적 사회보장과 지역 간 균형발전을 실현하기 위한 방안 및 지원체계를 정립하여, 궁극적으로는 국민이 자신에게 적합한 복지혜택을 선택할 수 있도록 하는 맞춤형 서비스를 제공함으로써 국민의 복지체감도를 향상시키려는 것이다(법제처 국가법령정보센터 홈페이지).

이러한 배경에서 제정된 사회보장급여법은 사회보장제도를 제대로 실행하려는데 목적을 두고 있다. 즉, 동법 제1조(목적)는 '이 법은 「사회보장기본법」에 따른 사회보장급여의 이용 및 제공에 관한 기준과 절차 등 기본적 사항을 규정하고 지원을 받지 못하는 지원대상자를 발굴하여 지원함으로써 사회보장급여를 필요로 하는 사람의 인간다운 생활을 할 권리를 최대한 보장하고, 사회보장급여가 공정하고 효과적으로 제공되도록 하며, 사회보장제도가 지역사회에서 통합적으로 시행될 수 있도록 그 기반을 구축하는 것을 목적으로 한다'라고 규정하고 있다.

사회보장급여법의 시행원칙은 결국 우리나라 사회보장제도의 시행원칙을 사회보장기본법과 함께 밝힌 것으로 풀이할 수 있다. 사회보장급여법 제4조

(기본원칙)에는 전체 6가지의 원칙이 규정되어 있다.

첫 번째, 사회보장급여가 필요한 사람은 누구든지 자신의 의사에 따라 사회보장급여를 신청할 수 있으며, 보장기관은 이에 필요한 안내와 상담 등의 지원을 충분히 제공하여야 한다.

두 번째, 보장기관은 지원이 필요한 국민이 급여대상에서 누락되지 아니하도록 지원대상자를 적극 발굴하여, 이들이 필요로 하는 사회보장급여를 적절하게 제공받을 수 있도록 노력하여야 한다.

세 번째, 보장기관은 국민의 다양한 복지욕구를 충족시키고 생애주기별 필요에 맞는 사회보장급여가 공정 · 투명 · 적정하게 제공될 수 있도록 노력하여야 한다.

네 번째, 보장기관은 사회보장급여와 「사회복지사업법」 제2조제3호 및 제4호의 사회복지법인, 사회복지시설 등 사회보장 관련 민간법인 · 단체 · 시설이 제공하는 복지혜택 또는 서비스를 효과적으로 연계하여 제공할 수 있도록 노력하여야 한다.

다섯 번째, 보장기관은 국민이 사회보장급여를 편리하게 이용할 수 있도록 사회보장 정책 및 관련 제도를 수립 · 시행하기 위하여 노력하여야 한다.

여섯 번째, 보장기관은 지역의 사회보장 수준이 균등하게 실현될 수 있도록 노력하여야 한다.

Chapter 05

사회보장의 종류와 특성

제1장 '사회보장의 범위와 형태'에서 사회보장은 사회보험, 공공부조, 사회수당, 사회복지서비스 및 사회서비스 등의 형태로 구성되어 있다고 간주하였다. 여기서는 사회보장을 구성하고 있는 각각의 내용을 조금 더 구체적으로 살펴보겠다. 사회보장을 구성하고 있는 하위 제도의 세부 내용과 그 특성을 중심으로 알아본다.

1 사회보험

1) 사회보험의 개념과 종류

(1) 개념

사회보험이란 보험기술을 이용하여 사회적 위험과 사고에 대비하기 위하여 조직된 사회보장제도의 하나로서, 주로 소득과 건강을 보장하는 것을 목적으로 한다. 사회보험이란 용어에서 알 수 있듯이 보험을 사회적·집단적으로 운용함을 내포하고 있다. 즉, 민간보험 원리와 기술적인 내용을 적용하여 국민으로 하여금 사회적 위험과 사고에 대비하게 함으로써 인간다운 생활을 영위하게 하려는 사회보장제도의 일환이다. 대체로 제반 사회적 사고와 위험으로부터 생활안전을 보장하기 위하여 정형화된 위험과 사고를 미리 예견하고 이에 대비하려는 것으로서, 민간보험과 다른 점은 국가·사회적으로 조직되고 법률에 기반한 강제보험의 성격을 지니고 있으며, 국가가 운영하는 형태를 지닌다.

사회보험이 역사적으로 발전되어 온 배경에는 산업화와 자본주의 그리고 민주주의와 같은 복잡한 정치·경제·사회적 요인들이 작용하였다. 초기 산업혁명 이후 생활은 열악한 노동조건과 저임금, 아동과 여성의 노동 등으로 생활의 궁핍과 노동력의 재생산이 어려워지면서, 자유방임적 자본주의는 국가의 개입으로 노동자와 그 가족의 생존권을 보장하는 수정자본주의로 변화되었다. 이 과정에서 사회적 취약계층으로서 노동자와 그 가족의 생존권을 보장하기 위하여, 자본주의의 전개과정에서 발생하는 각종의 사회적 위험과 사고를 방지하기 위하여 사회보험제도가 정착되었다.

(2) 종류

사회보험에서 대비하려는 사회적 위험과 사고는 산업화와 자본주의의 전개과정이라는 역사적 경험에서 주로 빈곤, 질병, 장애, 실업, 산업재해, 노령, 출산 및 다자(모성), 요양 등과 같은 것으로 집약되었다. 따라서 사회보험제도는 각국의 정치·경제·사회적 상황에 따라 약간의 차이는 있으나, 이러한 사회적 위험 혹은 사고에 대응하여 제도적 장치를 강화하여 왔다.

대체로 자본주의 초기과정에서는 노동자와 그 가족의 빈곤문제에 천착하여 소득보장을 목적으로 하는 사회보험과 공공부조제도를 운용하였다. 그 뒤를 이어 질병문제를 해결하기 위한 질병보험, 특히 최근에 와서는 보다 적극적인 개념인 건강보험제도, 산업재해문제에 대응하는 산업재해보상보험 그리고 노령으로 인한 소득의 단절과 빈곤에 대응하는 연금보험, 최근에는 실업문제를 개인문제로 간주하기보다는 자본주의의 경기변동으로 인한 사회구조적 환경으로 파악하여 실업보험, 더 적극적으로는 고용보험의 사회보험제도가 순차적으로 성립되었다. 가장 최근에 와서는 고령사회의 도래로 우리나라의 노인장기요양보험과 같은 장기요양보험 혹은 수발보험이 사회보험으로 제도화되었다.

표 5-1 사회보험의 종류

사회보험	사회적 위험과 사고	주요 급여내용
건강보험	질병, 장애	의료서비스, 건강진단과 예방서비스, 장애 및 재활서비스급여
연금보험	노령, 사망	노후소득보장(현금급여), 유족, 장애급여
산업재해보상보험	산업재해	산업재해사고 대상 의료서비스, 직업병 대응서비스급여
고용보험	실업, 직업훈련, 고용	실업급여, 직업훈련, 고용조정급여
노인장기요양보험	중풍, 거동불편, 치매, 와상 등	재가급여, 시설급여

2) 사회보험의 특성

(1) 특성

여러 학자들의 견해가 다르고 각국의 여건에 따라서 사회보험제도의 목적과 운영이 조금씩 상이할 수 있다. 그럼에도 불구하고 사회보장이 일반적으로 가지는 특성을 몇 가지로 간략하게 정리하면 다음과 같다.

① 생존권의 실현으로서 인간다운 생활의 보장

사회보험은 국가가 적극적으로 국민의 생활에 관여하여 인간다운 생활을 보장하기 위한 사회보장제도의 하나이다. 이것은 자유권적 기본권으로부터 시작된 국민의 기본권이 현대 복지국가의 존립근거가 되는 생존권의 보장에 와서는, 국민 전체의 생존권을 보장하기 위하여 경우에 따라서는 개인의 기본권을 제한하는 보다 적극적인 기본권으로 변모하고 있다. 이러한 배경에서 사회보험은 다양한 사회보험제도를 통하여 국민들이 사회생활 중에 봉착할 수 있는 사회적 위험을 방지하고, 인간다운 생활을 영위할 수 있도록 보장하기 위한 사회적 장치이다.

예를 들어, 연금보험의 경우 노령으로 인한 퇴직의 소득상실로 빈곤의 나락에 떨어지지 않도록 연금급여를 제공함으로써 노후 소득을 보장하여 인간다운 생활을 영위하도록 한다. 이때 연금급여는 가능한 한 최저한의 수준인 소득을 보장하면서 퇴직 이전의 생활수준을 보장하려는 것을 이상적인 목표로 하고 있다. 물론 연금 이외의 각종 사회보험 역시 다양한 급여를 제공하여 인간다운 생활을 보장하는 데 역점을 두고 있다고 하겠다.

② 국가 책임의 강제보험

두 번째 사회보험의 특징은 사회보험의 운영, 관리의 책임이 국가에 있고 법률에 의하여 국민 모두가 강제로 가입하게 하는 형태를 특징으로 한다. 현대 복지국가에서 생존권 실현은 국가의 책무이므로 그 구체적 실현방법이 사회보장, 사회보험제도인 것이다. 따라서 국가는 사회보험 관련 법률을 제정하여 그 운용을 공식화 하는 한편 모든 국민이 강제적으로 가입하는 형식을 취한다.

사회보험이 강제보험의 형식을 취하는 근거는 위험공동체로서 국민 전체를 대상으로 하는 것이 국민 개인이나 국가·사회적으로 유용하다는 점과 이념적으로 정당하다는 근거를 가지고 있기 때문이다. 그래서 사회보험은 재원조달에 있어 피보험자인 국민 개개인이 보험료를 부담해야 하지만, 그것이 어려울 경우 정부에서 필요에 따라 대납한다든지, 정부에서 사회보험제도의 운영비 일부를 부담하는 경우는 국가 책임의 강제보험 원리가 바탕에 깔려 있기 때문이다.

또한 사회보험의 가입을 국민의 자유로운 선택에 맡기지 않고 법률을 제정하여 강제화 하는 근거는, 국민 전체의 복지증진을 위해 개인의 선택권을 제한하는 것이 생존권 확보에 보다 유익하고 국가 전체에 유용하다는 이론적·이념적 근거가 있기 때문이다. 예를 들어, 사회보험료를 체납한 경우 피보험자의 사회보험 급여를 제한하거나 보험료의 체납액을 국세와 같이 강제징수권을 국가가 발동하는 경우가 그것이다.

③ 전국민을 대상으로 하는 보편주의 원리

사회보험은 전국민을 적용대상으로 하는 보편주의적 원리를 근거로 하고 있다. 물론 제도운용과 관련하여 보험료를 납입할 수 있는 집단을 대상으로 하는 과정에서 빈곤계층이 배제되는 역차별 현상이 나타나기도 하지만, 이상적으로는 그리고 제도를 확대해가는 과정에 가능한 한 전체 국민을 대상으로 하는 원칙을 가지고 있다.

인간다운 생활을 보장하는 이른바 생존권 보장을 위한 구체적 제도로서 작동되는 사회보험은, 국민 모두가 인간다운 생활을 영위해야 한다는 것이 그 이념상 혹은 정책 목표상 당연한 것으로 수용되고 있다. 연령, 성별, 사회경제적 수준, 인종, 종교 등에 관계없이 모든 국민은 사회보험제도의 가입자로서 생존권을 확보해야 하는 권리를 지니고 있는 것이다.

④ 소득재분배를 목적으로 평등화, 사회통합

사회보험제도는 사회적 위험과 사고를 해결하여 인간다운 생활을 보장하는 1차적 목적과 기능을 수행하면서, 국민들 사이의 소득재분배를 통해 불평등을 해소하고 소득의 평등화, 사회통합에 기여하는 제도이다. 사회보험제도를 통한 소득재분배는 여러 가지 과정을 거치면서 발생하는데, 먼저 사회보험료를 납부하는 과정에서 일어난다. 즉, 사회보험료를 책정할 때 소득이나 수입에 비례하여 누진율을 적용하여 보험료를 부과하도록 보험료 부과방식을 설정하는 것이다. 고소득이나 수입자에게는 상대적으로 보험료를 많이 납부하게 하는 한편, 저소득자나 저수입자에게는 보험료를 적게 납부하거나 면제해주는 방식을 사용하여 소득재분배를 가능하게 한다.

두 번째는 사회보험 급여를 지급할 경우 소득과 관계없이 욕구의 크기에 따라 급여를 제공하여 재분배효과를 도모하는 방식이다. 고소득자 또는 가족수가 적은 가족에게는 낮은 급여를, 저소득자 또는 가족이 많은 가구는 높은 급여를 지급하는 방식으로 소득재분배 효과를 달성할 수 있다(황인옥 외, 2006). 우리나라의 국민연금제도 역시 급여의 산정방식에서 기본연금액을 결정할 때, 소득비례부분을 반영하는 것은 소득재분배 효과를 가져오게 한다.

⑤ 3자부담의 비용분담

사회보험의 재원조달은 피용자, 사용자 및 국가의 3자가 분담하는 구조로 되어있다. 피용자의 경우 자기책임의 원칙에서 보험급여를 받기 위해서는 보험료를 분담해야 할 것이다. 또한 사용자의 보험료 분담은 현대사회의 사회법적 원리인 '무과실책임의 원칙'에 근거하여 마땅히 부담하여야 되는 법리적·이념적 원리에 근거하고 있다. 국가의 보험료 분담 배경은 국민의 기본권인 생존권을 보장해야 하는 책무로서 당연한 사실로 받아들여지고 있다.

사용자의 무과실책임에 따른 사회보험료의 분담배경은 산업현장 혹은 노동현장은 언제나 노동과 자본이 길항적 관계에 있으면서 현실적으로 자본이 노동을 지배하는 가운데, 그 현장이 근로자에게 불리한 환경에 처해 있다는 논리이다. 예를 들어, 특히 산재보험의 경우 산업현장, 노동현장에서 근로자는 '업무상 재해' 발생이 노동자의 태만과 잘못이라는 충분하고도 '상당한 인과관계'가 성립하지 않는 한, 산재사고를 사용자의 무과실책임으로 돌려 피재자인 근로자는 산재보험 급여를 제공받게 된다. 또한 산재보험은 예외적으로 다른 사회보험과는 달리 사용자의 전적인 책임보험으로서 사용자가 산재보험의 보험료의 전부를 부담하는 특징을 가진다.

(2) 사회보험과 민영보험

사회보험제도의 특징을 좀 더 깊이 이해하기 위하여 사회보험을 민간보험과 비교하여 보면, 유사점과 차이점이 있다. 그 구체적 내용은 다음과 같다.

① 사회보험과 민영보험과의 유사점

첫 번째, 사회보험과 민영보험은 사회적 위험을 이전하고 정해진 위험을 광범위하게 공동으로 분담한다.

두 번째, 사회보험과 민영보험은 적용범위, 급여, 재정과 관련된 모든 조건을 구체적으로 명시하고 있다.

세 번째, 사회보험과 민영보험에서 급여를 받을 자격과 급여량을 정하기 위해서는 명확한 계산이 필요하다.

네 번째, 사회보험과 민영보험은 운용에 필요한 비용을 충당할 충분한 기여금과 보험료가 필요하다.

다섯 번째, 사회보험과 민영보험은 급여를 받을 때 증명된 욕구에 근거하지 않는다.

여섯 번째, 사회보험과 민영보험은 사회구성원에세 경제적 안정을 제공함으로써 사회 전체에 유익하게 한다(Rejda, 1988; 노병일, 2009).

② 사회보험과 민영보험과의 차이점

첫 번째, 사회보험은 강제적 가입이 원칙이지만 민영보험은 자발적 가입이 원칙이다.

두 번째, 사회보험은 최저 소득만을 보호하나, 민영보험은 개인 희망과 개인 지불능력에 따라 더 많은 양의 보장을 받을 수 있다.

세 번째, 사회보험급여를 제공하는 근거가 법에 명시되어 있으나, 민영보험급여를 제공하는 근거는 계약에 있다. 즉, 사회보험이 법적권리에 근거한데 비해, 민영보험은 계약적 권리에 근거한다.

네 번째, 사회보험은 정부가 독점하고 있으나, 민영보험은 경쟁에 맡겨져 있다.

다섯 번째, 사회보험은 비용예측이 어려우나 민영보험은 사회보험에 비하여 비용을 예측하기가 비교적 쉽다.

여섯 번째, 사회보험은 재정을 완전하게 준비할 필요가 없다. 새로운 가입자로부터 기여금이 반드시 들어오고(강제가입이므로), 또한 사회보험 프로그램은 영원히 계속될 것으로 간주되기 때문이다. 그러나 민영보험은 완전한 재정을 준비할 필요가 있다.

일곱 번째, 사회보험은 정부의 과세력(taxing power)을 통해서 인플레이션 때문에 생긴 손상을 보상해 줄 수 있으나, 민영보험은 그렇지 못하므로 인플레이션에 취약하다.

여덟 번째, 비용부담에 있어서 사회보험은 공동부담을 원칙으로 하나, 민영보험의 경우는 본인부담을 원칙으로 하고, 부담의 정도에 있어서도 사회보험은 능력에 비례하여 부담하나, 민영보험의 경우는 개인의 선택에 따른다.

아홉 번째, 보험사고의 대상에 있어서, 사회보험은 인적손해를 담보하는 인보험이나, 민영보험에 있어서는 인보험(人保險) 뿐만 아니라 물보험(物保險)도 대상으로 한다.

마지막으로 사회보험은 조세제도를 통해 인플레이션에 대응할 수 있으나, 민영보험은 인플레이션에 약하다(황인옥, 2006).

다른 측면에서 보면 사회보험의 책임 주체가 국가라면 민영보험은 회사 혹은 개인이다. 사회보험이 사회보험법이라는 법률에 근거를 두는데 반하여 민영보험은 상법이나 보험법에 근거를 두면서 개별 보험의 약관에 의존하고 있다. 사회보험은 생존권을 바탕으로 한 사회적 연대에 기반을 둔다면 민영보험은 상호이익을 위한 계약에 의존하고 있다. 무엇보다도 보험료의 부담이 소득수준에 따른 능력비례부담이라면 민영보험은 위험 크기에 따라 보험료를 부담한다는 점이 다르다.

3) 한국의 사회보험 개요

한국의 사회보험은 5가지 종류로 구분된다. 연금보험, 건강보험, 산업재해보상보험, 고용보험 및 노인장기요양보험 등이 그것이다. 연금보험은 국민연금, 군인연금, 공무원연금, 사립학교교직원연금 등 직역별로 세분화되어 있다.

연금보험은 노령으로 인한 소득단절을 해결하기 위한 일종의 소득보장제도라고 볼 수 있다. 현재 국민의 대다수를 대상으로 하고 있는 국민연금제도의 목적을 살펴보면 '국민의 노령, 장애 또는 사망에 대하여 연금급여를 실시함으로써 국민의 생활 안정과 복지 증진에 이바지하는 것을 목적으로 한다(국민연금법 제1조)'라고 되어 있다. 직역별 연금보험은 그 직업의 특수성에 따라 노후소득보장을 해결하면서 각각의 직업별 특성이 갖는 부분에 대하여 연금보험으로서의 기능을 수행하고 있다.

표 5-2 한국의 사회보험 현황

<table>
<tr><th colspan="2">사회보험</th><th>사회적 위험 · 사고</th><th>주요 급여내용</th></tr>
<tr><td rowspan="4">연금보험</td><td>국민연금
(1988)</td><td>노령, 장애, 사망</td><td>노령연금, 장애연금, 유족연금, 반환일시금, 분할연금</td></tr>
<tr><td>군인연금
(1963)</td><td>퇴직, 장애퇴직, 사망, 질병 · 부상으로 인한 요양</td><td>퇴역연금, 퇴역연금일시금, 퇴역연금공제일시금, 퇴직일시금, 상이연금(傷痍年金), 유족연금부가금, 유족연금특별부가금, 유족연금일시금, 유족일시금, 사망보상금, 장애보상금, 사망조위금, 재해부조금, 퇴직수당, 공무상요양비, 유족연금</td></tr>
<tr><td>공무원연금
(1961)</td><td>퇴직, 사망, 공무로 인한 부상 · 질병 · 장애</td><td>단기급여: 공무상요양비, 재해부조금, 사망조위금
장기급여: 퇴직급여(퇴직연금, 퇴직연금일시금, 퇴직연금공제일시금, 퇴직일시금), 장해급여(장해연금, 장해보상금), 유족급여(유족연금, 유족연금부가금, 유족연금특별부가금, 유족연금일시금, 유족일시금, 순직유족보상금, 위험직무순직유족연금, 위험직무순직유족보상금), 퇴직수당</td></tr>
<tr><td>사학연금
(1974)</td><td>퇴직, 사망, 직무로 인한 질병 · 부상 · 장애</td><td>단기급여: 직무상요양비 및 요양일시금, 재해급여(재해부조금, 사망조위금)
장기급여: 퇴직연금, 분할연금, 조기퇴직연금, 장해연금, 유족연금, 장해급여, 유족보상금, 퇴직수당</td></tr>
<tr><td colspan="2">건강보험
(1999)
의료보험
(1977)</td><td>질병 · 부상에 대한 예방 · 진단 · 치료 · 재활, 출산, 사망, 건강증진</td><td>요양급여(진찰 · 검사, 약제(藥劑) · 치료재료의 지급, 처치 · 수술 및 그 밖의 치료, 예방 · 재활, 입원, 간호, 이송(移送)), 요양비, 부가급여(임신 · 출산 진료비, 장제비, 상병수당), 장애인보장구, 건강검진</td></tr>
<tr><td colspan="2">산업재해
보상보험
(1963)</td><td>업무상의 재해, 재해근로자의 재활, 사회 복귀 촉진, 재해 예방, 근로자의 복지 증진</td><td>요양급여, 휴업급여, 장해급여, 간병급여, 유족급여, 상병(傷病)보상연금, 장의비, 직업재활급여</td></tr>
</table>

(계속)

고용보험 (1995)	실업의 예방, 고용의 촉진, 근로자의 직업능력의 개발과 향상, 국가의 직업지도와 직업소개 기능 강화, 실직근로자 급여, 근로자의 생활안정과 구직 활동을 촉진	고용안정 · 직업능력개발 사업, 실업급여(구직급여, 취업촉진수당: 조기(早期)재취업 수당, 직업능력개발 수당, 광역 구직활동비, 이주비), 육아휴직급여, 출산전후휴가급여
노인장기 요양보험 (2007)	고령이나 노인성 질병 등의 사유로 일상생활을 혼자서 수행하기 어려운 노인 등에게 제공하는 신체활동 또는 가사활동 지원	재가급여(방문요양, 방문목욕, 방문간호, 주야간보호, 단기보호, 기타재가급여), 시설급여, 특별현금급여(가족요양비, 특례요양비, 요양병원간병비)

주: 관련 법률 참조(법제처 국가법령정보센터 홈페이지)

국민연금보험의 경우 1988년 제도시행 연도 말에 440만 명으로부터 시작하여 최근까지 가입자수는 빠르게 확대되었는데, 2017년 3월 현재 2,176만 명으로 늘어났다. 이러한 지표를 감안하면 국민의 대다수 노후소득보장에 국민연금이 기여하는 바가 크다고 할 수 있다.

표 5-3 국민연금보험의 연도별 가입자 현황 (단위: 개소, 명)

구분 연도별	총 가입자	사업장가입자		지역가입자			임의 가입자	임의계속 가입자
		사업장	가입자	계	농어촌	도시		
'88. 12.	4,432,695	58,583	4,431,039	–	–	–	1,370	286
'99. 12.	16,261,889	186,106	5,238,149	10,822,302	2,083,150	8,739,152	32,868	168,570
'08. 12.	18,335,409	921,597	9,493,444	8,781,483	1,940,510	6,840,973	27,614	32,868
'15. 12.	21,568,354	1,537,250	12,805,852	8,302,809	1,949,757	6,353,052	240,582	219,111
'17. 03.	21,759,440	1,683,756	13,201,980	7,941,930	1,852,107	6,089,823	313,757	301,773

자료: 국민연금공단 홈페이지.

한편 국민연금보험의 급여 역시 매우 빠르게 증가하고 있다. 국민연금보험의 연도별, 급여종류별 지급현황은 표 5-4와 같다. 2017년 3월 현재 전체 수급자는 4,242,591명이며 수급액은 4,573,488백만 원이다. 그리고 표 5-4에서 연금급여의 종류별 현황과 일시금의 종류별 지급현황도 볼 수 있다.

표 5-4 국민연금보험의 연도별 급여종별 급여지급현황 (단위 : 건, 백만 원)

구분		계	연금				일시금			
			소계	노령	장애	유족	소계	장애	반환	사망
17.3	수급자	4,242,591	4,178,149	3,455,967	70,525	651,657	64,442	641	60,295	3,506
	금액	4,573,488	4,322,921	3,783,877	86,377	452,667	250,567	9,200	230,233	11,134
2015	수급자	4,028,671	3,832,188	3,151,349	75,688	605,151	196,483	2,597	179,937	13,949
	금액	15,184,010	14,342,683	12,415,111	336,568	1,591,004	841,327	35,522	759,704	46,101
2005	수급자	1,757,674	1,651,681	1,349,626	54,467	247,588	105,993	4,147	96,078	5,768
	금액	3,584,901	3,210,044	2,531,536	193,931	484,577	374,857	35,713	324,885	14,259
~2002	수급자	8,578,848	955,667	738,881	39,667	177,119	7,623,181	20,344	7,581,655	21,182
	금액	15,990,144	5,204,225	3,590,571	404,866	1,208,788	10,785,919	92,667	10,661,908	31,344

주) "총계"란의 수급자(노령 · 장애 · 유족연금)의 수는 '88년~현재까지의 수급자이었던 자(소멸자)를 포함
자료: 국민연금공단 홈페이지.

2 공공부조

1) 공공부조의 개념과 종류

(1) 개념

공공부조란 빈곤한 상태에 있는 사람들을 대상으로 국가가 인간다운 생활을 보장하기 위하여 제공하는 각종의 급여를 말한다. 대체로 빈곤한 상태에 있는 사람들이란 자립능력이 없거나 있어도 여러 가지 사정으로 생활이 어려운 사람들을 말한다. 우리나라 사회보장기본법에는 '공공부조란 국가와 지방자치단체의 책임 하에 생활 유지 능력이 없거나 생활이 어려운 국민의 최저생활을 보장하고 자립을 지원하는 제도를 말한다(제3조)'고 규정되어 있다.

공공부조에 내재하는 중요한 원칙은 빈곤을 포함하여 제반 사회생활상의 문제를 개인책임으로 하기보다는 사회적 · 국가적 책임으로 하여 원조함으로써 해결을 통해 인간다운 생활을 확보하려는 목적을 가진다는 점이다. 하지만 공공부조의 대상자가 어떤 사람이며, 어떤 급여를 제공하는지는 엄격한 자산

조사(means test)와 같은 자격요건 심사를 거친 다음에 비로소 결정된다. 역사적으로 볼 때 공공부조 대상자들이 가진 욕구나 문제의 일차적 책임은 개인이나 가족이지만, 그들이 스스로 해결할 수 없을 때 국가 및 지방자치단체가 이를 해결한다는 원칙을 고수해 왔다(현외성, 2016b: 337).

(2) 종류

빈곤한 사람들에게 무차별 평등하게 인간다운 생활을 보장하는 방법으로서 공공부조제도는 기준에 따라 몇 가지 종류로 구분할 수 있다.

첫 번째는 일정한 빈곤수준 혹은 자산 및 소득수준 이하에 속하는 모든 사람들에게 공공부조 급여를 제공하는 일반적 공공부조와 노인, 아동, 장애인 등과 같이 특정 인구집단으로 분류하여 이들 가운데 생활이 어려운 사람들에게 공공부조급여를 제공하는 범주별 공공부조로 나눌 수 있다.

두 번째, 공공부조급여를 제공함에 있어서 단일제도로서 모든 대상과 다양한 급여를 제공하는 방식과 급여별로 혹은 대상자별로 공공부조제도를 분리하여 운영하는 방식이 있다.

세 번째, 공공부조에서 사회적 위험과 그 대응의 내용에 따라 구분할 수 있다. 현재 우리나라의 경우는 빈곤에 대응하는 국민기초생활보장제도와 빈곤으로 인한 질병, 부상, 출산 등의 문제에 대응하는 의료급여제도로 구분된다.

표 5-5 공공부조제도의 종류

공공부조	사회적 위험	주요 급여내용
국민기초생활 보장제도	빈곤	생계급여, 해산급여, 장제급여, 자활급여, 주거급여, 교육급여 등
의료급여제도	빈곤으로 인한 질병, 부상, 출산 등	진찰 · 검사, 약제 · 치료재료의 지급, 처치 · 수술과 그 밖의 치료, 예방 · 재활, 입원, 간호, 이송 등

2) 공공부조의 특성

(1) 공공부조의 특성

① 공공부조의 특성

공공부조가 가지고 있는 여러 가지 특성 중 가장 먼저 지적할 수 있는 특성은, 빈곤에 대한 최후의 국가적 대응책이다. 자본주의 사회에서 자기 자신의 삶은 스스로가 책임지는 '사적 자치의 원리'를 기반으로 하면서도, 현대 사회가 특성으로 하는 빈곤의 사회적 배경을 감안하여, 국가 사회가 빈곤을 해결하지만, 다른 제반 노력을 펼친 후 최후의 보루, 사회적 안전망으로써 기능하는 제도적 장치이다. 따라서 자산조사와 같은 자격요건의 심사가 요청된다.

두 번째, 공공부조는 그 대상자를 선정하여 원조를 제공하는 제도이므로 이른바 '선택주의(selectivity)' 제도이다. 자격요건을 갖춘 대상자에게 제한하여 제반 급여를 제공하므로, 모든 사람을 대상으로 하는 사회보험적 특성과는 구별된다.

세 번째는 공공부조에 필요한 재원 조달을 일반 조세를 통하여 마련한다. 공공부조의 대상자들은 공공부조급여를 받기 위해 별도로 경제적인 기여를 하지 않고, 일방적으로 소득의 이전을 제공받는 측면이 있다. 이것을 소득의 '일방적 이전(unilateral transference)'이라고 한다.

마지막으로 이러한 소득이전을 통해 소득의 재분배적 기능을 도모할 수 있는 제도이다. 특히 중상류계층의 조세를 통해 빈곤층과 저소득층에 공공부조제도에 재원이 지출되어, 소득의 불평등을 완화할 수 있는 기회가 되기도 한다(현외성, 2016b: 338-339).

(2) 사회보험과의 차이점

공공부조는 사회보장제도로서 사회보험과 함께 실시되지만 뚜렷이 구별되는 특성을 가지고 있는데, 이러한 비교를 통해서 공공부조의 특수성을 잘 알 수 있으므로 간략하게 차이점을 알아보고자 한다.

첫 번째, 양 제도의 목적 측면에서 공공부조는 빈곤 등의 사회적 위험이 발생한 이후 이를 해결하기 위한 사후적 대응책으로써 기능하는 한편, 사회보험은 미래에 직면할 수 있는 사회적 위험을 정형화하여 보험기술을 통해 미리 대비하는 제도적 장치이다.

두 번째, 이념적 정향을 상대적인 관점에서 살펴보면, 공공부조제도는 도움이 필요한 사람을 선정하여 개입하므로 선택주의에 입각해 있으며, 사회보험은 모든 국민을 대상으로 하고 적당한 자격요건을 갖추어서 보험사고를 당할 때 급여를 제공하는 점에서 보편주의를 채택하고 있음을 알 수 있다.

세 번째, 양 제도의 실시와 관련하여 공공부조제도는 사람들을 무차별평등하게 취급하여 일단 빈곤에 처한 모든 사람들에게 동일한 조건에서 똑같은 급여를 제공한다는 점에서 무차별평등주의라고 한다면, 사회보험은 급여의 제공에 있어 가능한 한 기여금에 비례하거나 혹은 가입년한에 비례하여 제공하는 경향이 있다. 물론 이는 제도적 운용과 연관하여 국가마다 어느 정도 차이는 있지만, 사회보험은 평등보다는 비례급여를 선택하는 경향이 있다.

네 번째, 대상면에서 공공부조제도는 소수의 빈곤층이 주대상인데 반하여 사회보험은 일단 국민 전체를 대상으로 규정하는 경우가 대부분이다.

다섯 번째, 수급자격요건면에서, 공공부조는 자산조사를 통해서 그리고 사회보험은 기여금의 제공과 가입기간 등을 요건으로 정하고 있다.

여섯 번째, 급여수준에 관한 사항으로서 공공부조는 인간다운 생활을 보장하려고 하지만 근로의욕을 저하시키지 않는 수준에서 그리고 사회적 자원의 정의로운 배분을 위하여 가능한 한 사회적 최소한의 수준을 설정하고 있다. 이는 앞서 말한 최저한의 생활을 영위할 수 있는 수준으로서 흔히 최저생계비를 매개로 하여 책정된다. 사회보험은 급여수준이 기계적으로 산정되어 있는데, 이것은 가능한 한 기여금 정도와 과거의 생활수준 그리고 사회적 통념 등을 고려하여 급여의 적정선을 선택한다(김기원, 2000: 23). 이 적정선은 최저생계비와 이를 기반으로 만들어지는 최저임금수준 등이 함께 검토된다.

일곱 번째, 수급권의 성격과 연관하여 공공부조는 권리성이 약한데 비하여 사회보험은 권리성이 상대적으로 강한 성격을 가진다. 특히 사회보험은 기여금에 의한 채권적인 성격을 수급권에 부여하는 사람들도 있다(현외성, 2016: 339-340).

표 5-6 공공부조와 사회보험의 차이

구분	공공부조	사회보험
목적	구빈, 사후적 대응	방빈, 사전적 대응
이념	선택주의	보편주의
원리	무차별평등(평등주의)	비례원리 강조(형평주의)
대상	소수의 빈곤계층	국민 전체
자격요건	자산조사	기여금 등
재원	일반조세	보험료
급여수준	사회적 최소한	적정선
수급권의 성격	권리성 상대적 약함	권리성 강함

자료; 현외성(2016b: 340).

3) 한국의 공공부조 개요

(1) 국민기초생활보장제도

우리나라의 경우 대표적인 공공부조제도는 국민기초생활보장제도, 의료급여제도 등이 포함된다. 물론 이것 이외에도 긴급복지지원제도와 재해구호제도 등이 공공부조제도와 유관한 것으로 분류하기도 한다.

국민기초생활보장제도는 생활이 어려운 사람에게 필요한 급여를 실시하여 이들의 최저생활을 보장하고 자활을 돕는 것을 목적으로 하는 공공부조제도이다. 이 제도에 따른 급여는 수급자가 자신의 생활의 유지·향상을 위하여 그의 소득, 재산, 근로능력 등을 활용하여 최대한 노력하는 것을 전제로 이를 보충·발전시키는 것을 기본 원칙으로 한다. 공공부조로서 국민기초생활보장제도는 자본주의 사회에서 사적자치의 원칙을 우선으로 하여 자기 스스로가 자신의 생활유지와 향상을 위하여 최선을 다하는 것을 전제로 하고, 만일 불가항력적으로 자립과 자활이 어렵고 빈곤의 탈피가 어려울 때 급여를 제공하는 것을 말한다.

동시에 국민기초생활보장제도는 부양의무자의 부양과 다른 관련 제도에 따른 보호를 우선하여 행하고, 다만 다른 제도에 따른 보호의 수준이 이 제도에서 정하는 수준에 이르지 아니하는 경우에는 나머지 부분에 관하여 이 제도에 따른 급여를 받을 권리를 가지도록 하고 있다. 이것은 가능한 한 부양의무자의 부양의무를 우선하고 또 다른 급여를 받고 난 후에라도 인간다운 생활을 영위하기에 어려울 정도가 되었을 때, 보충적으로 경우에 따라서는 생활의 최후의 보루로서 국가와 지방자치단체가 국민기초생활보장제도를 통해 급여를 제공한다는 의미이다.

국민기초생활보장제도는 가구를 단위로 하여 급여를 행하되, 특히 필요하다고 인정하는 경우에는 개인을 단위로 하여 급여를 행할 수 있도록 되어 있다(법 제4조제3항).이들 가구 혹은 개인을 단위로 하여 수급대상자 여부를 자산조사 혹은 대상자 선정기준에 따라 판단한다. 현행제도는 부양의무자가 없거나, 부양의무자가 있어도 부양능력이 없거나 부양을 받을 수 없는 사람으로서 소득인정액이 급여종류별 선정기준 이하인 사람(법 제12조의2)에게 급여를 제공하고 있다.

급여종류별 선정기준은 '기준 중위소득'을 활용하고 있다. 기준 중위소득이란 맞춤형급여 도입 이전의 "최저생계비"에 해당하는 개념으로, 보건복지부장관이 급여의 기준 등에 활용하기 위하여 중앙생활보장위원회의 심의 · 의결을 거쳐 고시하는 국민 가구소득의 중위 값을 말한다. 기준 중위소득은 급여종류별 선정기준과 생계급여 지급액을 정하는 기준이고, 부양의무자의 부양능력을 판단하는 기준이 되고 있다. 물론 수급자 선정 및 급여 기준으로 최저생계비 기준을 활용하지 않더라도 기준 중위소득이 수급자의 최저생활을 보장하는지 여부를 확인하기 위하여 국가에서는 최저생계비를 3년마다 계측하고 있다(보건복지부 홈페이지). 2017년 현재의 가구별 기준 중위소득은 표 5-7과 같다.

표 5-7 2017년 기준 중위소득

1인가구	2인가구	3인가구	4인가구	5인가구	6인가구	7인가구
1,652,931	2,814,449	3,640,915	4,467,380	5,293,845	6,120,311	6,946,776

*8인 이상의 기준 중위소득은 1인 증가 시 826,465원씩 증가
자료: 보건복지부(2017).

2014년 현재 국민기초생활보장 가구는 814,184가구이며, 총인원은 1,328,713명이 급여를 받고 있다. 이 중에서 일반수급자는 1,237,386명이며, 시설수급자는 91,327명으로 나타났다(통계청, 2016).

국민기초생활보장제도에서 제공하는 급여는 생계급여, 해산급여, 장제급여, 자활급여, 의료급여, 주거급여, 교육급여 등이 있다. 이 중 의료급여는 의료급여법에 의하여 제공되고 있다.

(2) 의료급여제도

현대사회에서는 빈곤문제와 함께 질병이 점차로 사회화되는 상황에서 의료문제를 최저한으로 제공하여, 건강하고 문화적인 생활을 영위하게 하는 일도 사회보장제도의 중요한 영역이 되었다. 질병의 사회화에 대응한 의료의 사회화가 바로 그것이다. 다른 한편 질병의 해결과 건강 유지는 기본적 생활을 위해 필수 불가결한 것이고, 이에 대하여 국가는 의료보장에 대하여 노력하고 있음은 이미 잘 알려진 사실이다.

다만 빈곤계층에 대하여는 소득계층의 보험원리에 의해서 제공되는 의료보험제도와는 달리, 무료 혹은 공공부조의 원리에 의하여 적절한 수준의 의료서비스를 제공하는 경향이 전 세계적으로 일반화되고 있다. 또 다른 측면에서 인간다운 생활 혹은 생존권의 보장이 단순히 생계보호와 물질적 소득의 확보에 그치지 않고 건강회복을 위한 의료서비스 제공을 포함해야 한다는 요청이 높아가고 있다. 반대로 의료보장과 소득보장은 상보적인 관계로서 빈곤계층의 경우는 빈곤으로 인하여 양질의 의료를 구매하기 어려운 상황은 질병과 장애를 악화시켜 빈곤을 지속화시킨다. 동시에 의료수가의 상승으로 인하여 빈곤

한 사람들에게는 질병과 장애가 빈곤을 더욱 가속화시키는 상승작용을 하는 경향을 가진다.

그러므로 적절한 수준의 의료서비스 혹은 의료보장은 소득보장과 함께 공 공부조의 양대 지주로 파악되고, 현대사회에서는 이를 구체적인 제도적 장치를 마련하고 있다. 한국에서도 1961년에는 생활보호법의 한 사업으로 의료보호사업이 규정되어 오다가 1977년에 분리하여 실시되었다. 현재는 2001년에 의료급여법으로 전면 개정된 법이 사용되고 있다.

이러한 맥락에서 질병문제를 해결하고 건강증진을 위해 빈곤계층에 대하여 공공부조의 원리에 의하여 무료로 의료서비스를 제공하는 사회보장제도를 의료급여제도라고 할 수 있다. 즉, 의료급여제도는 빈곤계층에 대한 소득보장을 목적으로 하는 국민기초생활보장제도와 함께 빈곤계층에 대한 2가지 중요한 공공부조제도로 자리 잡고 있다(현외성, 2016b.).

의료급여제도에 따른 급여를 받을 수 있는 대상은 다음과 같이 다양하다. 국민기초생활보장법에 의한 수급권자로서 부양의무자가 없거나 부양의무자가 있어도 부양능력이 없거나 또는 부양을 받을 수 없는 자로서, 소득인정액이 선정기준 이하인 사람, 의료급여법에 의한 수급권자로서 행려환자, 타법에 의한 수급권자로서 다음 사람들이 대상이 된다.

「재해구호법」에 따른 이재민으로서 보건복지부장관이 의료급여가 필요하다고 인정한 사람, 「의사상자 등 예우 및 지원에 관한 법률」에 따라 의료급여를 받는 사람, 「입양특례법」에 따라 국내에 입양된 18세 미만의 입양아동, 「독립유공자 예우에 관한 법률」, 「국가유공자 등 예우 및 지원에 관한 법률」 및 「보훈보상대상자 지원에 관한 법률」의 적용을 받고 있는 사람과 그 가족으로서 국가보훈처장이 의료급여가 필요하다고 추천한 사람 중에서 보건복지부장관이 의료급여가 필요하다고 인정한 사람, 「무형문화재 보전 및 진흥에 관한 법률」에 따라 지정된 국가무형문화재의 보유자(명예보유자를 포함 한다)와 그 가족으로서 문화재청장이 의료급여가 필요하다고 추천한 사람 중에서 보건복지부장관이 의료급여가 필요하다고 인정한 사람, 「북한이탈주민의 보호 및 정착지원에 관한 법률」의 적용을 받고 있는 사람과 그 가족으로서 보건복지부장관이 의료급여가 필요하다고 인정한 사람, 「5 · 18 민주화운동 관련자 보상 등에 관한 법률」 제8조에 따라 보상금 등을 받은 사람과 그 가족으로서 보건복지부장관이 의료급여가 필요하다고 인정한 사람, 「노숙인 등의 복지 및 자립지원에 관한 법률」에 따른 노숙인 등으로서 보건복지부 장관이 의료급여가 필요하다고 인정한 사람('12.6.8 시행) 등이다(보건복지부, 2017a).

의료급여제도에 의해 제공되는 급여는 질병 · 부상 · 출산 등에 대한 의료급여로서, 그 내용은 다음과 같다. 진찰 · 검사, 약제 · 치료재료의 지급, 처치 · 수술과 그 밖의 치료, 예방 · 재활, 입원, 간호, 이송과 그 밖의 의료목적의 달성을 위한 조치 등이다.

표 5-8 의료급여사업 연도별 현황 (단위: 명)

	1996	2000	2005	2010	2015
계	1,288,492	1,570,009	1,761,565	1,677,237	1,544,267
1종	506,756	810,684	996,449	1,071,686	1,078,412
2종	781,736	759,325	765,116	602,710	465,855

자료: 국민건강보험공단 홈페이지.

3 사회서비스

1) 사회서비스의 개념과 종류

(1) 개념

사회서비스는 영국의 경우 오래전부터 사용되어 왔으나 우리나라의 경우는 극히 최근에 사용되고 있다. 물론 영국에서 사용하는 사회서비스는 소득보장, 보건, 고용, 주거, 교육 등을 포함하는 광의의 사회정책 영역을 포함하며, 협의의 개념인 대인서비스(personal social services)와 구분하여 사용하고 있다(윤영진 외, 2011). 우리나라의 경우는 영국과는 다른 사회서비스 개념을 사용하고 있다. 즉, 사회보장기본법에 의하면 '사회서비스'란 국가 · 지방자치단체 및 민간부문의 도움이 필요한 모든 국민에게 복지, 보건의료, 교육, 고용, 주거, 문화, 환경 등의 분야에서 인간다운 생활을 보장하고 상담, 재활, 돌봄, 정보의 제공, 관련 시설의 이용, 역량 개발, 사회참여 지원 등을 통하여 국민의 삶의 질이 향상되도록 지원하는 제도를 말한다(동법 제3조). 영국처럼 일견하여 같은 영역을 포함하는 광범위하지만, 제도시행 혹은 사업시행에 있어서는 사회보험과 공공부조 등의 소득보장이나 의료보장과 같은 급여를 제외한 '서비스' 중심으로 급여를 제공하는 것을 말한다.

보건복지부의 사회서비스바우처 홈페이지에서는 사회서비스를 '일반적인 의미에서 개인 또는 사회 전체의 복지증진 및 삶의 질 향상을 위해 사회적으로 제공되는 서비스를 말하며 공공행정(일반행정, 환경, 안전), 사회복지(보육, 아동, 장애인, 노인보호), 보건의료(간병, 간호), 교육(방과후 활동, 특수교육), 문화(도서관, 박물관, 미술관 등 문화시설운영)를 포함하는 개념'이라고 규정하고 있다(사회서비스 전자바우처 홈페이지).

(2) 종류

사회보장기본법에서 언급하고 있듯이 사회서비스의 종류는 복지(보육, 아동, 장애인, 노인보호), 보건의료(간병, 간호), 교육(방과후 활동, 특수교육), 고용, 주거, 문화(도서관, 박물관, 미술관 등 문화시설운영), 환경 등의 분야로 다소 넓은 개념을 사용하고 있다. 다만 이 영역과 관련하여 상담, 재활, 돌봄, 정보의 제공, 관련 시설의 이용, 역량 개발, 사회참여 지원 등의 급여를 제공하는 것으로 생각하면 된다.

2) 사회서비스 특성

사회서비스의 특성은 여러 가지로 논의할 수 있으나, 여기서는 바흐가 주장한 내용을 소개하고자 한다. 바흐(Bakle, 2003; 윤영진 외, 2011)는 사회서비스의 특성을 다음과 같이 논의하고 있다.

첫 번째, 사회서비스는 재화의 생산 또는 분배와 관련된 서비스라기보다 대인(personal)서비스이다.

두 번째, 사회서비스는 신체적 또는 지적 욕구보다는 개인의 사회적 욕구를 충족시킨다. 신체, 지능 또는 정신보다는 사회적 역할에 초점을 맞춘다.

세 번째, 사회서비스는 직접적 사회적인 상호관계 속에서 사람에 대하여 사람에 의해 수행된다.

네 번째, '사회적'의 의미는 순수 '사적(private)' 관계를 넘어선 사회적 중요성을 의미한다.

바흐가 말한 사회서비스의 특성은 전통적인 사회서비스의 개념에 근거한 특성으로 간주할 수 있다. 여기에 더하여 우리나라의 경우 사회서비스 개념은 약간의 부가적인 특성을 가지고 있다. 그것은 우리나라에서 사회서비스가 사회적 합의에 따른 엄격하고 명확한 개념정립이 없이 정부부처에서 다양하게 사용되고 있기 때문이다. 2000년대에 들어오면서 '새로운 사회적 위험'에 대응하여 발생한 새로운 욕구를 해결하기 위하여 혹은 이와 연관된 일자리 창출과 연관하여 사회서비스가 광범위하게 확대되고 있는 추세이다.

그러므로 우리나라의 경우 사회서비스가 가진 앞에서 설명한 특성에 더하여 사회서비스는 새로운 사회적 위험에 대응하여 제공되는 급여로서의 특성을 가진다. 저출산고령화, 근로빈곤, 계층양극화와 고착화, 가족해체 등과 같은 사회 병리현상들이 모든 계층에서 확인되면서 빈곤이나 질병과 같은 과거의 전통적 사회위기와는 다른 대상과 내용에서 구분되는 새로운 사회현상이 확산되고 있다. 이러한 현상이 바로 '신사회 위기'인데, 이것은 가족과 공동체에서 비공식적으로 담당하였던 일상생활 활동들이 붕괴되면서 발생하고 있다

(윤영진 외, 2011:30). 새로운 사회적 위험에 대응하여 생겨난 사회적 서비스는 예컨대, 노인돌봄서비스, 치매환자가족휴가지원서비스, 장애인활동지원서비스, 가사간병방문지원, 발달장애인부모상담서비스 등이 그것이다.

두 번째는 새로운 사회적 위험과 무관하지는 않지만 일자리 창출과 관련하여 사회서비스가 확대되는 경향이 있다. 탈산업사회, 지식정보사회의 경제구조 전환기를 맞이하여 산업화 시대의 제조업의 빈자리를 사회서비스 산업이 대체할 수 있다는 일자리 창출분야로서 사회서비스가 관심을 받고 있다. 사회서비스는 새로운 사회적 위험을 해결하는 사회복지적 기능을 하는 동시에 고용증가가 어려운 저성장 시대의 탈산업사회에서 일자리 창출의 주요한 분야로 인식되고 있다. 실제로 2000년대 중반 이후 고용노동부가 일자리 사업에 적극적으로 참여하면서 종래의 보건복지부가 수행하던 공공부조와는 구별되는 고용지원사업으로 사회적 일자리 정책이 구상되었다. 이후 정부는 여러 부서에서 사회서비스를 복지서비스의 특성을 가지면서 일자리 확충사업의 하나로서 활용하는 정책을 전개하기 시작하였다.

3) 한국의 사회서비스 개요

현재 우리나라의 사회서비스 정책은 여러 분야로 확산되어 수행되고 있다. 사회서비스는 현재 사회서비스전자바우처사업으로 추진되고 있는데, 바우처란 이용가능한 서비스나 금액의 수량이 기재된 증표(이용권)로 전자바우처는 서비스의 이용, 신청, 비용지불/정산 등의 전 과정을 전산시스템으로 처리하는 전달수단을 말한다(사회서비스 전자바우처 홈페이지). 보건복지부에서 소관하고 있는 사회서비스전자바우처사업은 현재 노인, 장애인, 지역사회 등으로 분류되어 다양하게 세분화되어 전개되고 있다. 예를 들어, 노인돌봄서비스에는 노인돌봄종합서비스, 노인단기가사서비스, 치매환자가족휴가지원서비스 등이 있고, 장애인사업에는 장애인활동지원이 있다. 지역자율형사회서비스투자사업에는 지역사회서비스투자, 산모신생아건강관리지원, 가사간병방문지원 등이 있다. 장애아동가족지원에는 발달재활서비스, 언어발달지원, 발달장애인부모 상담지원서비스 등이 있다. 그 이외에 임신출산치료비지원, 청소년산모임신출산진료비지원, 기저귀 조제분유 지원, 에너지바우처 등이 있다.

4 가족수당

1) 가족수당의 개념과 종류

(1) 개념

세계 여러 나라에서 각기 그 나라의 특성에 따라 가족수당, 아동수당, 모성수당, 장애수당, 노령수당 등과 같이 다양한 수당형태가 존재한다. 여기에서는 가족수당을 다른 사회보장제도의 한 영역으로 구분하여 논의하고자 한다. 그 근거는 현재 전 세계의 거의 모든 사회보장제도 정보를 지속적으로 분석하고 자료를 제공하는 '세계의 사회보장 프로그램'(Social Security Programs Throughout the World: Europe, 2016)(ISSA, 2016)에서 가족수당으로 분류하고 있기 때문이다.

가족수당은 아동을 양육하는 가족에게 양육으로 인한 부담을 해소하기 위하여 부가적인 소득을 제공하는 것이 주된 목적이다. 가족수당은 다른 사회보장에 통합되어 있거나 독립적인 현금급여형태로 존재한다. 가족수당은 어떤 국가에서는 현금급여이거나, 학교보조금 급여형태, 출생수당, 모성과 아동건강서비스, 최저한의 소득보조금 그리고 노령수당 등 다양한 급여유형으로 제공되고 있다.

서구 국가들은 19세기부터 가족수당이 대가족을 부양하는 노동자들에게 기업에서 부가적으로 제공되었으나, 점진적으로 1920년대와 30년대를 지나면서 국가에서 가족수당을 제공하는 국가들이 확산되었고 1945년경에 정착되었다.

새로운 형태의 가족수당제도는 개발도상국가들에서 나타나는데, 이들 국가에서 제공하는 가족수당 급여는 빈곤을 감소시키거나 인적자본을 위한 투자의 성격으로 소득이전 형태를 나타내고 있다.

가족수당제도의 재원조달은 주로 세금으로 이루어지며, 소득이전은 자산조사를 거친다. 가족수당급여는 학교출석, 기본적인 건강 및 영양조건을 충족시켜야 하는 것 등과 같은 특정의 행위조건과 연계하여 제공되는 경향이 있다(ISSA, 2016).

(2) 종류

가족수당제도는 대상, 급여형태, 제도의 존립형태 등에 따라서 여러 가지로 분류할 수 있다. 여기서는 가족수당제도의 종류를 ISSA의 분류기준에 따라 3가지 유형으로 구분하고자 한다. 그것은 보편적인 프로그램, 고용연계 프로그램 그리고 공공부조로서 제공되는 것 등이다.

첫 번째, 보편적인 프로그램은 일정한 수의 가족구성원 이상일 경우에 제공되는 가족수당 프로그램이다.

두 번째, 고용연계 가족수당제도는 모든 임금근로자들에게 급여를 제공하고, 경우에 따라서는 자영업자들에게도 급여를 제공하는 형태이다. 대부분의 고용연계 가족수당 프로그램은 퇴직이나 일시적인 실직의 경우 그리고 질병, 산재, 장애의 경우 부양아동을 돌볼 수 있도록 지속적으로 가족수당급여를 제공한다. 고용연계 가족수당급여는 사회보장급여로서 과부들에게도 급여를 제공한다.

세 번째, 일정 수준 이하, 즉 최저생계 욕구에 보통 기초하여 그 기준선 이하로 소득이 내려가는 가족에게 급여를 제공하는 형태이다(ISSA, 2016).

2) 가족수당의 특성

가족수당제도는 사회보험, 공공부조 및 사회서비스와 다른 특성을 가지고 있다. 몇 가지 특성을 다음과 같이 정리하였다.

첫 번째, 가족수당은 사회보장제도 중 비교적 나중에 발전된 제도로 볼 수 있다. 물론 가장 최근에 수립된 사회보장제도는 사회서비스보다는 제도화의 과정을 먼저 밟아왔으나 다른 제도에 비하면 늦게 발전된 제도라고 볼 수 있다. 바로 이러한 배경에서 가족수당은 다른 사회보장제도에 대한 부가적인 급여로서 간주된다. 즉, 아동, 노인, 장애인, 모성 등의 부양가족의 부담에서 오는 빈곤문제와 기타 가족문제를 해결하기 위하여 다른 사회보장제도의 급여에 부가하여 제공되는 급여라고 볼 수 있다.

두 번째, 위의 개념에서 자연스럽게 도출되는 것이지만, 가족수당의 자격요건은 가족의 수 혹은 가족의 소득이 된다. 첫째 아동부터 가족수당이 제공되거나 전업주부인 부인을 위한 가족수당 그리고 다른 노인부양을 위한 가족수당도 주어진다.

세 번째, 가족수당의 재원조달은 조세로서 특별세나 혹은 갹출금에 의한 소득이전 형태를 취한다. 갹출금을 재원으로 할 경우 일부분은 국가에서 지원하는 경우가 대부분이다.

네 번째, 가족수당 급여를 부양아동을 대상으로 제공할 경우, 아동 연령요건은 다양한데, 보통은 최종 학교 수학연령이나 최저 근로연령과 연계시켜서 가족수당 급여를 제공하는데 대략 14세에서 18세 사이이다. 또한 모든 아동에게 동일한 급여를 하는 경우도 있고, 아동수가 증가하거나 감소하는데 따라서 달라지는 경우도 있다.

다섯 번째, 가족수당의 급여는 부가적인 소득보장 혹은 이전의 특징을 기본으로 하지만, 가족수당급여는 일차적인 제도의 목표가 무엇이냐에 따라 다양하다. 예를 들어, 단순히 가족의 소득보장을 지원하는 목적인가, 인구성장을 위한 목적인가, 인적 자본을 증진시키기 위한 목적인가에 따라 가족수당제도의 급여는 다양한 차이를 보인다.

5 요약

이상에서 사회보장 제도별 종류와 특성을 중심으로 그 개요를 설명하였다. 보다 자세한 제도별 분석과 설명은 이 책의 사회보장제도의 각론 부분인 '제3부 한국 사회보장제도의 이해'에서 이루어질 것이다. 앞에서 논의하였던 내용을 중심으로 하면서 각 제도별 특성을 간략하게 정리하면 표 5-9와 같다.

사회보험, 공공부조, 사회서비스 및 가족수당제도를 몇 가지 항목별로 그 특성을 중심으로 정리하였다. 목적, 이념, 원리, 대상(자격요건), 재원, 급여수준, 수급권의 성격 및 기타 사항을 대략 표기하였다. 이 내용은 다소 무리가 있지만 그럼에도 불구하고 각 제도별 특성을 이해하는데 도움이 될 수 있도록 만들어보았다.

표 5-9 사회보장제도별 특성 비교

구분	사회보험	공공부조	사회서비스	가족수당
목적	방빈, 사회적 위험에 대비	구빈, 자립 지원	삶의 질 증진, 사회적 활동 지원	가족의 부양 부담으로 인한 빈곤해소, 인적자본 강화, 인구증가 촉진
이념	형평	평등	정상화	평등
원리	보편주의	선택주의	선택주의	선택/보편주의
대상(자격요건)	보험가입자	부양의무자/ 자산조사	욕구/자산조사	부양부담을 가진 가족
재원	보험료 중심 (3자 부담)	조세	조세	조세 중심(갹출금)
급여수준	적정	최저 생활	인간다운 생활	적정
수급권의 성격	권리성 강함	권리성 약함	권리성 약함	권리성 약함
기타	'전통적 · 사회적 위험'에 대응한 복지급여	생존권적 기본권에 따른 복지급여	'새로운 사회적 위험'에 대응하는 측면이 있음/ 일자리창출 정책과 연계	국가별 특정 목적과 연계

Chapter 06

사회보장의 제도 분석틀

1 분석틀의 개념

1) 사회보장제도의 형성과 변화

사회보장은 개인이 출생하여 죽음에 이르기까지 인간다운 생활을 영위할 수 있도록 사회에서 집단적으로 지원하는 사회적 장치이다. 이러한 집단적 생활보장 장치는 제도라는 사회적 장치 혹은 창조적 결과물로서, 각종 사회 생활상의 위험과 사고에 대비하여 정형화된 대응책으로 마련한 역사적 · 사회적 형성체(historical social formation)이다.

사회제도 자체가 이미 사회라는 공동체적 집단적인 생활을 영위하는 과정에 필요한 기능을 수행하는 사회적 장치이며, 도구로서 사람들이 고안해낸 창조물이다. 그래서 각각의 사회제도는 그것 자체가 전문적으로 분화된 기능을 가지고 있다. 예를 들어, 정치는 사회통제기능, 경제는 생산 분배 소비기능, 교육은 사회화 기능, 종교는 사회통합의 기능 그리고 사회복지는 상호부조의 기능을 각각 가지고 있다고 일반화되어 있다.

물론 이들 제도적 장치는 제도가 존재하는 사회의 역사적·사회적 특성을 반영하여 공통의 기능을 지니면서도 형태나 내용 혹은 발달의 정도에서 여러 가지 다른 양상을 지닌다. 그래서 이러한 공통성과 이질성을 포함하는 제도의 유형화(typology) 작업이 학문적·실천적으로 이루어진다. 유형화 작업을 통해서 전 세계 특정 제도의 유사성과 이질성을 구분하고, 국가들을 집단화하여 모델1, 모델2, 모델3 등으로 나누는 작업을 볼 수 있다. 사회복지정책이나 복지국가의 유형화 작업이 대표적인데, 에스핑 앤더슨(Esping-Andersen: 1990)의 복지국가 유형화 작업이 그것이다. 에스핑 앤더슨은 개인의 복지가 시장에 의존하지 않고서도 이루어질 수 있는 탈상품화의 정도와 복지국가정책에 의한 사회계층체제의 형태를 기준으로 복지국가를 세 가지 유형으로 분류하였다(1990, 26-23).

사회보장제도 역시 산업화와 자본주의 그리고 민주주의와 같은 역사·사회적인 맥락 속에서 형성, 변화, 전개되어 온 것으로 이해할 수 있다. 따라서 사회보장제도의 분석 역시 이러한 영향요인을 생각하면서 이해되고 분석되어야 할 필요가 있다. 그러므로 사회보장제도의 분석에는 나름대로의 합리적인 분석의 준거틀, 즉 분석틀(analytical framework)이 요구되는 것이다.

2) 분석틀의 개념과 종류

사회보장제도를 포함하여 사회복지정책이나 복지국가의 유형화 혹은 분석틀에는 여러 학자들이 제시한 내용이 있다. 그중에서 포플과 라이닝거(Popple & Leighninger, 1998)는 정책분석의 일반적인 접근책을 다음과 같이 제시하였다. 여기서 알 수 있는 사실은 오늘날 생활의 여러 분야에서 다양한 목적과 방법을 사용해서 일반적인 정책분석이 이루어지고 활용된다는 것이다. 이러한 사실에서 생각해 본다면 사회보장제도 분야는 말할 것도 없이 제도분석이 요청된다고 할 수 있다.

표 6-1 정책분석의 다양한 접근책

정책분석의 접근책	목 적	이용자	방 법
학술적 사회과학 연구	사회를 이해하기 위한 이론 구축	학술연구 집단	엄격한 경험적 계량방법
응용정책연구	공공/민간 프로그램에 의해 변동될 수 있는 변화의 효과에 대한 예측과 평가	정책 영역의 의사결정권자	정책관련 질문에 응용되는 공식적 조사방법
사회계획	사회문제를 해결하고 바람직한 미래 상태를 달성하기 위한 방법의 개념 규정과 구체화	이사회, 기금조성 기관, 관심있는 시민	데이터베이스, 경영기술(PERT, flow 의사결정 분석), 공적 포럼, 전문가 혹은 시민판넬
저널리즘	사회복지문제에 관하여 공중의 관심에 초점을 맞춤	일반 공중	기존의 자료, 전문가 자료(그 문제에 영향을 받는 전문가, 학자, 시민)
실무자정책분석	개인사회사업가가 활동하는 범위 내에서 정책 맥락의 이해	분석작업을 시도하는 사회사업가	기존문헌, 큰 도서관, 전문가 자원의 마이크로필름, 문헌 등으로 된 정부 및 기타 문헌
시민정책분석	민주주의에 관여된 시민으로서 참여하기 위한 쟁점 분석	시민이 영향을 미치기를 원하는 선거로 뽑힌 공무원의 분석에 관여하는 시민	기존 문헌, 선거로 뽑히거나 임명된 공무원

자료 : Popple & Leighninger(1998) 42; 현외성(2016. 재인용).

그렇다면 사회보장제도 분야에서 흔히 사용되는 분석은 어떠한 것이 있는가? 학자에 따라 여러 의견이 있겠지만, 여기서는 길버트와 스펙트(Gilbert & Specht, 1974; 지금은 길버트와 테렐, 2006)가 주장한 사회복지정책 분석으로서 '3P'를 중심으로 제안한 내용을 사회보장의 분석틀로서 응용하고자 한다.

3) 길버트와 테렐의 분석유형

길버트와 테렐은 사회복지정책의 분석을 세 가지로 분류할 수 있다고 하면서, 소위 '3P'분석이라고 하였다. 과정(Process), 산출(Product) 그리고 효과(Performance)분석이 그것이다. 이들 중 자신들은 산출분석을 선정하여 특별하게 사회복지정책의 분석은 물론 정책연구로서 그들 저서에서 상세하게 서술하고 있는데, 이를 사회보장제도 분석틀로 응용하고자 한다(현외성, 2016a를 참조하였음).

(1) 과정분석

사회복지정책의 과정분석은 사회복지정책의 전체 혹은 부분적인 과정과 연관한 분석으로서, 여기에는 사회복지정책과 관련된 다양한 변수들의 영향력과 관계를 알아보려는 작업이다. 사회복지정책의 과정은 충족되지 않은 욕구의 발생에서부터 개인문제 그리고 사회문제의 과정을 비롯하여 여러 과정을 거쳐 비로소 사회복지정책으로 확정되고, 이는 다시 행정적·조직적 활동을 통해 사회복지서비스로 전환되어 대상자에게 전달되는 과정으로 본다. 그러므로 사회복지정책의 과정분석은 이러한 과정과 연관한 다양한 관심을 사회과학적 지식과 방법론, 특히 최근에 와서는 정책학적인 방법론을 원용함으로써 해결하려고 한다. 길버트와 테렐은 과정분석은 계획자료의 투입, 사회 내의 다양한 정치적, 정부의 그리고 다른 조직화된 집단 간의 관계와 상호작용이 정책형성에 어떻게 영향을 미치는가 하는 점에 관심을 가진다고 하였다. 그리고 과정분석은 정책평가가 조직되는 초점, 보통 의사결정에 대한 정치적이고 기술적인 투입에 관한 사례연구 형태로서 이루어진다. 과정분석은 시간적 차원을 어떻게 포착하느냐에 따라 달라지므로 현재의 프로그램에 대한 분석도 포함된다. 물론 한 가지 프로그램과 연관된 보다 장기적이고 역사적인 시점을 기반으로 한 과정분석도 있다.

하지만 과정분석은 일반적으로 시간적 관점을 무시하고서 정책결정이 이루어지는 사회적 맥락 그리고 그 과정에 참여한 다양한 사람들의 행위, 동기, 목적 및 정책개발과정의 단계들과 같은 문제들을 취급한다. 과정분석은 사회적 상황, 행위자 및 개발의 단계가 정책의 결과에 어떻게 기여하였는지를 설명하는 데 도움을 준다.

과정분석은 결국 사회복지정책의 과정을 분석대상으로 하여 사회복지정책이 목적하는 바가 무엇인가 하는 데 궁극적으로 특별한 관심을 가진다. 즉, 왜(Why) 사회복지정책이 창안, 변화 및 폐기되는가 하는 배경에 특별한 관심을 가진다. 에드워즈(Edwards, 1981: 289-290)는 정책형성과정을 연구하는 이유로서 다음과 같은 다섯 가지를 제시하고 있다.

- 그것 자체가 흥미롭고 가치있다.
- 사회의 효과적인 힘의 소재지를 알 수 있다.
- 그것을 통해서 정책 형성을 보다 효과적이고 효율적으로 할 수 있다.
- 정해진 목적을 달성하기 위하여 대안의 방법을 창안할 수 있다.
- 정책결정과정에 대하여 보다 깊은 이해를 할 수 있는 지적 기능이 된다.

(2) 산출분석

사회복지정책의 산출분석은 사회복지정책이 계획되고 수립되는 것은 일련의 정책적 선택과정을 거친다는 전제에서 출발한다. 따라서 산출분석은 이러한 일련의 정책선택과 연관된 다양한 쟁점에 대한 분석을 말한다. 예를 들어, 정책계획을 구성하고 있는 선택의 형태와 내용은 무엇인가, 어떤 가치, 이론, 전제가 이러한 정책선택을 지지하는가 등이다.

산출분석은 특정의 사회복지정책으로 확정될 수 있는 선택의 한 두 가지 대안에 분석의 초점이 모아진다. 앞서 언급한 길버트와 테렐의 사회복지정책 분석틀에 대한 언급의 대부분은 바로 산출분석에 대한 설명으로 이해해도 좋을 것이다. 다시 말해 그들이 제안하였던 네 가지 영역(할당, 급여, 전달체계 및 재정)의 질문에 대한 세 가지 차원(가치, 이론 및 대안) 분석이 바로 그것이다. 그러므로 사회복지정책의 산출분석은 정책 선택과 관련하여 그들이 말한 이러한 요소들의 복잡한 관계가 일차적인 관심의 대상이 되고, 따라서 그 범위가 다양하다.

(3) 효과분석

사회복지정책의 효과분석은 정책 선택의 프로그램적 결과에 대한 설명과 평가에 관심을 가진다. 프로그램의 결과에 대한 분석은 과정이나 산출분석에 비하여 한층 객관적인 관찰이 가능한데, 그것은 프로그램의 범위가 더욱 명확하게 설명될 수 있기 때문이다. 효과분석은 질적·양적 자료의 수집을 통하여 광범위한 학문의 방법론의 응용을 통하여 측정될 수 있다. 예를 들어, 조사방법론과 통계학적 기법은 효과분석에 유용한 매개체가 될 수 있다.

사회복지정책의 효과분석은 다음과 같은 두 가지 질문을 던질 수 있다. 예를 들어, 특정 프로그램이 얼마나 잘 수행되었는가, 그것의 영향은 무엇인가 등이다. 첫 번째 질문은 프로그램이 당초 생각하였던 표적인구(target population)에 도달하였는가, 그 프로그램의 비용은 어느 정도인가 혹은 예기치 못한 영향은 어떤 것인가 등이 될 수 있다. 효과분석을 통해서 사회복지정책 프로그램이 가져온 영향은 프로그램 이전의 행위, 조건과 프로그램 이후의 행위, 조건 사이의 차이로 측정된다. 그리고 이것의 결과는 새로운 대안적 정책을 만들거나 기존의 정책을 변경하는 데 필요한 정책자료로서 중요한 단서가 된다.

그런데 종종 사회복지정책의 효과는 경제정책의 효과와는 달리 수량적이기보다는 질적·추상적인 성격을 띠고 있어 측정이 매우 어렵다. 따라서 이 점이 효과분석이 난해하며, 그 결과로서 제시되는 정책자료가 강력한 설득력을 가지기란 쉽지 않다. 물론 측정방법과 도구의 사용 역시 신중한 선정이 요구되기도 한다. 또한 효과정책의 성격상 매우 장기간에 걸친 분석이 될 수도 있다.

4) 사회보장제도의 분석틀

길버트와 테렐이 제안한 사회복지정책의 산출분석을 좀 더 보완하여 사회보장제도를 분석하는 분석틀을 만들고자 한다. 길버트와 테렐의 산출분석은 사회복지정책을 구성하고 있는 요소인 대상, 급여, 전달체계, 재정 등을 이론,

가치, 대안이라는 3가지 선택의 차원에서 고려되고 선택된 결과로서 바라본다. 따라서 사회보장제도 역시 사회복지정책의 영역으로 파악하고, 사회보장제도를 구성하고 있는 요소인 대상, 급여, 전달체계, 재성을 구분하여 분석하는 한편, 사회보장제도를 실행하는 주체, 목표 그리고 수립배경 등을 하나로 묶어서, 사회보장제도의 구성요소에 영향을 주는 요소로 따로 분석하고자 한다. 사실 길버트와 테렐이 제시하였던 4가지 정책분야 혹은 구성요소의 분석에 더하여, 저자는 이미 정책의 실천 주체를 분석함이 요청된다고 오래전부터 주장하였다(현외성, 2000).

특히 1980년대 이후 복지국가의 위기와 재편과정을 거치면서 종래의 국가중심의 공공 사회복지정책 주체가 민간 및 혼합 주체로 점차 다양해지면서 복지정책의 주체 역시 다양하게 변모하고 있고, 또한 정책 주체가 정책분석과 정책실천에서 중요한 위치를 점유하고 있기 때문에 정책분석에서 정책 주체의 분석이 중요하다고 생각한다.

그럼에도 불구하고 사회보장제도의 경우는 대부분 국가 중심의 공공의 실행 주체의 몫이 중요하고 대부분의 기능을 국가가 수행하므로, 여기서는 따로 구분하여 제도를 분석하기보다는 제도 수립배경, 목표와 함께 포함시켜 하나의 분석영역으로 취급하고자 한다. 여기에서는 사회보장제도 분석틀을 다음과 같이 만들어 보았다.

사회보장제도 분석틀

1. 사회보장제도의 수립배경, 목표, 실행 주체
2. 사회보장제도의 대상
3. 사회보장제도의 급여체계
4. 사회보장제도의 전달체계
5. 사회보장제도의 재정

2 제도 수립배경, 목표 및 실행 주체

사회보장제도는 앞서 말한 바와 같이 사회적 위험과 사고에 대응하여 사회적·집단적으로 수립된 사회적 장치라면, 특정 사회보장제도가 만들어지게 된 배경이 무엇인가를 이해하는 것이 중요하다. 제도수립 배경은 대체로 제도수립 이전에 사회적 위험과 사고가 이미 존재하고 이것을 사회문제 혹은 사회적 쟁점으로 하여 사회복지정책 혹은 사회보장제도를 통하여 해결하고 경감시키려는 사회적인 노력이 진행되었음을 내포하고 있다.

따라서 제도수립 배경은 사회보장제도가 해결하려고 하였던 사회적 위험 혹은 사회문제가 무엇인지를 이해할 수 있게 해주며, 이 결과는 사회보장제도의 목표로 문장화된 언명으로 표현된다. 이러한 목표는 통상 관련 법률의 규정이나 법률의 하위 효과를 가진 명령이나 규칙 혹은 관련 정책, 행정자료를 통해서 표현되기도 한다.

다른 한편 사회보장제도는 이 제도를 실행하기 위한 정책의 구체적 표현인 법률형태로 수립되는 경향이 있다. 그래서 관련 법률이 최초로 입법과정을 거치면서 '법제화 배경' 혹은 '제정이유'이라는 표제로 입법문서에 표기된다. 우리나라의 경우 사회보장제도의 법률에는 연혁과 '제정이유'라고 법제처 홈페이지의 현행법령 검색화면에 잘 정리되어 있다. 또 정책이나 제도의 변화를 위해 관련 법률의 개정 시에도 역시 '개정이유'를 잘 정리해 놓고 있다.

사회보장제도의 존재이유, 즉 목표 역시 제도 관련 문건이나 법률에 구체적이고 명확하게 정리되어 있고, 필요시에는 행정자료, 행정안내, 지침, 제도해설 자료에 자세하게 풀이하고 있다. 예를 들어, 빈곤문제의 해결, 소득보장, 의료보장, 노인장기요양문제 해결 등이 있을 것이다.

사회보장제도의 실행 주체는 일반적으로 공공조직, 즉 국가 및 지방자치단체이지만, 근년에 와서는 공공과 민간이 다양한 혼합체를 보여 주고 있다. 사회보장제도의 실행 주체가 될 수 있는 민간공급 주체는 자원봉사조직, 기업,

종교조직, 영리조직, 비공식부문 등이다. 이론적으로 사회보장제도의 실행 주체는 행정적 측면과 재정적 측면을 구분하여 각각 공공조직과 민간조직의 다양한 유형이 전단할 수 있는데, 이를 유형화시겨 보면 표 6-2와 같다(현외성, 2016a. 참조).

표 6-2에서 가로축에는 공급 주체를, 세로축에는 재원부담 주체를 나열하였다. 현실사회에서 사회보장 실행 주체는 무수한 형태의 하나 이상이 혼합되어 존재할 것이다. 예를 들어, A는 중앙정부가 재정지원을 하고 자원봉사조직이 공급주체로서 작동된다면, K는 종교조직이 재정지원을 하여 자원봉사조직이 공급주체인 셈이다.

표 6-2 사회보장제도 실행주체의 유형: 공급과 재원 주체를 중심으로

<table>
<tr><th colspan="2" rowspan="2">공급주체 / 재원주체</th><th colspan="2">공공</th><th colspan="5">민간</th></tr>
<tr><th>중앙정부</th><th>지방정부</th><th>자원봉사 조직</th><th>기업</th><th>종교 조직</th><th>영리 조직</th><th>비공식 부문</th></tr>
<tr><td rowspan="2">공공</td><td>중앙정부</td><td></td><td></td><td>A</td><td></td><td></td><td></td><td></td></tr>
<tr><td>지방정부</td><td></td><td>H</td><td></td><td>B</td><td></td><td></td><td></td></tr>
<tr><td rowspan="5">민간</td><td>자원봉사조직</td><td>I</td><td></td><td></td><td></td><td>C</td><td></td><td></td></tr>
<tr><td>기업</td><td></td><td>J</td><td></td><td></td><td></td><td>D</td><td></td></tr>
<tr><td>종교조직</td><td></td><td></td><td>K</td><td></td><td></td><td></td><td>E</td></tr>
<tr><td>영리조직</td><td></td><td></td><td></td><td>L</td><td></td><td>F</td><td></td></tr>
<tr><td>비공식부문</td><td></td><td></td><td></td><td></td><td>G</td><td></td><td></td></tr>
</table>

자료: 현외성(2016a: 185).

3 대상과 급여체계

1) 대상체계

사회보장제도의 대상분석이란 누가 특정 사회보장제도의 혜택을 받는가에 대한 선택이다. 길버트와 테렐은 이것을 할당(allocation)이라고 하였다. 할당이란 사회구성원들 중에서 사회보장제도의 급여를 받을 만한 자격을 갖춘 개인이나 집단을 구분한다는 의미를 가지고 있는 개념이다. 전통적 할당원칙은 보편주의(university)와 선택주의(selectivity)가 있으며, 길버트와 테렐은 귀속적 욕구(attributed need), 보상(compensation), 진단적 구분(diagnostic differentiation), 자산조사(means test)에 의한 욕구 등으로 구분하였다(Gilbert & Terrell, 2006).

누구를 대상으로 사회보장 수혜를 제공하느냐 하는 분석은 다른 측면에서 보면 사회보장급여를 받을 수 있는 자격요건(eligibility)이 무엇이냐에 관한 것으로 볼 수 있다. 여기에는 특정의 개인으로부터 사회 전체의 이익이라는 다소 추상적인 대상이 있을 수 있다. 사회적 할당은 사회적 급여를 받을 자격을 가진 사람이 누구인지를 결정하기 위한 조건, 예를 들어 결혼 여부, 고용지위, 거주, 가계규모, IQ, 건강, 연령, 교육, 군복무기간, 인종, 종교, 소득 등이 있다. 결국 특정 사회보장제도는 제도수립에 선행하여 해결하거나 경감하려는 사회적 위험과 사회문제에 봉착하여 어려움을 당하고 있거나, 미래에 위험에 처할 경우 그 개인이나 가족 혹은 집단을 돕는 것이므로, 이와 연관된 개인이나 가족, 집단을 구별해내는 할당의 원칙 또는 자격요건을 말하는 것이다.

2) 급여체계

급여란 사회보장제도를 통하여 제공되는 어떤 것을 말하는데, 여기에는 통상 현금급여와 현물급여로 대별된다. 길버트와 테렐은 급여 체계를 현금, 현물, 서비스, 신용(credit), 기회(opportunity), 권력(power) 등 6가지로 제안하였다. 서비스란 클라이언트를 위해 교육, 상담, 계획 및 훈련 등과 같이 어떤 기능의 이행을 말한다. 신용은 세금공제나 물품 및 서비스를 구매할 수 있는 증서(voucher) 등의 형태로 제공되는 급여를 말한다. 기회란 의도한 목표를 달성하기 위하여 취해지는 인센티브(incentive)와 제재(sanction) 등과 같은 환경을 의미한다(Gilbert & Terrell, 2006; 현외성, 2006a. 재인용).

사회보장제도는 그 대상에게 어떠한 급여를 제공하는지를 분석하는 일은, 결국 앞에서 언급한 다양한 급여를 어떻게 배합하여 어느 정도의 분량으로 제공하는지에 대한 분석작업으로 이해된다. 결국 급여체계의 분석은 급여제공을 통해 사회보장제도의 대상자가 얼마만큼 인간다운 생활을 영위할 수 있느냐 하는 질문으로 귀결된다.

4 전달체계와 재정체계

1) 전달체계

전달 체계는 사회보장제도의 급여 혹은 서비스를 어떻게 전달하느냐 하는 방법에 대한 질문을 답하는 것이다. 현대 복지국가는 대부분의 사회보장제도를 국가와 지방자치단체가 시행하는 것이 일반화되어 있으나, 그 전달방식은 국가마다 차이가 있다. 또 전달체계가 어떤 조직과 인력으로 구성되어 있느냐 하는 질문에 대응하는 방식과 형태도 국가마다 상이하다.

사회복지정책과 행정분야에서 많은 학자들이 전달체계를 연구하였는데, 이상적인 전달체계가 갖추고 있어야 하는 특성은 다음과 같은 내용이 지적되고 있다. 즉, 통합성과 지속성, 접근성, 책임성, 전문성, 효과성 및 효율성이 그것이다(현외성, 2016a).

전달체계의 조직구조는 중앙정부와 지방자치단체가 서로 어떤 기능을 가지고 있으며, 상호 기능분담과 연합을 어떻게 이루고 있는지를 알아보는 것이 중요하다. 또한 더 나아가 공공 전달체계와 민간의 전달체계가 어떻게 연결되면서 사회보장제도를 관리, 운영하고 있는지도 분석의 주안점이 된다.

전달체계의 분석에서 또 관심을 가져야 하는 점은 인력(manpower)인데, 관련 전문가에는 어떤 전문가가 있으며, 준전문가, 자원봉사자들이 협력하는 방식도 분석의 대상이다. 사회복지사를 중심으로 해서 사회보장제도에는 관련 전문가 종류가 상당하다. 각종 복지상담원, 사례관리요원, 장애인활동보조원, 아이돌보미, 노인요양보호사 등 많은 인력이 활동하고 있다.

2) 재정체계

사회보장제도 분석에서 마지막으로 관심을 가져야 하는 체계는 재정인데, 여기에는 재원조달의 방식과 조달된 재원을 어떻게 배분하느냐 하는 선택이며, 이 분석이 마지막으로 중요하다.

선택의 마지막 영역은 재원조달의 원천과 형태에 관한 차원이다. 여기에는 자원의 조달과 배분을 구분하는 것도 중요하다. 재원조달은 그 원천이 공적이냐, 사적이냐 혹은 이들의 혼합이냐 등의 문제와 이용되는 정부의 수준, 공적 재원조달을 위한 세금의 형태 등이 관심이 된다. 또한 보조금이나 교부금의 형식과 목적에 대한 설명 그리고 시간조정과 같은 기금 장치를 지배하는 조건 등에 관한 것도 중요한 관심의 영역이다.

일반적으로 사회보장제도의 재원은 조세, 사회보험료 및 정부부담금 혹은 지원금, 수익자부담 그리고 수익사업 등 다양한 방식이 활용되고 있다. 사회보장제도의 종류에 따라 재원의 형태와 정도가 다르다. 사회보장제도를 통해서 달성하려는 정책목표가 있기 때문에 재원조달 방식이 제도유형에 따라 상이하다. 예를 들어, 사회보험제도와 공공부조제도는 재원조달 방식이 전혀 다르다. 그것은 이들 두 제도의 기능과 목표가 서로 다르기 때문이다.

한편 재원조달된 재원을 어떻게 배분하느냐 하는 문제는 또 다른 정책목표와 기능을 가진 선택의 영역이다. 중앙정부 혹은 국가에서 조성한 재원을 지방정부나 사회복지기관에 배분할 때 어떤 원칙에 따라서 얼마만큼 배분하느냐 하는 문제도 결코 쉽지 않다. 따라서 재원배분에 대한 분석도 간략하게 해볼 필요가 있다.

현대사회보장론

PART

3

한국 사회보장제도의 이해

Chapter 07 • 국민연금제도
Chapter 08 • 국민건강보험제도
Chapter 09 • 산업재해보상보험제도
Chapter 10 • 고용보험제도
Chapter 11 • 노인장기요양보험제도
Chapter 12 • 국민기초생활보장제도
Chapter 13 • 의료급여제도

Chapter 07

국민연금제도

1 공적연금과 국민연금제도의 이론적 기반

1) 사회적 사고로서 노후소득보장문제

(1) 현대사회의 정년제와 퇴직문제

정년제란 근로자가 일정한 연령에 도달한 것을 이유로 당해 근로자의 노동지속의 의사나 능력의 유무와 상관없이 노동계약관계를 소멸시키는 제도 내지 관행을 말한다. 서구사회에서는 산업화과정에서 일찍이 도입되었으나, 우리나라에 정착되기 시작한 것은 공업화가 시작된 1960년대이고, 여러 가지 정년제 형태 중 정년제의 전형이하고 할 수 있는 일률정년제가 대부분의 사기업에서 보편화된 것은 1970년대와 1980년대 초기에 걸친 시기였다고 한다.

정년제의 기능 내지 취지에 대해서는 일반적으로 다음 두 가지로 설명된다. 즉, 첫 번째, 일정 연령에 도달할 때까지 근로자로 하여금 기업에 대한 귀속감과 애사심을 갖도록 하는데 있고, 두 번째, 노령화된 노동력을 배제시킴으로써 노동력의 신진대사를 기할 수 있을 뿐만 아니라 후배에게 승진의 기회를 부여할 수 있고, 기업의 입장에서는 인건비의 지출을 억제하고 경영을 합리화하고자 하는 데 있다고 한다(김유성, 1992).

한편 기업이나 직장에서 수행하는 일이란 경제적 보상으로서 임금만을 얻는 것으로 단순한 것이 아니다. 직장이나 일을 통해서 사람들은 삶의 기반을 획득하는 동시에 자신의 존재를 실현하고 성장하고 발전하는 근거이기도 하다. 또한 직장은 신체적 · 정신적 건강을 유지시키는 기능도 하고 의미있는 경험을 제공하는 곳이기도 하다. 프리드만과 하비거스트(E. Friedmann & R. J. Havighurt)는 개인의 삶에서 일의 기능을 다섯 가지로 지적하였다. 경제적 보상, 생활의 규제, 정체성 부여, 참조틀의 제공 그리고 의미있는 경험의 제공 등이다(한정란, 2001. 재인용). 사람들은 젊은 시절 일을 통해 이러한 내용을 획득하고 살아간다. 한 마디로 일은 인간의 전 존재의 의미와 관련되어 있다고 볼 수 있다.

이런 의미에서 노동과 직장은 삶의 중요한 부분인데, 정년으로 인하여 퇴직을 하게 되면 새로운 변화를 맞이하게 된다. 경제적 보상을 상실하게 될 뿐만 아니라 앞에서 언급한 5가지 모두가 급격하게 변화되는 것을 말한다. 퇴직은 경제적 소득의 단절에서부터 사회적 역할의 상실과 소외, 정체성의 혼란을 경험하는 중대한 삶의 변화와 사건인 것이다(현외성, 2016c: 402).

(2) 퇴직, 노인빈곤 및 노후소득보장문제

퇴직은 삶의 중요한 변화인데, 그중에서 경제적 빈곤이 아마도 가장 심각한 삶의 문제로 다가온다고 보아도 무방하다. 현재의 노인들은 과거의 어버이들이 그러하였듯이 자녀의 양육, 교육 및 결혼에 자신이 가진 재산과 소득을 소모하는 것이 의무였고, 자녀들이 장성하면 당연히 부모를 부양할 것으로 생각하였다. 하지만 최근에 와서 노인을 위한 기존의 전통적 · 사적 부양의식이 자녀들 사이에서 감퇴되고 현실적 · 경제적으로도 노부모를 부양하는 일이 장성한 자녀들에게는 결코 쉬운 일이 아니다. 더욱이 우리나라와 같이 급속한 경제성장과 사회변동의 상황에서 노인들을 위한 사회적·공적 부양제도도 제대로 마련되지 않은 상태에서 현새의 노인들은 정년과 퇴직을 맞이하면서 상당수의 노인들이 빈곤상태에 빠져들고 노인파산이 늘어가고 있다. 이른바 노후대비가 부족하였던 것이다.

물론 최근 베이비부머들의 퇴직양상은 다소 차이가 있다. 이러한 상위 연령층의 노인들 집단이 겪고 있는 심각한 경제·사회적 곤란에 대비하기 위하여 베이비부머들의 개인적 노후준비도 하고, 공적 노후소득보장제도도 어느 정도 정착되어가는 과정에 있어 형편은 나아지고 있으나, 여전히 퇴직은 개인적·사회적 문제로 남아있다. 그중에 노인빈곤은 가장 핵심적인 문제로 손꼽히며 그래서 노후소득보장문제가 큰 쟁점이 되고 있다.

우리나라 노인빈곤율을 통계청에서 조사한 가계동향조사의 시장소득 중에서 최저생계비 이하의 노인빈곤율을 조사한 결과를 이용해서 살펴보면 표 7-1과 같다. 최저생계비는 이른바 절대적 빈곤에 가까운 개념인데, 그 이하에 있는 노인가구의 비율이 2006년 이래 39.5%에서 점차 증가하여 2015년에는 51.1%에 도달할 만큼 노인빈곤율이 높음을 알 수 있다.

표 7-1 노인빈곤율(최저생계비 기준, 전가구) (단위: %)

연도	2006	2007	2008	2009	2010	2011	2012	2013	2014	2015
비율	39.5	40.5	41.7	47.8	48.2	48.8	46.9	49.1	51.2	51.1

주: 시장소득 / 1인가구 포함 / 농어가 제외
자료: 통계청. 가계동향조사. 원자료, 각 연도.; 한국보건사회연구원(2016. 12). 2016년 빈곤통계연보..

한편 통계청에서 조사한 고령자통계 중에서 고령층이 장래에 일하기를 희망하는 비율이 상당히 높고 근로를 희망하는 배경도 생활비에 보탬이 되기 위해서 라고 응답한 비율이 높다는 사실에서 노인들의 빈곤한 생활을 짐작할 수 있다. 즉, 2016년 고령층(55~79세) 중 장래에 일하기를 원하는 비율은 61.2%로 전년 61.0%보다 0.2%p 증가하였다. 성별로 보면 남자(74.0%)가 여자

(49.7%)보다 장래에 일하기를 원하는 사람이 더 많은 것으로 나타났다. 그리고 근로 희망 사유는 '생활비에 보탬'은 여자(61.3%)가 남자(55.5%)보다 상대적으로 비율이 높고, 그 다음 '일하는 즐거움'은 남자(37.8%)의 비율이 여자(30.9%)보다 상대적으로 높았다.

2) 노후소득보장으로서 공적연금의 의미와 유형

(1) 공적연금의 의미와 출현배경

① 공적연금의 개념

연금이란 개인이 정해진 기간 동안 일한 후에 노령에 이르러 퇴직하게 될 경우 규칙적으로 제공하는 현금급여를 말한다. 연금은 일차적으로 노령(혹은 장애)으로 인한 퇴직으로 소득이 단절되었을 때, 그 이전에 일정 기간 동안 일을 하였다는 조건 혹은 일정 기간 동안 정해진 기여금 혹은 보험료를 납부하였을 경우, 평생 동안 현금급여를 제공하는 장기적인 사회보장제도이다. 연금제도의 관리운영 주체가 국가 혹은 공공단체일 경우 공적연금이라 하고, 기업이 연금을 관리운영할 경우는 사적연금이라 한다.

② 공적연금의 출현배경

퇴직 후 노후소득보장의 문제를 개인이나 가족에 맡기지 않고 공적제도에 의해 해결하려는 노력은 1889년 독일 비스마르크 재상에 의해 시작되었고, 20세기 초반 유럽국가들이 도입하였으며 제2차 세계대전 이후 전 세계적으로 확산되었다. 공적연금제도의 목적은 여러 가지가 있겠으나 무엇보다 중요한 것은 퇴직으로 인한 소득의 단절을 보장하여 노후빈곤을 해결하는 목적으로 집약된다. 이처럼 국가가 공식적으로 노후소득보장에 개입하는 배경에는 다음과 같은 이유가 있다(World Bank, 1994: 5-6; 원석조, 2016: 130. 재인용).

첫 번째, 노후대비 노력부족으로 일부 사람들은 자신의 노후에 대비해 저축하는 것을 게을리 하여 나중에 사회에 부담을 준다.

두 번째, 불충분한 저축수단으로서 자본시장이 발달하지도 않고 거시경제 조건이 불안정하여 마땅한 저축수단을 찾기 어렵다.

세 번째, 보험시징의 실패로서 역선택과 도덕적 해이 등 보험회사의 한계가 있다.

네 번째, 정보격차로서 개인저축, 보험회사 또는 기타 투자수단의 장기적 상환능력에 대한 정보의 부족으로 노후에 실패를 볼 수 있다.

다섯 번째, 장기빈곤으로 근로기간 동안 노후에 대비할 만큼 충분한 소득을 얻지 못하는 사람, 즉 빈민이 존재한다. 여기에 대비하기 위해서는 정부의 재분배 장치가 필요하다.

(2) 공적연금의 목적과 기능

공적연금이 가지는 목적은 관점에 따라 몇 가지로 구분하여 설명할 수 있다. 먼저 퇴직 후 소득의 중단 혹은 단절로 인한 생활수준의 하락을 방지하는 목표이다. 19990년대 중반 유럽연합(EU)에 속한 서구 유럽 국가의 경우 공적연금급여는 젊은 시절 직장에서 근무하면서 받은 급여의 약 70%에서 80%를 유지하게 함으로써(가처분 소득의 임금대체율) 퇴직 후의 급격한 생활수준 하락을 방지하는데 공적연금의 목표가 있고, 실제적으로 그러한 기능을 수행하였음이 각국의 조사에서 드러났다.[1)]

두 번째, 공적연금의 목적은 최저소득 이하로 퇴직자들이 전락할 위험으로부터 보호하는 것이다. 20세기 중반까지 노인집단은 빈곤집단 중의 하나로 전락하였으나, 제 2차 세계대전 이후 지속적인 경제성장의 결과 연금수급 대상이 확대되고 연금급여 기준이 관대해지는 등 일련의 개선 조치가 취해지면서 노인빈곤문제가 어느 정도 해결되었다.

세 번째, 공적연금은 사회적 연대를 증진시키는 데 기여한다. 세대 내 사회

1) 자세한 내용은 권문일. '연금체계의 유형과 특징'. 공적연금의 이해Ⅱ. 국민연금연구원. 2014를 참조할 것.

적 연대는 소득재분배를 통해서 소득의 불평등을 완화하는 목적과 기능을 가지고 있다. 그리고 공적연금제도는 가족을 넘어 연장자 사회구성원들을 공적으로 소득보장을 지원하는 방법을 통해 세대간 사회적 연대를 촉진하는 데 기여한다. 하지만 오늘날 저출산고령사회에 와서는 공적연금제도는 종종 연금급여수준과 보험료의 부담 때문에 세대간 충돌이 일어나는 경우도 있다.

네 번째는 공적연금은 소득재분배 기능을 통해 소득의 불평등을 완화하는 목적을 가지고 있다. 물론 어떤 공적연금 급여체계와 보험료 부담방식을 선택하느냐에 따라 소득분배의 정도가 달라질 수 있다.

(3) 공적연금의 유형

공적연금의 유형을 구분하는 기준은 다양하다. 운영주체 혹은 관리방식(공적연금과 사적연금 혹은 혼합방식), 대상자의 선택기준(모든 국민이냐 일정수준의 빈곤대상이냐 혹은 연령이냐 장애정도이냐 등), 기여금(보험료)의 납부여부(보험료의 납부이냐 납부조건과 관계없음이냐), 연금급여 수준이 비례급여(소득비례연금) 혹은 평등급여(정액연금)이나 급여산정방식이 확정급여 혹은 확정기여 연금인지, 재원조달방식이 적립방식 혹은 부과방식인지 등에 따라 공적연금의 유형을 나눌 수 있다.

또 다르게는 사회보장제도의 고전적 모형에 따라 비스마르크 모형과 베버리지 모형의 공적연금제도를 유형화할 수 있다. 여기서는 먼저 고전적 사회보장 모형에 따라 공적연금제도를 구분하고, 그 다음에 권문일이 유형화한 방식에 따라 5가지로 구분해본다.

① 고전적 모형: 비스마르크 모형과 베버리지 모형

첫 번째, 비스마르크형 공적연금제도는 다음과 같은 특징을 가지고 있다. 연금을 제공하는 목적은 이전의 생활수준을 유지해주는 데 있다. 따라서 비스마르크 모형에 근거한 연금제도인 경우, 연금으로 소득을 대체하는데 관심을 가지고 있고, 기여금의 양과 연금의 양은 소득에 비례하는 방식에 따른다. 연금의 양과 연금을 제공하는 기간은 근로자가 일한 기간과 사회적 위험을 겪기 전에 얻은 소득에 따라 정해진다. 그리고 연금을 받을 수 있는 대상을 일부 근로자로 제한한다. 국가는 연금제도를 운영히고 재정을 확보하는 데 크게 관여하지 않는다.

두 번째, 베버리지형 공적연금제도의 특징은 비스마르크형과 달리 다음과 같은 특징을 가진다. 연금을 제공하는 목적은 나이가 들었을 때 빈곤을 예방하는 데 있다. 따라서 베버리지 모형에 근거한 연금제도인 경우, 연금의 양은 정액방식에 따른다. 그리고 세금 또는 이와 비슷한 기여금으로 재정을 확보한다. 개인이 추가로 가지는 욕구는 임의 방식의 연금제도를 통해서 충족시킨다. 연금을 받을 수 있는 대상은 모든 국민이다. 따라서 베버리지 모형에 따른 연금제도는 보편적 성격을 가진다. 국가는 연금제도를 운영하고 재정을 확보하는 데 크게 관여한다(Pieters, 1993; Zukowski, 1994; 노병일, 2016: 134-135. 재인용).

표 7-2 연금제도의 특징

	비스마르크 모형	베버리지 모형
연금제공의 목적	생활수준의 보호	노년기의 빈곤예방
연금의 수준	소득비례	정액
연금의 대상	일부 근로자층	모든 국민
연금제도의 운영 · 재정에 국가관여	적음	많음

자료: Zukowski(1994); 노병일(2016:135). 재인용

② 권문일의 공적연금제도 유형

공적연금 재원의 원천, 공적연금의 관리주체, 연금수급요건 등에 기초하여 권문일은 공적연금제도의 유형을 5가지로 분류하여 설명하였다(권문일, 2014: 14-19. 참조).

첫째, 사회보험연금이다. 사회보험연금의 재원은 고용주와 피용자 또는 자영자로부터 징수되는 기여금으로부터 전적으로 또는 부분적으로 충당된다. 기

여금은 일반 정부의 예산과는 분리·관리되는 특별기금으로 들어가며, 급여는 이 기금으로부터 지출된다. 또한 연금급여수급권은 수급자의 과거 기여금 또는 기여 기간으로부터 발생되거나 연계되며, 기여금은 수급자의 과거소득에 따라 수급액이 달라지는 것이 일반적이다. 사회보험연금은 법에 의해 가입을 강제화 하고 기여금 지불을 의무화하고 있다. 수급요건과 급여수급권이 법에 명시적으로 규정되어 있음으로써 급여를 지급할 때 행정적 재량권이 개입될 여지가 거의 없다. 사회보험연금은 독일에서 1889년 최초로 도입된 이후 확산되어 오늘날 전 세계 대부분의 국가들에서 광범위하게 채택되고 있는 공적연금형태라고 할 수 있다.

둘째, 비기여의 사회부조연금이다. 이러한 공적연금제도 하에서 연금급여는 자산조사 내지 소득조사를 통해 일정 소득 미만으로 확인된 저소득 노령자에게 급여가 지급되며 그에 필요한 재원은 일반 조세에서 충당한다. 이러한 형태를 띤 연금제도는 연금수급자격을 과거의 소득활동여부 또는 기여여부와 관련짓지 않기 때문에 상대적으로 재정적 욕구는 가장 크면서도 그것을 충족할 수 있는 재정적 자원은 가장 적게 가지고 있는 저소득계층을 집중적으로 원조할 수 있는 장점이 있다. 또한 저소득계층에 지출을 한정함으로써 다른 공적연금형태에 비해 연금지출에 따른 사회적 비용을 절감할 수 있는 장점을 지니고 있다.

셋째, 비기여의 사회수당식 공적연금이다. 사회수당식 공적연금제도는 재원을 일반 조세에서 충당한다는 점에서 사회부조연금과 유사하지만, 연금수급권을 일정 소득 미만의 저소득계층에 한정하지 않고 소득에 관계없이 모든 시민들에게 제공한다는 점에서 차이가 있다. 또한 사회보험연금과 비교하면 두 제도 모두 사회부조연금에 비해 보다 광범위한 계층에게 연금수급권을 보장한다는 점에서 유사성이 있다. 하지만 사회보험식 연금에서는 대개 기여금 지불을 수급요건으로 하고 있기 때문에 과거에 소득활동을 하지 않았거나 소득활동기간이 짧은 근로자에게 연금수급권이 부여되지 않거나 제한되는 반면, 사회수당연금에서는 모든 시민에게 동일하게 연금수급권을 보장한다는 점에서 차이를 보인다. 또한 사회보험연금은 급여액을 과거 기여금과 기여기간에 따라 차등을 두는 것이 일반적이지만, 사회수당연금에서는 누가에게나 동일한 급여액이 지급되는 경향이 있다.

넷째, 퇴직저축기금(Provident Fund)이다. 퇴직저축기금은 강제가입과 국가관리라는 특성을 제외하면 공적연금으로서의 특성을 거의 찾아보기 어려운 퇴직을 대비한 강제가입저축제도라고 할 수 있다. 퇴직저축기금 하에서 급여액은 전적으로 개인이 지불한 기여금에 국가에서 정한 일정한 이자를 합한 금액에 지나지 않으며, 급여가 일시금으로 지급되기 때문에 노후기간동안 소득을 지속적이고 안정적으로 보장할 수 없다.

다섯째, 강제개인연금이다. 이러한 형태의 개인연금제도는 강제저축의 성격을 지니고 있다는 점에서 퇴직저축기금과 유사하지만, 급여가 일시금이 아닌 연금 형태로 지급되며 국가에 의해 독점적으로 관리되는 것이 아니라 다수의 민간기관에 의해 경쟁적으로 관리되는 점에서 차이가 있다. 국민들은 다수의 민간기관 중에서 수익률이 높다고 판단되는 기관을 선택하여 가입할 수 있고, 가입 후 수익률이 낮다고 판단되면 다른 기관으로 변경할 수도 있다. 연금급여액은 개인이 지불한 기여금과 기여금의 투자수익을 합산한 액으로 결정되는데 투자위험에 대한 책임은 전적으로 가입자 개인에게 지워진다. 따라서 수익률이 낮은 기관을 선택했던 가입자들은 노후에 경제적 비보장에 직면할 수 있다.

3) 공적연금의 변천과 개혁

(1) 공적연금제도의 변천

공적연금의 초기 형태는 특수 직역인 군인, 공무원, 경찰 등을 대상으로 한 제도였다. 그리고 현대적 형태의 일반 근로자를 대상으로 한 공적연금이 도입된 것은 1889년 독일의 비스마르크에 의해 처음으로 시행되었다. 이후 비록 제도의 설계나 내용은 다르나 서구 선진국의 많은 나라들에서 현대적 의미의 공적연금을 도입하게 되었는데, 영국이 1908년, 프랑스 1910년, 스웨덴 1913년, 이탈리아와 네덜란드는 1919년에 공적연금을 도입하였다. 비유럽권 국가들에서는 뉴질랜드가 1898년, 호주 1908년, 아르헨티나 1904년, 캐나다 1927년, 미국 1935년, 일본 1941년, 중국이 1951년에 공적연금을 도입하였다(김성숙 외, 2008).

제 2차 세계대전이 끝나고 1950년대 이후 세계경제의 호황기와 민주주의의 결합으로 복지국가의 황금기를 맞이하면서 제반 복지정책과 사회보장제도도 성장하였다. 공적연금제도 역시 보다 많은 대상자를 확보하거나 전 국민을 대상으로 확대되는 한편 급여수준도 지속적으로 향상되었다. 특별히 이익집단중심의 다원주의적 정치풍토는 정부에 대한 요구를 증대시키면서 정부의 과부담을 증폭시키는 요인이 되었다. 그리하여 마침내 25년 이상 지속된 전후 고도성장의 과실을 기반으로 한 이익집단의 복지정치는 정부로 하여금 과부담을 초래하게 되었고, 1970년대 초반 전 세계적인 석유파동으로 복지국가의 재정파탄을 초래하게 되었다(현외성 외, 1992: 28. 참조). 1980년대 이래 복지국가의 재편과 함께 각종 복지제도의 개혁이 시도되었는데, 중요한 점은 장기적으로 지속가능한 재정을 바탕으로 한 복지제도의 개혁이었다. 이러한 일련의 연속선상에서 공적연금제도의 발달에 따른 도전을 해소하기 위한 연금개혁이 이루어졌다.

공적연금제도에 대한 일련의 개혁과정을 시대별로 크게 구별해 보면 다음과 같이 요약할 수 있다. 먼저 제 2차 세계대전 전후 시기에서 1980년대 이전까지는 공적연금의 적용대상과 급여수준이 지속적으로 확대되는 시기였다. 그러나 1980년대 이후 공적연금의 확대로 인한 정부의 재정 부담이 가중되면서 공적연금의 재정적 지속성 강화를 위한 모수적 개혁 조치들이 취해지게 된다. 그 후 1990년대와 2000년대는 모수적 개혁을 지속적으로 진행하면서 동시에 제도의 근본적 개혁을 통해 공적연금과 사적연금의 역할 분담을 위한 방안들이 확대되고 있는 실정이다(권문일, 2014: 53).

공적연금제도의 개혁에 중요한 영향을 미쳤던 요인을 찾아보면, 인구학적 요인으로서 저출산고령화 현상이다. 세계 각국이 고령화 현상을 보이는데, 특히 서구 선진복지국가의 경우는 더욱 높은 고령화를 특징으로 하고 있고, 이에 따라 높은 공직 부양비용을 정부에서 부담해야 하는 상황이 도래되었다. 그 핵심이 공적연금과 각종 노인복지비용이다. 또한 노동시장 요인도 노인부양비용과 공적연금의 재정규모가 확대되어 정부부담을 무겁게 하는 요인이 되었다. 여기에는 비정규직의 노동시장 참여 규모, 제조업의 임금노동자 규모(농어업인구의 규모), 여성의 노동시장 참가율, 고령자의 노동시장 참여율 등이 결과적으로 공적연금의 기여금과 국가비용부담을 결정하는 요인인데, 이들 요인이 종합적으로 작용하여 정부의 공적연금비용부담을 증가시키는 방향으로 작동되었다. 그 결과 각국 정부의 공적연금비용부담이 가중되어 그 제도의 지속가능성 문제를 심각하게 검토하고 비하기 위하여 개혁을 단행하지 않으면 안 되게 되었던 것이다. 공적연금제도개혁의 대안 중 유력한 한 가지가 다층(공사혼합)연금체계를 구축하는 방안이었다.

(2) 공적연금제도의 개혁과 다층(공사혼합)연금체계

인구학적 구조변화와 노동시장의 구조변화 그리고 공적연금 지출의 증대로 인한 정부의 재정적 압박에 대응하기 위해 국제노동기구, 세계은행 및 OECD 등의 국제기구들에서는 1990년대 이후 다층노후소득보장체계 구축을 위한 연금개혁 방안을 제시하였다. 그리고 개별 국제기구들의 연금개혁 원칙과 목표 및 개혁방안들이 다소 차이가 있으나, 변화되는 사회경제적 및 제도적 여건에 맞추어 자체적으로 개혁방안들을 수정하여 일정 정도 수렴하는 경향도 보이고 있다(홍백의, 2014: 65-66).

① 세계은행의 연금개혁안

세계은행은 1994년에 발표된 세계은행의 보고서 '노령위기의 방지(Averting the Old Age Crisis)'에서 처음으로 다층적 노후 소득보장체계 구축의 필요성을 제시하고, 이를 전 세계적으로 전파하였다. 세계은행의 다층노후 소득보장체계 구축의 목표는 장·단기적으로 재정의 지속가능성, 경제성장에 미치는 긍정적 효과, 급여의 적절성과 재분배 그리고 정치적 위험과 지속 가능성을 우선적으로 고려하였다(Holzmann, 2000; 홍백의, 2014: 66. 재인용).

2005년 기존의 다층노후 소득보장체계를 보완하여 5층체계를 제안하였다. 여기서는 기존의 체계가 가진 문제를 보완하는 한편 각국의 정치경제적 상황이나 역사적 경험 그리고 다양한 형태의 사적자원을 활용한 공사혼합모형의 다층 소득보장체계를 연금개혁안으로 제시하였다.

5층 모형에서 0층은 빈곤층의 최저소득 보장을 목적으로 기초연금이나 공공부조를 두고 있다. 0층의 특징은 재원을 일반 조세로 하며, 국가에서 관리·운영하는 것이다. 그리고 1층은 공적부문에서 운영하는 강제 가입식 공적연금제도이며, 이는 소득보전을 주요 목적으로 한다. 그리고 국가의 정치·경제적 역량과 상황적 맥락에 따라 직역연금을 2층으로 두며, 가입은 강제적이나 그 운영은 적립식 방식이다. 그리고 급여 방식은 확정급여형과 확정기여형 모두 가능하며, 개별 국가의 경제적 수준, 제도의 역사 및 연금제도의 인프라 등을 종합적으로 고려하여 선택할 수 있도록 하였다. 3층의 경우에는 임의가입이 가능한 직역 또는 개인연금제도로서 적립 방식으로 민간에서 운영하는 제도이다. 끝으로 4층은 사적이전, 기타 사회보장제도 및 개인의 금융 및 비금융자산을 두고 있다(World Bank, 2005; 김수완 외, 2005).

표 7-3 2005년 세계은행의 노후소득보장의 다층구조

	특징	적용	재원
0층	기초연금 또는 사회연금 공적부조(보편/자산조사)	보편적/ 잔여적	정부예산/일반재정
1층	공적연금, 공적관리(DB 혹은 NDC)	강제	보험료/일부 적립금
2층	기업연금, 개인연금제도 (완전적립 DB/DC)	강제	금융자산
3층	기업연금, 개인연금제도 (부분/완전적립 DB/DC)	임의	금융자산
4층	가족 내 비공식 지원, 개인의 금융 및 기타재원	임의	금융 및 기타

자료: Holzman & Hinz(2005); 김성숙 외(2008: 170)에서 재인용.

② 국제노동기구의 연금개혁안

국제노동기구(ILO)는 1919년 출범 이래 국제사회에서 여러 관련 조약을 통하여 사회보장제도를 세계 각국의 제도화에 큰 기여를 하였다. 예를 들어, 1952년 사회보장의 최저기준에 관한 조약(No.102) 및 1967년 장애·노령·유족급여에 관한 조약(No.128) 등이 연금 관련 조약으로 손꼽을 수 있다. 전통적으로 국제노동기구는 근로자의 입장을 대변하는 기관으로서 사회보장과 연금제도 등에 관여하여 왔는데, 1994년 세계은행에서 제안하였던 연금보고서가 연금의 재정안정화와 경제적 효과를 강조한 것을 비판하면서, 2000년에 대안적인 다층체계의 연금개혁안을 제시하였다.

국제노동기구의 다층체계는 표 7-4와 같이 0층은 빈곤 방지를 목적으로 한 사회안전망으로, 자산조사 방식이나 정액 급여를 제공하며, 재원은 일반 조세로 충당하는 제도를 두고 있다. 1층은 세대 간 부담에 의한 부과방식의 확정급여 제도이거나 인구고령화와 경제성장 등을 고려한 명목확정기여 방식의 공적연금이며, 2층은 가입이 강제적인 확정기여 방식이며, 민간기관이 관리하는 형태를 두고 있다. 3층은 자발적 가입에 기초한 확정기여 방식으로 민간기관이 관리하는 형태이다(Gillion, 2000; 홍백의, 2014: 71. 재인용).

표 7-4 국제노동기구(ILO)의 다층구조

0층	자산조사방식의 공공부조 혹은 정액급여 조세로 재원 조달
1층	부과방식의 확정급여나 명목확정기여 방식
2층	확정기여, 강제 가입, 민간기관이 관리
3층	확정기여, 임의 가입, 민간기관이 관리

자료: Gillion, C.(2000: 62); 김원섭(2009: 100). 재인용

③ 경제협력개발기구 연금개혁안

경제협력개발기구(OECD)는 세계은행이나 국제노동기구에 비해 다소 늦은 1998년에 '고령사회에서 지속적 번영(Maintaining Prosperity in Ageing Society)' 보고서를 통해 연금개혁 논의를 시작하였다. OECD는 연금개혁의 구체적인

방안을 제시하기보다는 연금개혁의 필요성과 원칙 그리고 기본적인 방향 등을 제시하고 있다. 경제협력개발기구는 이익 집단을 대변하는 단체이기보다는 경제 및 사회정책 분야에 있어 국가 간 협력과 조정을 위한 국제기구이기 때문에, 특정 방안을 제시하기보다는 각국 제도의 발전 역사 및 현재 상황을 고려하여 개혁의 필요성 및 방향을 제시하고 있다.

경제협력개발기구는 상대적으로 경제수준이 높으며 공적연금제도가 성숙된 국가들의 협력기구이기 때문에, 노인빈곤 문제의 해결에 초점을 두기보다는 인구고령화가 미치는 파급효과에 대한 적절한 대응 방안을 중심으로 연금개혁을 고민하고 있다. 대부분의 경제협력개발기구 회원국의 경우 기초보장과 공적연금이 일정 정도 완비된 상태이기 때문에, 노인빈곤 방지를 위한 기초보장제도보다는 인구고령화와 노동시장 변화에 적절하게 대응하기 위한 방안에 중점을 두고 있다.

경제협력개발기구는 다음과 같이 연금개혁의 주요 방향과 전략을 제시하고 있다. 첫 번째, 현재의 부과방식 공적연금제도의 수급부담 구조의 불균형을 개선하는 것이다. 인구고령화로 인해 미래세대의 부담이 과도하게 높아지고, 재정적 지속가능성이 약화되고 있기 때문에 부담과 급여간의 연계를 강화하는 것이 중요하다. 대부분의 경제협력개발기구 회원국들은 이미 공적연금의 보험료 수준이 상당이 높기 때문에 보험료 인상보다는 급여수준 조정이 주요 전략으로 고려되고 있다. 두 번째, 노동시장의 변화를 고려하여 고령자의 노동시장 참가를 늘리거나 유지할 수 있도록 노동유인을 강화하는 방안을 적극적으로 제시하고 있다. 예를 들어, 노동시장 참가율 제고를 위해 조기퇴직연금 수급 요건을 강화하거나 재직자 노령연금의 감액 조정 및 연금수급연령 상향 조정 등의 조치를 제시하고 있다. 세 번째, 공적연금 중심의 노후소득보장 재원을 다양화하여 노후소득원으로 퇴직연금, 개인연금 및 기타 가족 내 이전 등 민간부문의 역할을 포함하는 다층체계의 구축을 제안하고 있다. 즉, 부과방식의 공적연금이 인구고령화와 정치적 요인으로부터 부정적 영향을 받는 부분을 고려하여, 사적소득원을 적극적으로 노후소득원으로 활용하는 것이다.

이를 통해 부과방식의 공적연금 중심에서 기초보장과 소득비례연금 그리고 사적연금 및 사적자산을 포함한 모든 노후소득원의 긴밀한 연계와 상호조정이 이루어지도록 하는 것이다. 끝으로 기초보장 측면에서 근로동기를 저해할 수 있는 소득 및 자산조사에 기초한 부조 방식을 지양해야 한다(홍백의, 2014: 72-74).

2 국민연금제도

1) 국민연금제도의 설립배경과 목표

(1) 설립배경

국민연금제도는 1988년 1월 1일에 시행되었으나, 그 이전에 국민복지연금법이 1973년에 이미 제정되었다. 1973년 무렵은 정부가 제3차 경제개발계획 5개년 기간이었는데, 당시 국민복지연금법은 사회 일각에서나 관련 부서 및 정책결정권자들 사이에 언급한 사실을 찾을 수 없었으나, 갑자기 입법화된 배경에서 여러 연구자들이 경제개발에 필요한 내자동원을 위한 수단으로 국민복지연금을 활용하려는 목적을 가지고 있었다고 주장하였다.[2)]

그러나 정작 국민복지연금제도를 실시하려고 했을 때, 요청되는 기여금 납입문제, 연금제도의 운용과 연관된 기술적 문제 등 여건 조성이 쉽지 않아 시행을 연기할 수밖에 없었다. 그 후 국민연금제도의 실시에 관한 정책논의는 1981년 제5차 경제개발 5개년 계획을 수립하면서 재개되었는데, 1984년 9월에 이르러 보사부는 대통령령에 의해 국민복지연금 실시 준비위원회를 구성하였으며, 같은 해 한국개발연구원은 연금제도의 연구에 본격적으로 착수하였다.

2) 대표적인 학자로는 전남진 교수로서 그는 국민복지연금법 제정을 1973년도 경제개발5개년 계획 중의 하나인 중화학공업을 육성하기 위한 투자자본을 마련하기 위한 필요에서 찾았다(전남진 (1987) 사회정책학강론. 서울대학교출판부. pp.432-444).

연금제도의 초안은 보사부와 한국개발연구원(KDI)에 의해 마련되고, 1986년 6월 4일에 국민연금 실시를 위한 관계자 회의를 개최하여 보사부, 경제기획원, 노동부 등 정부 각 부처관계자가 참석하였으며 여기서 연금제도의 주요 골격이 형성되었다(현외성, 2016a).

연금제도의 입법을 촉진하게 된 중요한 사건은 1986년 8월 11일에 가진 대통령 하계 기자회견이었다. 여기에서 전전 대통령은 1988년부터 국민연금제도를 실시할 것을 천명하였는데, 이 회견 이후 국민연금법 회의를 개최하여 동년 10월 4일 국민연금법(안)을 입법예고하고, 1988년 1월 1일부터 시행함을 공포하였다. 당시 정책형성 과정의 공식적·비공식적 참여자로서 ① 정당은 제도 시행 자체에 보다 많은 관심을 두었고, 구체적인 정책내용의 형성에는 관여하지 않았다. ② 전문집단의 아이디어 제공과 이론적 지원에 있어서 학계 및 KDI는 특히 경제기획원의 입장을 지지하는 데 큰 역할을 담당하였다. ③ 압력단체로서는 경총과 노총이 비용부담, 퇴직금제도 등의 조정문제에 자신들의 이익을 반영코자 하였다. ④ 관료집단은 가장 강력한 정책결정의 주체로서 연금제도의 정책결정과정을 주도하였는데, 정부부처 간의 세력경쟁에서 경제기획원 입장이 주로 반영되었다. ⑤ 정책형성과정에 현재의 노인 계층, 자영업자 및 농어촌 주민의 권익을 반영할 만한 제도적 장치가 미비하였다(신섭중 외, 1998: 205-206).

1988년 국민연금제도 실시 이후 경제·사회적 발전에 맞추어 여러 차례에 걸쳐 국민연금법이 개정되었는데, 주로 연금급여의 대상자를 확대하는 한편 연금재정의 안정을 위한 보험료의 조정과 기금문제 개선, 연금보험료 추후납부제도 도입, 고령층의 연금수급기회 확대, 저출산과 병력 등과 관련한 연금크레딧, 중복급여의 조정, 다른 공적연금제도와의 연계 등이 주요 개정내용이다.

(2) 목적

국민연금제도는 국민의 노령, 장애 또는 사망 등 '사회적 위험'이 발생한 경우에 가입자의 연금보험료를 주된 재원으로 하여 연금급여의 실시를 통한 장기적 소득보장을 함으로써 국민의 생활안정과 복지증진에 기여함을 목적으로 하는 법이다.

국민연금제도는 국민을 대상으로 한 연금보험으로서 사회보험의 일종이다. 사회보험은 현대사회의 제반 특성으로 인하여 사람들이 불가항력적으로 어려움에 봉착하게 되는 경우가 발생하는 점을 예견하여, 미리 정형화된 사회적 위험에 대비하여 사보험원리를 바탕으로 한 사회보장제도의 한 형태이다. 그러므로 사회보험으로서 연금보험은 국가에 의해 일정한 자격을 가진 사람을 대상으로 강제적으로 적용되는 성격을 갖는다. 특히 연금보험은 사회생활을 영위하는 과정에 소위 '사회적 위험'으로 불리는 보험사고 중 노령, 장애 또는 사망에 봉착할 경우 개인과 가족의 소득 단절을 막고 인간다운 생활을 유지하는 데 목적을 두고 있다.

표 7-5 공적연금 수급자(2016) (단위 : 명, %)

		합 계	급여종류별			연금 수급률[2]
			노령연금[1] (퇴직, 퇴역연금)	유족연금	장애연금 (장해, 상이연금)	
65세 이상		3,015,717	2,582,009	416,684	17,024	44.6
비중		100.0	85.6	13.8	0.6	-
국민연금		2,664,358(88.3)[3]	2,292,785(88.8)	356,192(85.5)	15,381(90.3)	39.4
공무원연금		256,695(8.5)	216,393(8.4)	38,804(9.3)	1,498(8.8)	3.8
군인연금		52,928(1.8)	35,710(1.4)	17,116(4.1)	102(0.6)	0.8
사학연금		41,736(1.4)	37,121(1.4)	4,572(1.1)	43(0.3)	0.6
연령대별	65~69세	1,252,444	1,114,930	128,629	8,885	56.6
	70~79세	1,513,895	1,284,155	222,083	7,655	48.3
	80세 이상	249,378	182,924	65,972	484	17.6

자료 : 국민연금공단. 국민연금통계연보; 공무원연금공단. 공무원연금통계; 사립학교교직원연금공단. 사학연금통계연보; 국방부. 군인연금통계; 2016, 2017고령자통계.

주 : 1) 연금수급자 중 일시 수급정지자를 제외한 실수령자 기준임

2) 연금수급률 = (각 연금 수급자 / 연령별 추계인구) × 100

3) 전체 65세 이상 수급자에 대한 연금 종류별 구성비임

우리나라의 연금보험은 현재 국민연금을 위시하여 공무원연금, 사립학교 교직원연금 및 군인연금 등이 각기 분립, 실시되고 있다. 그중 국민 대다수를 차지하고 있는 연금보험이 국민연금으로서 연금보험의 주류를 차지하고 있다. 표 7-5와 같이 2016년 현재 공적연금 현황을 보면, 65세 이상 고령자 중 공적연금 수급자는 전체 3,015,717명이고, 그중에서 국민연금 가입자는 2,664,358명으로 수급자의 88.3%를 차지하고 있다. 나머지가 공무원연금, 군인연금 및 사학연금 수급자이다(통계청, 2017).

(3) 특성

① 사회보험제도로서 노후소득보장제도

국민연금은 사회보험제도로서 노후소득보장제도이다. 그러므로 국민연금은 ㉠ 사회보험급여를 지불하기 위한 재원조달방법으로서 사용자나 혹은 피용자의 기여금을 근거로 하고 있으며, ㉡ 국가의 독점적 운영이 일반적인 형태이며, ㉢ 강제가입을 특성으로 하고 있다. 또한 ㉣ 비영리 국가사업으로서 사회보험은 사회정책상의 동기로 운영되므로 국가가 운영경비의 일부를 부담하는 한편 적자액의 보조 등이 국가의 책임으로 되어 있다. 마지막으로 ㉤ 소득의 재분배기능을 가지고 있는데, 이는 국민연금제도를 통하여 고소득계층으로부터 저소득계층으로 소득의 이전이 이루어져 소득의 평등화에 기여하는 제도이다.

② 방빈적 소득보장제도

국민연금은 다른 사회보장제도, 예를 들어 공공부조나 사회복지서비스 등과 달리 노령, 장애 및 사망에 대비한 개인과 가족구성원을 위한 방빈적 소득보장이다. 이에 반하여 공공부조는 빈곤한 사람들에게 빈곤해결책으로써 제반 급여와 서비스를 제공하는 제도이다.

③ 장기보험제도

국민연금은 원칙적으로 일정한 가입기간을 수급요건으로 하고 사망할 때 또는 지급사유가 소멸될 때까지 연금급여가 지급된다. 의료보험이나 산재보험 등과 같은 사회보험제도는 단기보험이지만, 우리나라의 국민연금보험은 가입기간을 20년간으로 하고 60세에 이르렀을 때, 특별히 노령연금을 수급할 수 있도록 설계되어 있는 점에서 장기보험으로서의 특색을 가진다.

④ 연금급여 수급권의 권리성

국민연금급여는 퇴직 전 일정 기간 동안 기여금을 보험료로 납부한 사실에 근거한 일종의 채권과 유사한 급여수급권을 가지고 있다. 이는 국가에서 국민연금법을 입법화하여 그 권리를 인정하는데 더하여 권리를 보호하는 규정도 법적으로 마련해놓고 있다. 더욱이 연금급여 등 국민연금제도 전체에 대하여 심사청구제도 등의 행정적·사법적 구제제도를 설치하여 연금급여 수급권을 제도적으로 보호하고 있다.

물론 불법적이거나 잘못된 방법으로 연금수급권을 행사하는 경우에는 그 권리행사에 대하여 제한을 두고 있기도 하다. 이러한 배경에서 연급급여를 받는 것이 권리의 성격을 가지는 만큼 보험료의 납부에 대해서는 의무적인 성격을 지니며, 보험료 체납 시 조세체납 처분과 유사하게 보험료 체납에 대한 강제 징수를 법적으로 규정하고 있다.

⑤ 연금급여의 실질가치 및 적절한 수준 유지

국민연금급여의 실질가치를 유지하기 위하여 물가연동제를 실시하고 있다. 연금급여 수준이 인플레로 인하여 낮아지는 것을 물가연동제를 반영함으로써 노후소득보장을 통한 인간다운 생활을 보장하려는 데 그 배경을 찾을 수 있다.

동시에 국민연금제도를 통하여 연금 수급자의 퇴직 이전에 받았던 소득액을 참고하여 적절한 수준의 노후소득 수준을 보장하려는 연금정책적 목적을 가지고 있다. 그리하여 이 정책목적을 투영하여 국민연금급여 수준의 하한선과 상한선을 설정하고 있는 것이 또 다른 특징이다.

2) 대상과 자격요건

(1) 개관

국민연금의 가입대상자는 국내에 거주하는 국민으로서 18세 이상 60세 미만인 자는 국민연금 가입 대상이 된다. 다만 「공무원연금법」, 「군인연금법」, 「사립학교교직원연금법」 및 「별정우체국법」을 적용받는 공무원, 군인, 교직원 및 별정우체국 직원, 그 밖에 대통령령으로 정하는 자는 제외한다.

(2) 가입자의 종류

국민연금법에 따르면 가입자는 사업장가입자, 지역가입자, 임의가입자 및 임의계속가입자로 구분한다.

① 사업장가입자

사업의 종류, 근로자의 수 등을 고려하여 대통령령으로 정하는 사업장(이하 '당연적용사업장'이라 한다)의 18세 이상 60세 미만인 근로자와 사용자는 사업장가입자가 된다. 여기서 말하는 당연적용사업장이란 1명 이상의 근로자를 사용하는 사업장, 주한 외국 기관으로서 1명 이상의 대한민국 국민인 근로자를 사용하는 사업장을 말한다.

② 지역가입자

사업장가입자가 아닌 자로서 18세 이상 60세 미만인 자는 당연히 지역가입자가 된다. 다만, 다음의 어느 하나에 해당하는 자는 제외한다.

첫 번째, 국민연금제외자(「공무원연금법」, 「군인연금법」, 「사립학교교직원연금법」 및 「별정우체국법」을 적용받는 공무원, 군인, 교직원 및 별정우체국 직원, 그 밖에 대통령령으로 정하는 자는 제외한다)와 사업장가입자, 지역가입자 및 임의계속가입자 그리고 노령연금 수급권자 및 퇴직연금등수급권자 등의 배우자로서 별도의 소득이 없는 자.

두 번째, 퇴직연금등수급권자. 다만, 퇴직연금등수급권자가 「국민연금과 직역연금의 연계에 관한 법률」 제8조에 따라 연계 신청을 한 경우에는 그러하지 아니한다.

세 번째, 18세 이상 27세 미만인 자로서 학생이거나 군 복무 등의 이유로 소득이 없는 자(연금보험료를 납부한 사실이 있는 자는 제외한다).

네 번째, 「국민기초생활보장법」 제7조제1항제1호에 따른 생계급여 수급자 또는 같은 항 제3호에 따른 의료급여 수급자.

다섯 번째, 1년 이상 행방불명된 자. 이 경우 행방불명된 자에 대한 인정 기준 및 방법은 대통령령으로 정한다.

③ 임의가입자

사업장가입자와 지역가입자가 아닌 자로서 18세 이상 60세 미만인 자는 보건복지부령으로 정하는 바에 따라 국민연금공단에 가입을 신청하면 임의가입자가 될 수 있다.

④ 임의계속가입자

65세가 될 때까지 보건복지부령으로 정하는 바에 따라 국민연금공단에 가입을 신청하면 임의계속가입자가 될 수 있다. 전체 국민연금 가입기간의 5분의 3 이상을 대통령령으로 정하는 직종의 근로자로 국민연금에 가입하거나 가입하였던 사람(이하 "특수직종근로자"라 한다)으로서 노령연금 급여를 지급받지 않는 사람

(3) 가입자 현황

국민연금의 가입자는 1988년 제도 시행 이후 꾸준히 증가하였다. 1988년 12월에는 약 440만 명에서 1995년에는 약 750만 명으로, 2005년에는 약 1,712만 명, 2015년에는 약 2,157만, 명 2017년에는 약 2,175만 명으로 늘어났다.

표 7-6 국민연금 연도별 가입자 현황 (단위: 개소, 명)

구분 연도별	총 가입자	사업장가입자		지역가입자			임의 가입자	임의계속 가입자
		사업장	가입자	계	농어촌	도시		
'88. 12.	4,432,695	58,583	4,431,039	–	–	–	1,370	286
'95. 12.	7,496,623	152,463	5,541,966	1,890,187	1,890,187	–	48,710	15,760
'05. 12.	17,124,449	646,805	7,950,493	9,123,675	1,969,017	7,154,658	26,568	23,713
'10. 12.	19,228,875	1,031,358	10,414,780	8,674,492	1,951,867	6,722,625	90,222	49,381
'15. 12.	21,568,354	1,537,250	12,805,852	8,302,809	1,949,757	6,353,052	240,582	219,111
'16. 12.	21,832,524	1,661,502	13,192,436	8,060,199	1,881,248	6,178,951	296,757	283,132
'17. 05.	21,745,719	1,707,188	13,301,735	7,811,701	1,823,802	5,987,899	320,717	311,566

자료: 국민연금공단(2017). 국민연금 공표통계(안): 2017년 5월말 기준.

3) 급여체계

(1) 급여의 종류

① 개관

국민연금제도상의 급여종류는 노령연금, 장애연금, 유족연금, 반환일시금 및 사망일시금 등이 있고, 노령연금을 분할하는 분할연금이 특수한 형태로 존재한다. 급여종류별로 그 내용을 간단히 요약하면 표 7-7과 같다. 물론 노령연금급여 중에서도 다시 몇 가지 세부적인 연금종류를 구분할 수 있다. 급여종류별 내용을 조금 상세히 살펴보자.

표 7-7 국민연금급여의 종류

연금급여		일시금 급여	
노령연금	노후소득보장을 위한 급여, 국민연금의 기초가 되는 급여	반환일시금	연금을 받지 못하거나 더 이상 가입할 수 없는 경우 청산적 성격으로 지급하는 급여
장애연금	장애로 인한 소득감소에 대비한 급여	사망일시금	유족연금 및 반환일시금을 받지 못할 경우 장제비적 성격으로 지급하는 급여
유족연금	가입자의 사망으로 인한 유족의 생계 보호를 위한 급여		

자료: 국민연금공단(2016. 12).

1988년 국민연금제도가 시행되고, 1993년 1월 특례노령연금 지급을 시작으로 2017년 5월에는 누적 수급자수가 430만 명을 넘어섰으며, 급여액은 7조 7천억 원 이상을 상회하였다. 노후소득보장의 중추적인 기능을 수행하고 있음을 알 수 있다.

표 7-8 연도별 국민연금 급여종별 급여지급 현황 (단위 : 건, 백만 원)

구분		계	연금				일시금			
			소계	노령	장애	유족	소계	장애	반환	사망
총계	수급자	14,743,422	4,835,695	3,943,323	152,168	740,204	9,907,727	71,517	9,674,420	161,790
	금액	144,863,618	125,779,322	106,138,439	4,313,312	15,327,571	19,084,296	635,949	18,030,062	418,285
2017.5	수급자	4,348,654	4,249,046	3,516,656	71,624	660,766	99,608	1,154	92,658	5,796
	금액	7,700,142	7,301,414	6,395,600	144,378	761,436	398,728	16,217	364,109	18,402
2016	수급자	4,362,254	4,135,292	3,412,350	75,497	647,445	226,962	2,577	207,751	16,634
	금액	17,068,159	16,107,103	14,047,956	337,333	1,721,814	961,056	36,048	874,649	50,359
2015	수급자	4,028,671	3,832,188	3,151,349	75,688	605,151	196,483	2,597	179,937	13,949
	금액	15,184,010	14,342,683	12,415,111	336,568	1,591,004	841,327	35,522	759,704	46,101
2010	수급자	2,975,336	2,820,649	2,330,128	76,280	414,241	154,687	3,447	141,347	9,893
	금액	8,635,467	8,107,420	6,861,876	296,305	949,239	528,047	37,299	465,123	25,625
2005	수급자	1,757,674	1,651,681	1,349,626	54,467	247,588	105,993	4,147	96,078	5,768
	금액	3,584,901	3,210,044	2,531,536	193,931	484,577	374,857	35,713	324,885	14,259
~2002	수급자	8,578,848	955,667	738,881	39,667	177,119	7,623,181	20,344	7,581,655	21,182
	금액	15,990,144	5,204,225	3,590,571	404,866	1,208,788	10,785,919	92,667	10,661,908	31,344

주 : "총계"란의 수급자(노령 · 장애 · 유족연금)의 수는 '88년~현재까지의 수급자이었던 자(소멸자)를 포함
자료: 국민연금공단(2016. 12).

② 노령연금

국민연금제도 중 노령연금은 노령으로 인하여 소득활동에 참여하지 못할 경우 지급하는 급여로서 연금급여의 근간이 되는 급여이다. 노령연금 중에는 수급요건에 따라 완전노령연금, 감액노령연금, 재직자노령연금, 조기노령연금 및 분할연금 등이 있다.

완전노령연금은 20년 이상 국민연금에 가입하고 60세(특수직종근로자는

55세)에 달하였을 때 받는 연금으로서, 기본연금액과 부양가족연금액을 합친 금액을 급여로 생존하는 동안 받게 된다.

조기노령연금은 가입기간이 10년 이상인 가입자 또는 가입자였던 자로서 55세 이상인 자가 대통령령으로 정하는 소득이 있는 업무에 종사하지 아니하는 경우, 본인이 희망하면 60세가 되기 전이라도 본인이 청구한 때부터 그가 생존하는 동안 받는 연금을 말한다.

재직자노령연금은 노령연금 지급을 연기할 경우 생기는 특별한 형태의 연금이다. 노령연금의 수급권자로서 60세 이상 65세 미만인 사람(특수직종근로자는 55세 이상 60세 미만인 사람)이 연금지급의 연기를 희망하는 경우에는 1회에 한정하여 65세(특수직종근로자는 60세) 전까지의 기간에 대하여 그 연금의 전부 또는 일부의 지급을 연기할 수 있다. 이 경우는 소득이 있는 업무에 종사하고 있을 때인데, 일시적으로 노령연금을 연기한 후 수급하는 것을 말한다.

감액노령연금은 국민연금에 가입한 연수가 20년이 되지 않으면서 연령이 60세에 도달할 경우 받게 되는 연금으로서, 10년 이상 20년 미만 가입하고 60세에 달 한 때에 받는 연금을 의미한다.

분할연금이란 혼인 기간이 5년 이상인 자가 배우자와 이혼하였고, 배우자였던 사람이 노령연금 수급권자이고, 60세가 되었을 때 그때부터 그가 생존하는 동안 배우자였던 자의 노령연금을 분할한 일정한 금액의 연금을 받는 것을 말한다. 분할연금액은 배우자였던 자의 노령연금액(부양가족연금액은 제외한다) 중 혼인 기간에 해당하는 연금액을 균등하게 나눈 금액으로 급여된다.

표 7-9 연금급여별 수급요건 및 급여수준(요약)

연금의 종류		수급권자	수급요건	급여수준
노령연금	완전 노령연금	본인	20년 이상 가입하고 60세에 달한 때(선원 및 광부는 55세에 달할 때)	기본 연금액의 100% + 부양가족 연금액
	감액	〃	10년 이상 20년 미만 가입하고 60	기본 연금액의 50% + 부양가족

(계속)

연금의 종류		수급권자	수급요건	급여수준
	노령연금		세에 달한 때	연금액 + 10년 초과 매년 기본 연금액 0.5% 가산금
	재직자 노령연금	〃	10년 이상 가입하고 60세 이상 65세 미만인 자로서 소득이 있는 업무에 종사한 때	기본 연금액의 50%(+10년 초과 매년 기본 연금액 0.5% 가산금)에 수급연령별 50%-90% 비율 곱한 액
	조기 노령연금	〃	10년 이상 가입하고 55세 이상 65세 미만인 자로서 소득이 있는 업무에 종사하지 아니하는 경우 본인이 희망한 때	기본 연금액의 50%(+10년 초과 매년 기본 연금액 0.5% 가산금)에 수급연령별 75%-95% 비율 곱한 액
	분할연금	배우자	이혼 시 배우자의 혼인 기간에 해당하는 기간	노령연금액의 균할(50%)

자료: 현외성(2016b.:214).

③ 장애연금

국민연금 가입자 또는 가입자였던 자가 질병이나 부상으로 신체상 또는 정신상의 장애가 있을 경우 소득을 보장하는 급여이다. 장애연금은 다음 요건을 모두 충족하는 경우에는 장애 정도를 결정하는 기준이 되는 날부터 그 장애가 계속되는 기간 동안 장애 정도(장애등급)에 따라 장애연금을 지급한다. 즉, 해당 질병 또는 부상의 초진일 당시 연령이 18세(다만, 18세 전에 가입한 경우에는 가입자가 된 날을 말한다) 이상이고 노령연금의 지급 연령 미만일 것 그리고 다음 중의 어느 하나에 해당할 때 지급하는 급여이다. 해당 질병 또는 부상의 초진일 당시 연금보험료를 낸 기간이 가입대상기간의 3분의 1 이상일 것 또는 해당 질병 또는 부상의 초진일 5년 전부터 초진일까지의 기간 중 연금보험료를 낸 기간이 3년 이상일 것(다만, 가입대상기간 중 체납기간이 3년 이상인 경우는 제외한다) 혹은 해당 질병 또는 부상의 초진일 당시 가입기간이 10년 이상일 것 등이다.

④ 유족연금

가족의 생계를 책임지던 국민연금 가입자가 사망하면 그 가족의 소득보장을 위해 유족에게 지급하는 연금급여를 말한다. 즉, 노령연금 수급권자, 가입기간이 10년 이상인 가입자 또는 가입자였던 자, 연금보험료를 낸 기간이 가입대상기간의 3분의 1 이상인 가입자 또는 가입자였던 자, 사망일 5년 전부터 사망일까지의 기간 중 연금보험료를 낸 기간이 3년 이상인 가입자 또는 가입자였던 자(다만, 가입대상기간 중 체납기간이 3년 이상인 사람은 제외한다), 및 장애등급이 2급 이상인 장애연금 수급권자 등의 어느 하나에 해당하는 사람이 사망하면 그 유족에게 유족연금을 지급한다.

⑤ 반환일시금

가입자 또는 가입자였던 자가 다음의 어느 하나에 해당하게 되면 본인이나 그 유족의 청구에 의하여 반환일시금을 지급받을 수 있다. 즉, 가입기간이 10년 미만인 자가 60세가 된 때, 가입자 또는 가입자였던 자가 사망한 때(다만, 제72조에 따라 유족연금이 지급되는 경우에는 그러하지 아니하다) 그리고 국적을 상실하거나 국외로 이주한 때 등이다. 결국 반환일시금은 명칭이 의미하는 바와 같이 연금을 받지 못하거나 더 이상 가입할 수 없는 경우 청산적 성격으로 지급하는 연금급여 중의 하나이다.

⑥ 사망일시금

유족연금 및 반환일시금을 받지 못할 경우 장제비적 성격으로 지급하는 급여이다. 사망일시금은 국민연금 가입자 또는 가입자였던 자가 사망한 때에 유족이 없으면 그 배우자·자녀·부모·손자녀·조부모·형제자매 또는 4촌 이내 방계혈족(傍系血族)에게 지급한다.

(2) 연금급여의 산정과 수준

① 연금액 산정방식

국민연금 급여액을 산정할 때 몇 가지 사항을 고려한다. 예를 들어, 퇴직 후 노후생활을 하는 연금수급자의 급여수준이 퇴직 이전의 생활수준과 어느 정도 적절해야 하는 측면을 감안해야 한다. 여기는 다시 두 가지 내용이 함께 검토되는데, 그것은 급여의 형평성과 평등성을 동시에 연금급여에 반영해야 한다는 것이다. 연금급여의 형평성은 퇴직 이전의 소득이나 수입에 비례해서 연금급여가 제공되어야 하는 의미이고, 평등성은 연금급여기 일종의 소득 재분배적인 기능을 하여 국민연금급여가 소득평등화에 기여할 수 있도록 도모하는 것이다.

한편 이러한 국민연금 가입자를 둘러싼 연금급여수준의 적정선을 설정하는 노력과 함께 연금재정의 지속가능성 혹은 장기적인 재정안정을 위해 연금급여수준과 보험료율 등에 대하여 전략적으로 국가와 운영주체가 대비하고 있다. 따라서 국민연금급여의 산정에도 국민연금의 장기적인 재정안정화를 위한 배려가 반영되고 있다.

기본적으로 국민연금급여액의 산정방식은 이러한 것을 바탕으로 하여 다음과 같이 이루어지고 있다. 즉, 연금급여액은 기본연금액과 부양가족연금액으로 구성되며, 각각의 연금종류와 수급요건에 따라 산정방식이 결정되어 있다. 예를 들어, 장애연금의 경우 장애 1급일 경우 연금급여의 지급율은 기본연금액의 100%이지만, 장애등급이 낮아질수록 기본연금액의 지급율이 낮아지며, 4급일 경우에는 일시금으로 기본연금액의 225%를 지급한다.

표 7-10 국민연금의 연금액 산정방식

국민연금연금액= 기본연금액× 지급률 + 부양가족연금액 노령연금의 지급률 : 가입기간 10년 50%(1년당 5% 증가) 장애연금의 지급률 : 장애 1급 100%, 2급 80%, 3급 60%, 4급(일시금) 225% 유족연금의 지급률 : 가입기간 10년 미만 40%, 10년 이상 20년 미만 50%, 20년 이상 60%

자료: 박병현 · 윤성호(2017: 204).

보통 연금제도의 산정방식은 균일급여방식과 소득비례급여방식 및 이들의 혼합방식으로 분류된다. 균일급여방식은 평등주의 이념을 강조하는 영국이나 북유럽에서 채택하고 있는 형태로서, 연금의 급여는 모든 수혜자에게 차이가 없는 기본적 욕구, 즉 최저생계비만을 보장하고 그 이상의 욕구충족은 본인이 책임져야 한다는 기본 전제 아래 이루어졌다. 소득비례급여방식은 능력주의 이념을 강조하는 대륙형 보장방식으로 가입자의 갹출금액에 비례하여 급여하는 방식이다.

혼합형급여방식은 최저생계비의 보장은 균일급여방식을 취하고 최저생계비 이상의 급여에 대해서는 소득비례급여방식을 취하는 형태이다. 이 방식은 균일급여방식에서 사회적 연대에 의한 위험분산과 소득재분배의 효과를 기할 수 있고, 개인의 능력과 인센티브에 따라 보상을 한다는 자본주의 기본 원칙과 일치한다는 점에서 오늘날 많은 선진국에서 채택하고 있다(신섭중 외, 1986:219). 우리나라 역시 이러한 혼합형급여방식을 채택하고 있다고 볼 수 있다. 그것은 후술하는 바와 같이 기본연금액의 산정방식에서 혼합급여방식을 반영하고 있기 때문이다.

② 기본연금액 산정방식

기본연금액은 모든 연금액 산정의 기초가 되며, 가입자 전체의 소득(소득재분배 기능)과 가입자 본인의 소득(소득비례 기능) 및 가입기간에 따라 산정된다.

기본연금액의 급여수준은 전체 가입자의 평균소득에 해당하는 사람이 소득의 9%(사업장가입자는 본인부담 4.5%, 사용자 부담 4.5%)로 40년간 납부 시 가입기간이 속한 년도에 따라 소득의 40%에서 70%(소득대체율)를 받게 되어 있다. 이때 소득대체율이란 40년 동안 국민연금에 가입하여 보험료를 납부한 경우 본인 가입중 평균소득과 대비하여 받을 수 있는 연금액의 지급수준(지급률)을 말한다(국민연금공단, 2016: 72).

기본연금액의 산정방식은 1988년 제도시행 후 여러 차례 수정되었는데, 현재의 산정방식은 2007년 개정되어 2008년부터 시행되어 온 것이다. 그 구체적인 산정방식을 살펴보면 표 7-11과 같다.

표 7-11 기본연금액 산정식

개 정 전

$$[2.4(A+0.75B)\times P_1/P+1.8(A+B)P_2/P]\times(1+0.05n/12)$$

개 정 후

$$[2.4(A+0.75B)\times P_1/P+1.8(A+B)P_2/P+\mathbf{1.5(A+B)\times P_3/P+}\cdots\cdots]\times(1+0.05n/12)$$

A : 연금 수급 전 3년 간의 평균소득월액의 평균액
B : 가입자 개인의 가입기간 중 기준(표준)소득월액의 평균액
n : 20년 초과 가입월수(1년 미만의 매 1월은 12분의 1년으로 계산)
P : 전체 가입월수
P_1 : '98. 12. 31 이전 가입월수
P_2 : '99. 1. 1~'07. 12. 31 가입월수
P_3 : '08년 가입월수

1) 관련규정

- 법 제51조(기본연금액)제1항
- 부칙 제1조(시행일)
- 부칙 제20조(기본연금액 산정에 대한 적용례)
- 부칙 제34조(급여의 지급 등에 관한 경과조치)

2) 개정내용

- 가입기간이 40년인 평균소득자를 기준으로 소득대체율을 기존 60%에서 2008년에는 50%를 시작으로 이후 매년 0.5%씩 하향조정하여 2028년부터 40% 적용
- 가입기간이 40년인 평균소득자를 기준으로 소득대체율을 2008년의 가입기간에 대해서는 50%를 적용하고, 2009년부터 매년 0.5%씩 하향조정하여 2028년에는 40% 적용
  다만, 기존 가입기간(2007년 법 개정전)에 대하여는 종전 소득대체율을 적용

가입기간별 소득대체율

가입기간	소득대체율	비례상수
1988 ~ 1998년	70%	2.4
1999 ~ 2007년	60%	1.8
2008년	50%	1.5
2009년	49.5%	1.485
2010년	49%	1.470
·	·	·
·	·	·
·	·	·
2028년	40%	1.2

※ 비례상수는 2008년 1.5를 시작으로 매년 0.015씩 작아짐

(계속)

3) 적용시기
- 2008. 1. 1. 시행
- 2008. 1. 1. 전의 가입기간에 대해서는 종전 규정을 적용하여 기본연금액 산정
- 2008. 1. 1. 이전에 연금 지급사유발생자는 종전 규정만을 적용

자료: 국민연금공단(2007.7). 국민연금법 개정사항.; 현외성(2016b).

기본연금액의 산정방식은 연금 수급 전 3년간의 평균소득월액의 평균액(A), 가입자 개인의 가입기간 중 기준(표준)소득월액의 평균액(B), 20년 초과 가입월수(1년 미만의 매 1월은 12분의 1년으로 계산) 등을 나타내는 산식으로 구성되어 있지만, 한층 중요한 것은 비례상수이다. 이 산정방식은 국민연금에 가입하고 있는 가입자 전체의 평균소득월액의 평균(평등부분, 소득재분배)과 가입자 개인의 가입기간 중의 기준소득월액의 평균액(비례부분) 그리고 가입기간이 길수록 더 많은 기본연금급여를 받을 수 있도록 설계되어 있다. 여기에다 더욱 중요한 점은 비례상수인데, 이는 결국 소득대체율을 얼마만큼 기본연금액에 반영할 것인가를 나타내는 것이기 때문이다. 표 7-11과 같이 국민연금제도의 실시 후 점진적으로 비례상수는 줄어들었는데, 이는 소득대체율을 처음에는 70%에서 점진적으로 줄어서 2028년에는 40%로 하겠다는 정부의 정책의지가 담겨있다. 이렇게 비례상수를 낮춘 것은 저출산과 고령화로 인한 연금재정의 지속가능성을 감안한 것으로 분석된다.

표 7-12는 현행 기본연금액의 산정방식에 따라 2016년 1월에 최초로 가입한 것으로 가정하고, 두 사람이 가입기간 중 평균소득월액(B값)이 각각 1,200,000원과 4,000,000원일 경우 가입기간에 따라서 지급받게 되는 노령연금액을 예상한 것이다. 여기서 분석할 수 있는 점은 B값이 같은 가입자로서 비록 연금보험료는 동일하지만 가입기간이 길수록 노령연금액이 증가한다는 사실이다. 또 하나의 분석사항은 가입기간이 같은 경우 B값이 낮은 사람의 노령연금액이 상대적으로 많다는 것으로서, 이는 소득재분배 기능이 기본연금액 산식에 반영되어 있음을 보여 주는 사례이다.

표 7-12 노령연금 예상월액 (단위: 원)

가입기간중 평균소득월액(B값)	연금보험료	가입기간				
		10년	15년	20년	30년	40년
1,200,000	108,000	180,000	264,020	346,660	511,930	677,210
4,000,000	360,000	333,890	487,670	640,310	945,580	1,250,860

주: 2016년 1월에 최초 가입한 것으로 가정하여 현재의 A값(2016년도 2,105,482원)을 적용하였으며, 실제 연금수급월액은 연금수급당시의 'A'값 및 '재평가율'을 적용함
자료: 국민연금공단(2016: 75).

③ 부양가족연금액

부양가족연금액은 수급권자(유족연금의 경우 가입자 또는 가입자였던 자)의 배우자, 자녀, 부모로서 수급권자에 의하여 생계를 유지하고 있는 자에 대하여 지급하는 일종의 가족수당 성격의 부가급여이다. 배우자, 자녀, 부모 그리고 이들의 장애등급 등에 따라서 연금액이 달라진다.

(3) 국민연금과 직역연금과의 연계제도

국민연금과 직역연금의 연계제도는 2009년 2월 「국민연금과 직역연금의 연계에 관한 법률」이 제정되고 그 해 8월부터 시행되었다. 당시 동법의 제정이유에 대하여 다음과 같이 적고 있다. '공무원연금, 사립학교교직원연금, 군인연금 등 직역연금 간에는 재직기간을 합산할 수 있으나, 국민연금의 가입기간과 직역연금의 재직기간은 상호 연계가 되지 않아 공적연금의 사각지대가 발생함. 국민연금의 가입기간과 직역연금의 재직기간을 연계하여 연계노령연금, 연계퇴직연금 등의 연계급여를 지급함으로써 공적연금의 사각지대를 해소하고, 국민의 안정적인 노후생활을 보장하려는 것임'(법제처 국가법령정보센터 홈페이지)

결국 이 연계제도는 국민연금의 가입기간과 공무원연금, 사립학교교직원연금, 군인연금 및 별정우체국직원연금의 재직기간·복무기간을 연계하여 연계급여를 지급함으로써 국민의 노후생활 안정과 복지증진에 이바지함을 목적으로 한다.

연계급여란 연계를 통하여 연금가입자 또는 그 유족이 지급받는 급여를 말하데, 그 종류는 연계노령연금, 연계퇴직연금, 연계노령유족연금, 연계퇴직유족연금 등이 있다.

연계노령연금이란 연계급여 중 「국민연금법」에 따른 가입기간 또는 국민연금가입기간에 대하여 지급하는 연금을 말한다.

연계퇴직연금이란 연계급여 중 직역재직기간에 대하여 지급하는 연금을 말한다.

연계노령유족연금이란 연계노령연금 수급권자의 사망으로 그 유족에 대하여 지급하는 연금을 말한다.

연계퇴직유족연금이란 연계퇴직연금 수급권자의 사망으로 그 유족에 대하여 지급하는 연금을 말한다.

4) 운영과 전달체계

(1) 관장 형태와 법인격

공적연금의 관리운영방식은 국영방식과 민영방식 그리고 위탁방식 등으로 구분할 수 있는데, 국민연금제도는 관장주체를 보건복지부장관으로 되어 있어 국영방식을 채택하고 있다. 그러나 보건복지부장관은 실제로 국민연금을 효율적으로 운영하기 위하여 국민연금공단에 위탁운영하고 있고, 국영의 위탁관리방식이 혼합되어 있다고 할 수 있다. 그리고 공단은 하나의 독립된 법인으로서 법인격을 가지고 있으면서 보건복지부장관의 감독을 받게 되어 있다. 국민연금은 중앙행정기관인 보건복지부장관이 제도운영 전반에 관한 사항을 관장하고, 사업의 집행은 국민연금공단에 위탁하여 운영되고 있다.

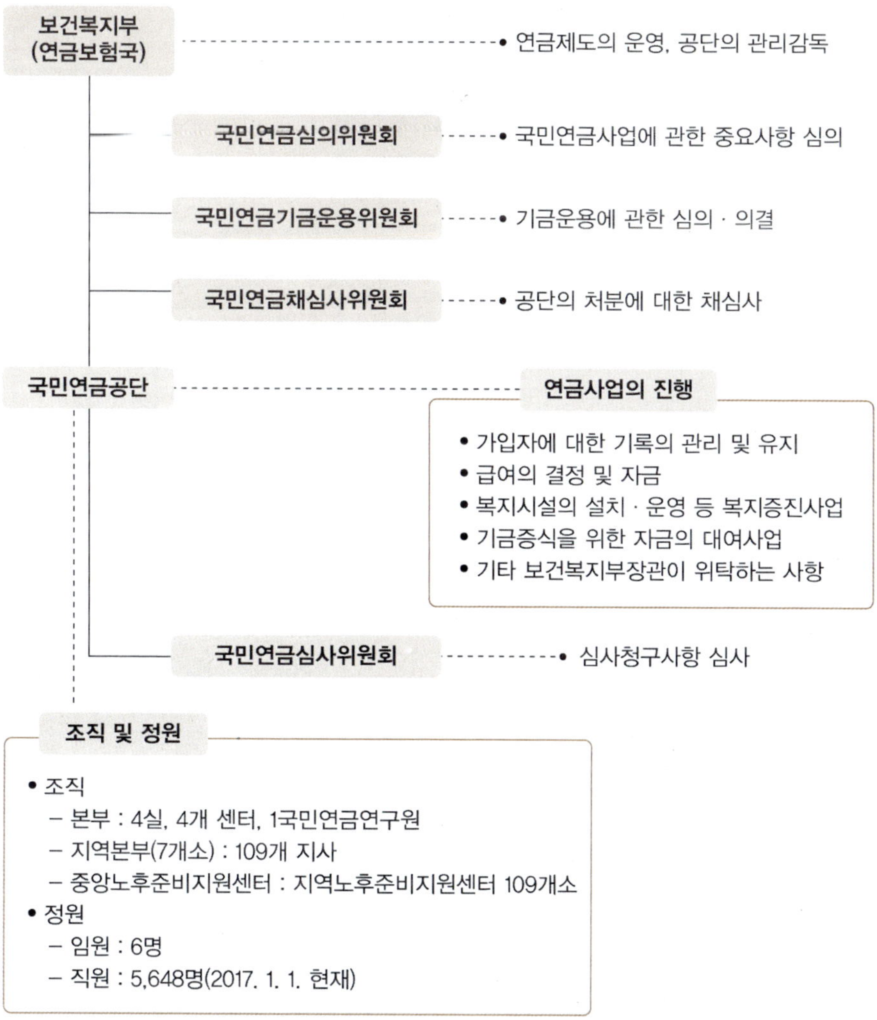

자료: 현외성(2016b). 참고 보완.

그림 7-1 국민연금의 운영조직

그리고 국민연금의 사업조직체는 그림 7-2와 같이 요약될 수 있다. 국민연금사업은 연금사업과 기금사업으로 대별되는데 연금사업은 기여금, 부담금 등 비용을 징수하여 제반 급여를 지급하는 사업을 말하며, 기금사업은 기금증식사업과 각종 요양시설의 설치 · 운영, 노인복지시설 지원 등 복지사업을 말한다.

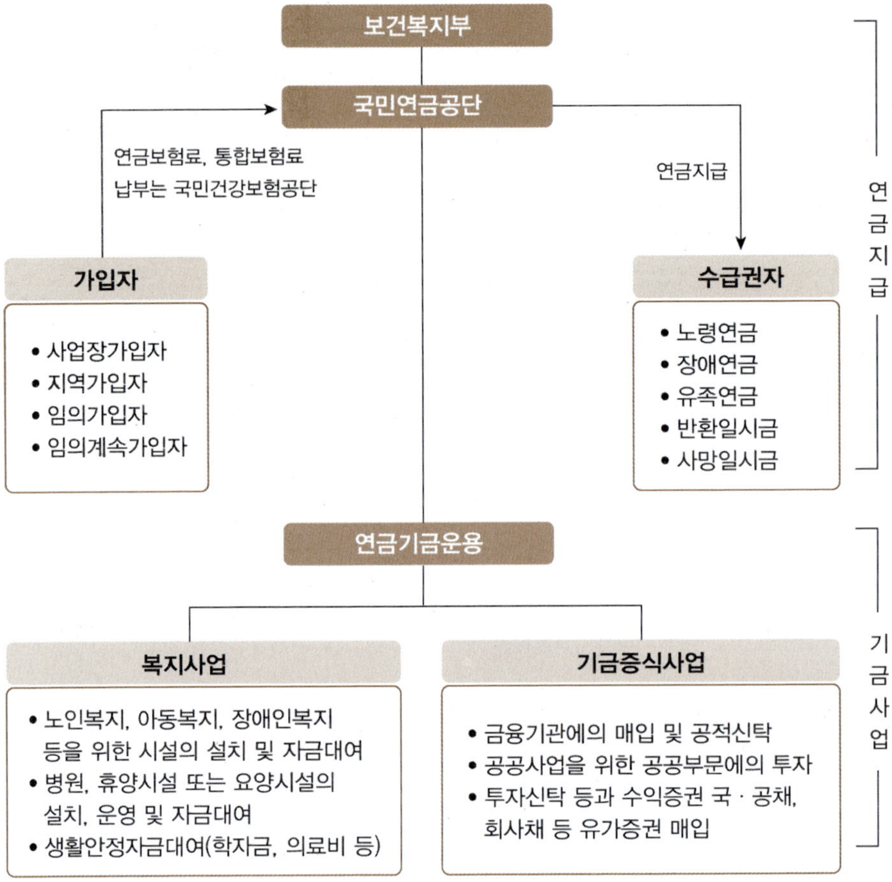

자료: 현외성(2016b).

그림 7-2 국민연금사업조직

(2) 국민연금공단

① 국민연금 관련 업무

국민연금공단은 국민연금제도 시행과 관련된 전반적인 업무를 관장하고 시행하는 데 그 내용은 다음과 같다. 가입자에 대한 기록의 관리 및 유지, 연금보험료의 부과, 급여의 결정 및 지급, 가입자, 가입자였던 자, 수급권자 및 수급자를 위한 자금의 대여와 복지시설의 설치 · 운영 등 복지사업, 가입자 및 가입자였던 자에 대한 기금증식을 위한 자금 대여사업, 가입 대상과 수급권자 등을 위한 노후준비서비스 사업, 국민연금제도 · 재정계산 · 기금운용에 관한 조사연구, 국민연금에 관한 국제협력, 그 밖에 국민연금법 또는 다른 법령에 따라 위탁받은 사항, 그 밖에 국민연금사업에 관하여 보건복지부장관이 위탁하는 사항 등이다.

② 국민연금 관련 복지사업과 대여사업

국민연금공단은 다음의 복지사업을 할 수 있다. 노인복지시설의 설치·공급·임대·운영과 노인복지시설의 부대시설로서 체육시설의 설치·운영 및 자금의 대여, 아동복지시설, 장애인복지시설 등의 복지시설의 설치·운영 및 자금의 대여, 병원과 휴양시설 또는 요양시설의 설치와 운영 및 자금의 대여, 생활 안정을 위한 자금의 대여, 학자금의 대여, 당연적용사업장인 중·소사업장의 사업장 내 복지시설의 설치를 위한 자금의 대여, 주택 구입 자금과 전세 자금의 대여 등이다.

국민연금공단은 가입자나 가입자였던 자에게 그가 낸 연금보험료의 100분의 80에 해당하는 금액의 범위에서 자금을 대여할 수 있다.

5) 재정

(1) 재원조달 방식과 재정운용

공적연금 재원의 조달방식은 흔히 적립방식과 부과방식으로 나눈다. 부과방식은 매년의 급부비용을 매년 조달하는 방식인 반면에 적립방식은 장래에 대하여 보험료의 부담을 평균화하는 것이며, 평준화시켜 징수한 보험료에 대하여 연금발족 당초의 급부지출은 적기 때문에 그 차액은 적립금으로 축적하는 방식이다(신수식, 1989: 282).

부과방식을 취하든 적립방식을 선택하든 간에 사용자, 근로자 및 국가 중 부담을 누가 하느냐에 따라 3자 부담, 2자 부담 및 1자 부담방식이 있다. 대부분의 사회보장제도는 3자 부담방식을 채택하고 있는 경향이다.

또한 연금재원을 부과할 때 연금 가입자의 소득에 비례해서 부과하는 소득비례갹출제와 소득과 관계없이 부과하는 균일갹출방식이 있다. 또 다른 한편으로는 정액갹출제와 정률갹출제 등으로 구분할 수 있다. 우리나라 국민연금제도에 의한 연금보험료는 소득비례갹출제에 해당하며 다른 한편으로는 정률갹출제에 속한다고 볼 수 있다.

우리나라 국민연금제도상의 연금급여 등에 사용되는 비용의 재원조달은 가입자 및 사용자로부터 징수하는 연금보험료와 이를 근거로 조성되는 국민연금기금을 통해서 이루어진다.

(2) 연금보험료

연금보험료란 국민연금사업에 필요한 비용으로서 사업장가입자에 있어서는 부담금 및 기여금의 합계액을, 지역가입자・임의가입자 및 임의계속가입자에 있어서는 본인이 납부한 금액을 말한다. 일반적으로 연금보험료체계의 수리적 가정요인으로 사망률, 퇴직률, 장애율, 인구증가율, 연금수급자에 대한 취업인구의 비율, 가입 연령, 물가와 임금 상승률 등이 고려된다.

국민연금의 경우 국민연금사업에 드는 비용에 충당하기 위하여 가입자와 사용자에게 가입기간 동안 매월 연금보험료를 국민연금공단이 부과하고, 건강보험공단이 이를 징수한다. 2011년 1월 1일부터 사회보험 징수통합에 따라 건강보험공단에서 징수하고 있다.

통상 연금보험료는 가입자의 기준소득월액에 연금보험료율을 곱한 금액이 된다. 기준소득월액이란 연금보험료와 급여를 산정하기 위하여 국민연금가입자의 소득월액을 기준으로 하여 정하는 금액을 말한다.

국민연금보험료 = 가입자의 기준소득월액 × 연금보험료율

연금보험료율은 국민연금제도의 시행 초기의 부담을 고려하는 한편 재정의 안정화를 위하여 단계적으로 높게 책정해오고 있다. 표 7-13은 국민연금제도의 시행이후 연도별로 사업장가입자와 지역가입자 등의 보험료율의 변화 추

이를 간단하게 요약한 내용이다. 전체적으로 보아 연차적으로 보험료율이 상향조정되어 온 것을 알 수 있다.

표 7-13 국민연금 보험료율의 변화 추이 및 조정계획

<table>
<tr><th colspan="2">연 도</th><th>1988~1992</th><th>1993~1997</th><th>1988이후</th><th>1999.4.1이후</th></tr>
<tr><td rowspan="4">사업장가입자</td><td>전 체</td><td>3.0%</td><td>6.0%</td><td>9.0%</td><td>9.0%</td></tr>
<tr><td>피 용 자</td><td>1.5%</td><td>2.0%</td><td>3.0%</td><td>4.5%</td></tr>
<tr><td>사 용 자</td><td>1.5%</td><td>2.0%</td><td>3.0%</td><td>4.5%</td></tr>
<tr><td>퇴직금 전환금</td><td>–</td><td>2.0%</td><td>3.0%</td><td></td></tr>
<tr><td colspan="2">임의적용가입자, 임의계속적용가입자</td><td>3.0%</td><td>6.0%</td><td colspan="2">9.0%</td></tr>
<tr><td colspan="2" rowspan="2">농어촌지역 가입자</td><td>1955~2000</td><td>2000~2005</td><td colspan="2">2005년 이후</td></tr>
<tr><td>3%</td><td>6%</td><td colspan="2">9%</td></tr>
<tr><td colspan="2" rowspan="2">도시지역 가입자</td><td>1999.4~2000.6</td><td>2000.7~2005.6</td><td colspan="2">2005.7 이후</td></tr>
<tr><td>3%</td><td>매년 1% 인상</td><td colspan="2">9%</td></tr>
</table>

자료: 현외성(2016b:222).

이러한 보험료율을 적용하여 국민연금보험료가 책정되었다. 표 7-13에서 보는 것처럼 사업장가입자의 연금보험료 중 기여금은 사업장가입자 본인이, 부담금은 사용자가 각각 부담하되, 그 금액은 각각 기준소득월액의 1천분의 45에 해당하는 금액으로 한다.

지역가입자, 임의가입자 및 임의계속가입자의 연금보험료는 지역가입자, 임의가입자 또는 임의계속가입자 본인이 부담하되, 그 금액은 기준소득월액의 1천분의 90으로 한다.

표 7-14는 국민연금보험료의 총괄징수 현황을 보여 주는데, 역시 임의가입자나 임의계속가입자의 징수율이 가장 높고 그 다음에 사업장가입자의 보험료 징수율이 높은 것으로 나타나 있다.

표 7-14 연금보험료 총괄 징수현황(누적) (단위: 백만 원, %)

구분	계	사업장	지역가입자			임의(계속)
			지역계	도시지역	농어촌지역	
고지	461,159,828	400,002,147	56,791,318	41,663,779	15,127,539	4,366,363
징수	453,914,532	397,783,831	51,764,338	37,904,302	13,860,036	4,366,363
징수율	98.4	99.4	91.1	91.0	91.6	100.0

주: 국민연금 제도시행 이후부터 2017. 5월분의 납부기한(2017. 06. 10.)까지의 징수 현황임
자료: 국민연금공단(2017. 5).

(3) 기금관리

국민연금사업에 필요한 재원을 원활하게 확보하고, 급여에 충당하기 위한 책임준비금으로서 국민연금기금을 설치, 운용하고 있다. 기금의 재원은 연금보험료, 기금 운용 수익금, 적립금, 공단의 수입지출 결산상의 잉여금 등으로 조성된다.

기금은 보건복지부장관이 관리·운용하되, 국민연금 재정의 장기적인 안정을 유지하기 위하여 그 수익을 최대로 증대시킬 수 있도록 국민연금기금운용위원회에서 의결한 바에 따르도록 하였다.

Chapter 08

국민건강보험제도

1 국민건강보험제도의 이론적 기반

1) 사회적 사고로서 질병과 의료문제

(1) 현대사회의 질병과 건강의 문제

현대사회에서 '질병의 사회화'는 일반적인 통념으로 수용되고 있다. 과거와는 달리 질병의 사회적·환경적 요인을 강조하는 의미를 내포하고 있다. 현대국가는 여기에 대응하여 의료서비스를 사회복지서비스의 일환으로 제공하여 국민의 생존권을 확보하려는 입장을 표명하고 있다. 또한 종래의 질병의 방지라는 소극적인 방식에서 건강이라는 보다 적극적인 정책목표를 설정하여 국민들의 복지를 증진시키려는 데 국민건강보험제도의 의미를 찾을 수 있다.

한편 의료서비스 혹은 건강서비스는 비용이 고가이므로 개별 가계가 겪게 되는 과중한 부담을 방지하여 국민건강과 함께 생활의 안정을 도모하려는 측면에서 건강보험의 사회보장으로서 의미를 발견할 수 있다. 다만 사회보장제도를 통한 건강의 확보방식이 사회보험방식이냐 공공부조방식이냐에 따라서 건강보험과 건강부조 혹은 의료급여 등으로 구분할 수 있다.

국민건강보험은 이러한 측면에서 사회보험방식을 통하여 국민의 건강을 확보하고, 소득 유지와 생활의 안정을 함께 도모하는 사회보장제도인 것이다. 반면에 의료급여는 공공부조제도의 하나로서 소득이 단절되고 정기적으로 기여금을 부담할 수 없는 저소득 계층에게 일방적으로 무료의 급여를 제공하는 사회보장제도를 말한다.

오늘날 건강은 국민의 기본적 욕구의 하나이며 이는 생존권의 중요한 요소로 인정되고 있다. 과거에는 사회보장의 목적이 소득보장에만 한정되어 있던 것에서부터 의료보장이나 심리사회적 급여를 제공하는 것까지 확대되는 현상에서 발견하는 바와 같이, 건강보험과 건강보장은 중요한 사회보장제도의 하나가 되고 있다(현외성, 2016b: 229).

(2) 현대사회의 의료문제

현대사회에서 질병의 발생이 개인의 결함과 문제에서부터 사회적·환경적 배경이 원인이 되는 것에 이르기까지, 질병의 발생원인은 다양하다. 특히 정신적·육체적 질병의 원인은 경제적 빈곤문제와 무관하지 않다. 빈곤으로 인한 영양의 결핍과 열악한 생활환경 그리고 오랜 기간 빈곤상태에 노출됨으로써 정신적·육체적·부정적 영향이 축적되어 후일 질병의 원인으로 작용하는 것은 잘 알려진 사실이다.

열악한 근로환경과 생활상태에서 오는 산재, 환경오염, 식생활의 문제, 전염성 질환, 만성질환과 장애 등은 가난한 일반 개인으로서 감당하기 어려운 질병의 문제이고, 이에 대처하는 일 또한 개인적으로 감당하기 어려운 문제이다. 이른바 질병의 발생원인과 그 해결책인 의료문제에 대하여 개인적·가족적 차원에서 해결하기 어려운 문제로서 사회적으로 이를 해결하기 어려운 문제로 규정하고 있다.

한편 현대사회에서 의료문제는 개인적으로 질병이 언제 발생할 것인지, 이에 따라 얼마만큼 비용이 필요할 것인지를 예측하기 어렵다. 또한 질병이 발생할 경우 그 대응으로서 의료서비스는 전문화되어 있어 비용과 가격이 높아 일반 근로자의 소득으로 감당하기가 쉽지 않다. 의료비용으로 인해 일반인은 소득과 재산상의 막대한 손실을 경험하여 빈곤의 나락으로 떨어질 가능성이 높아지고 있다. 질병과 장애의 후유증으로 인하여 직장으로 복귀하는 것 또한 쉽지 않다. 물론 재활서비스가 점차로 발달되고 있으나 재활비용 역시 상당한 부담이 되고 있다. 이러한 측면에서 의료문제는 개인적으로 감당하기 어렵고 사회적 사고로 간주되고 있다.

또한 질병과 장애를 포함한 정신적·육체적 문제해결을 위한 의료서비스는 공정한 시장 메커니즘에 따라 가격이 결정되지 못하는 측면이 있다. 예를 들어, 의료서비스 시장은 의사와 병원의 공급자 중심 혹은 공급자에 의한 독과점을 형성하고 있으며, 공급자인 의사의 전문가적 판단과 결정에 의존함으로써 의료서비스 가격이 불공정하게 형성되고, 그리하여 일반 시민과 근로자에게 불리하게 결정되는 특성이 있다. 물론 과학과 기술의 발달에 따라 의료장비와 기술이 고도화되면서 의료서비스 가격은 점차 높아져 가고, 일반 개인과 근로자의 소득으로는 감당하기 어렵게 되고 있다. 이러한 측면에서 의료문제는 사회문제이자 사회적 사고로 수용될 수밖에 없다.

특히 가족, 이웃 및 지역사회 공동체가 해체된 현대사회에서 사회적 사고 혹은 사회문제로서 질병과 의료문제는 위험을 분산시키고 공동으로 대처하는 현대의 사회적 장치인 사회보험이나 사회보장제도를 통하여 해결하는 방안을 강구하여야 한다. 여기에 사회보험으로서 의료보험제도의 필요성과 당위성이 존재하는 것이다.

2) 의료보장제도의 특성과 유형

(1) 의료보장제도의 특성

의료문제를 개인이나 가족에 맡겨두지 않고 의료보장 혹은 의료보험과 같은 공적제도로서 의료문제에 접근해야 하는 당위성은 그간 여러 나라의 학자들에 의하여 논의되어왔다. 앞에서도 언급한 바와 같이 의료보장의 필요성을 좀 더 구체적이고 학자들이 정리한 내용을 중심으로 제시해보고자 한다.

첫 번째, 의료서비스를 자유경쟁시장의 메커니즘에 맡겨둘 수 없다는 논리로서, 이른바 '시장의 실패'로 인해 국가가 공적인 의료보장이나 의료보험제도를 통해 개입해야 한다는 논리이다. 의료보장의 대상이 되는 질병이나 부상과 같은 '사회적 사고'는 언제, 어디서, 어떻게, 얼마나 자주 발생할 것인가를 국민 개개인이 예측하기 어렵다. 따라서 국가가 국가적 차원에서 이러한 사회적 위험의 발생 가능성을 예측하고, 체계적인 대응방안을 마련할 필요가 있다. 따라서 공적인 의료보장체계의 구축이 필요하다. 국가는 질병이나 부상의 치료와 같은 사후적 의료보장서비스를 제공함과 동시에 사전에 이들 사회적 위험이 발생하지 않도록 건강검진이나 방역사업과 같은 사전예방적 대안을 강구하여야 한다(김기원, 2016: 336).

두 번째, 의료보장이 소득보장과 함께 인간다운 생활을 보장하는 중요한 생존권의 하나로서 위치를 점하게 된 사회적 배경과 무관하지 않다. 즉, 산업사회의 도래와 함께 노동자의 생활환경과 노동조건 등으로 말미암아 의료보장문제가 소득보장 못지 않게 생존권의 구성요소가 되어야 한다는 사회적 요구를 수용하는 과정에서 의료보장, 의료보험이 사회복지정책, 사회보장정책의 중요한 축으로서 등장하게 되었던 역사적·사회적 배경과 의미를 지니고 있다.

질병의 발생원인과 배경이 점진적으로 사회화되고 있다는 측면에서 이에 대응하여 의료의 사회화가 진전되었고, 그 구체적 표현이 의료보장, 의료보험이 등장하였던 것이다. 산업사회의 진전으로 인해 산재사고, 직업병 및 환경오염 등이 발생하고, 다른 한편 도시화로 인하여 인구가 밀집해서 생활하는 가운데 교통사고나 전염병 및 환경오염 등의 문제로 질병 발생이 새로운 국면을 맞이하게 되었다. 이는 질병의 원인이 개인적인 특성에서 사회적·환경적 특성으로 이행하여 가는 것으로서, 사회변동으로 인해 사회 전체의 성격이 바뀌는 과정에서 질병의 사회화가 점진적으로 형성되는 현상으로 간주되었다. 그러므로 의료의 사회화를 통해 인간다운 생활을 실현하는 국가의 측면에서, 생존권의 확보를 위해 의료보장과 의료보험을 시행하기에 이르렀다.

세 번째, 시장의 실패 중 두 번째 요소는 상품, 즉 의료서비스에 대한 정보를 수요자들이 충분히 갖지 못한다는 점과 그 결과로 인해서 의료서비스 가격 결정이 공급자들에 의하여 결정된다는 것이다. 그래서 이러한 결점을 보완하기 위하여 소비자 대신 의료서비스에 대한 정보를 많이 가지고 있는 제3자, 예를 들어 국가의 전문행정기관이 개입하여 의료서비스의 수요자와 공급자 간의 불균형적 정보에서 오는 문제를 해결하는 것이다(김태성·성경륭, 1993; 이인재 외, 2001: 167-168. 참조).

의료서비스의 질과 정도, 효용성 및 필요성 등의 정보를 수요자들은 제대로 갖지 못하며, 의사나 병원이 상대적으로 더 전문적이고 많은 정보를 가지고 있다. 따라서 의료서비스 수요자들이 자유시장에서 말하는 '소비자 주권'을 행사하지 못하며 자유롭고 자율적으로 의료서비스를 선택하는 데 어려움이 있다. 또한 의료서비스의 '정보의 비대칭'으로 인하여 의료서비스의 가격결정이 합리적으로 결정되었는지도 소비자들은 알 수 없으며 정확한 가격산출도 어렵다. 결국 의료서비스의 공급자 측에 의한 의료서비스 선택과 가격이 결정됨으로써 시장의 실패와 소비자들이 불이익을 당할 수 있는 입장에 놓이게 되는 불평등 현상이 발생하게 된다. 이를 조정하기 위해서는 공적인 개입이 필요하고 그 사회적 장치인 의료보장과 의료보험이 필요하게 된 것이다.

이러한 주장 이외에 외부효과의 존재, 의료공급의 독점, 투자재적 성격과 가치재적 성격, 구매대리인으로서 의사의 개입 등과 같은 이유로 인하여 의료보장과 같은 사회적·공식적 장치를 사용하여 국가의 개입을 필요로 한다는 것이다(신수식, 1989; 이두호 외, 1992; 이인재 외, 2001. 참조).

(2) 의료보장제도의 유형

의료보장의 형태와 유형은 이념적 · 이론적 · 실제적으로 매우 다양한 형태로 존재한다. 의료보장의 유형은 이념형 혹은 국가개입의 정도에 따라 여러 가지 스펙트럼이 존재한다. 이념적인 연속선의 우파 쪽에서부터 좌파 쪽까지, 즉 국가의 개입 정도가 가장 약한 쪽에서부터 완전 국가 개입까지, 의료보장제도 유형을 나열하면 다음과 같다. 자유방임의 경제시장에 맡기는 경우에서 시작하여 민간 의료보험에 의한 의료보장 그리고 조합주의 의료보험제도, 통합주의 의료보험제도, 국가운영의 의료보험제도 그리고 마지막으로 사회주의 의료보장제도에 이르기까지 이념적 · 이론적 의료보장의 스펙트럼과 유형은 다양하다.

① 민간 의료보험 유형

의료보장의 형태와 유형은 다양하다. 먼저 순수한 의료보장이라고 할 수 없으나 자유시장에 맡겨서 개인이 선택하여 구입하는 경우가 있다. 이는 민간 의료보험제도를 통해 의료보장을 확보하는 유형이라고 할 수 있다. 물론 이 경우도 개인에게 자유롭게 선택하고 국가는 전혀 개입을 하지 않는 경우와 어느 정도 국가가 개입하여 민간 의료보험을 개인이 선택하게 하거나 선택 시 보조금을 지원하는 등의 형태가 있을 수 있다.

② 사회보험 유형: 조합주의와 통합주의

이 유형은 사회보험으로서 의료보험을 운영하는 경우, 어느 정도 국가가 강제가입을 법적으로 유도하는 한편 정부에서 운영비의 일부를 예산에서 보조해주는 형태이다.

조합주의 사회보험으로서 의료보험제도는 지역이나 기업 또는 집단을 중심으로 조합을 만들어 조합 내에서 조합원들끼리 의료보험을 운영하는 형태이다.

통합주의는 전 국민을 하나로 묶은 사회보험으로서 의료보험제도를 만들어 운영하는 유형이다. 통합주의 의료보험은 조합주의 의료보험제도와 비교하여 불평등을 해소하고 소득재분배의 기능을 한층 더 원활하게 할 수 있다는 장점을 가진 반면, 재정의 효율성이나 관리의 어려움이 따를 수 있는 단점이 수반된다.

우리나라는 조합주의 의료보험으로 시작하여 통합주의 의료보험제도로 제도개선을 한 국가이다.

③ 국가 직영 의료보험 유형

이 유형은 국가가 직영하는 의료보험 유형으로서, 정부가 조세를 통해 재원조달을 하여 전 국민에게 무상으로 의료서비스를 전달한다. 이는 소위 의료의 사회화가 상당한 정도로 이루어져 있어 의료기관의 일정 부분이 국유화되어 있다. 그 대표적인 예는 영국의 국민건강서비스(National Health Service, NHS)제도이다. 물론 국가가 제공하는 무료의 의료서비스 이외에 민간 의료서비스를 시민들이 자유롭게 유상으로 구입하여 이용할 수 있는 기회는 얼마든지 열려 있다.

④ 사회주의 의료보장 유형

사회주의 이념은 마르크스가 주장한대로 '능력에 따라 일하고 필요에 따라 배분'받는 것을 바탕으로, 사회적 자원을 현물급여로 무상으로 배급하는 것을 원리로 하고 있다. 자본주의 시장경제처럼 가격을 매개로 하여 현금으로 상품을 교환하기보다는, 사회주의 국가에서는 필요한 상품을 국가가 직접 생산하여 배분하는 것을 이념적으로 선호하고 있다.

사회주의 국가는 평등가치를 선호하는 반면 자본주의 국가는 형평을 상대적으로 선호하기 때문이다. 또한 현물급여는 현금급여에 비하여 사회주의 국가의 정책 목표인 평등가치를 잘 반영하고, 수요자들을 통합·통제하여 정책목표에 맞출 수 있기 때문에 종종 현물급여를 더 선호하는 경향이 있다. 따라서 의료서비스 역시 국가가 직접 생산하여 시민들에게 배분하는 형태를 취한다. 모든 의료서비스 공급주체가 국유화되어 있고, 인력 역시 국가 소속이어서 의료보장이 국유화되어 있고 다른 상품과 마찬가지로 무상으로 제공된다.

2 국민건강보험제도

1) 국민건강보험제도의 설립배경과 환경

(1) 설립배경

국민건강보험제도는 1977년 2월 8일 법률 제5854호로 국민건강보험법으로 제정되었지만, 그 전신인 의료보험법은 훨씬 이전인 1963년 12월 16일에 법이 제정되고 1977년 7월 1일에 전면적으로 시행되었다. 1963년 당시 의료보험법은 일부 관계 전문가들의 노력으로 입법화는 성공하였으나, 경제적 · 사회적 여건의 미비로 인하여 연기되었다.

의료보험법이 최초로 논의되기 시작한 시기는 1959년 가을 보사부 의정국 주관 하에 매주 목요일 보사부 회의실에서 열린 '건강보험제도 도입을 위한 연구회'로부터이다. 그 후 1962년 3월 20일에는 사회보장제도 심의위원회가 탄생하여 4개 반을 편성, 동위원회 의료보험반은 국민건강조사를 실시하고 외국 제도를 검토하여 의료보험법 초안을 마련하였다(손준규, 1981 :10). 이 안은 별 수정 없이 보사부안으로 채택되었으며, 1963년 12월 16일 의료보험법이 법률 제1623호로 제정 공포되었으며 1964년 6월 5일과 10월 27일에 동법 시행령과 시행규칙이 만들어졌다.

그러나 당시 정부의 재정 형편과 사회경제적 여건의 불충분으로 선뜻 착수하지 못하고 3개 시범 사업안을 추진하여 왔는데, 당시 보험시혜 적용대상이 근로기준법에 의한 근로자와 그 부양가족들만으로 제한되어 있을 뿐 아니라 가입방법마저 임의가입제였다. 그러므로 보험자의 입장에서는 피보험자의 선택권 현상과 보험재정의 불안정 등 사회보험으로서의 미비점이 지적되어, 1970년 8월 의료보험법을 전면 개정하여 적용대상을 종래의 근로자 이외에 군인, 공무원, 자영자 등 전 국민이 의료보험 혜택을 받을 수 있도록 문호를 개방하고, 노동자, 군인, 공무원을 강제가입 대상자로, 자영자 계층을 임의가입대상자로 규정하였다.

한편 경제 성장 위주의 정책은 1970년대 중반부터 나타나기 시작하여 경제 성장의 부작용으로 국민의 단결성과 사회적 통합을 위협한다는 우려를 낳게 되었다. 그 여파로 오랫동안 정체현상을 면치 못하고 있던 의료보험사업은 1976년 12월 22일 의료보험법의 대폭 개정과 더불어 1977년 7월 1일에는 생활보호대상자 등에 대하여 의료보호사업을 실시하였다. 그리하여 의료시설 부족과 국민 부담 능력을 고려하여 시행이 가능한 임금소득계층에서부터 점진적으로 의료보험의 적용을 확대시켜 왔다.

그러다가 1980년대 중반 이후 수출 경제의 호전에 힘입어 경제 성장이 회복되고 흑자경제시대가 도래했으며, 정부는 여력을 복지 부문에 투입하려는 의지를 보이기 시작하였다. 그리하여 제6차 경제사회발전 5개년 계획에서 전 국민의 의료보험 확대가 채택되었다. 또한 1987년 2월 한방의료보험을 전국에 확대·실시하였고 1988년 1월 1일부터 농어촌 지역의료보험을 실시하여 전 인구의 80.4%가 의료보장의 적용을 받았다.

그 후 1988년 6월 17일 국민의료정책심의위원회의 안건으로 도시지역의료보험 확대 방안이 제출되었고, 1989년 7월 1일부터 전국 60개 도시(특별시, 광역시를 포함)를 대상지역으로 하여 전국 약 964만 명(약 241만 세대)의 도시지역 자영자까지도 의료보험이 실시됨으로써, 의료보험 시행 13년 만에 전 국민 의료보험화의 시대를 맞이하게 되었다(신섭중 외, 1986: 276- 277).

전 국민 의료보험제도가 실시되는 과정에 여러 가지 문제점이 야기되었다. 예를 들어, 조합주의 의료보험제도로 인한 국민계층 간 평등주의 목표와 사회통합 목표의 달성 미흡, 의료보험 관리 운영의 방만함에서 오는 행·재정적 낭비 그리고 다양한 의료서비스 급여제공의 약화, 특히 고령자의 증가와 의료보험료의 체납 등으로 인한 재정적자 등이 지적될 수 있다. 이러한 기존의 의료보험제도가 가진 약점을 해소하고, 종래의 의료보험이 상병을 치료하기 위해 소요되는 비용 및 의료서비스를 주된 내용으로 하는 한편, 건강진단과 재활 및 예방의 범위까지 포함하는 적극적이고 포괄적인 특성을 가진 국민건강보험법을 1999년 2월 8일에 제정, 공포하고 2000년 7월 1일부터 국민건강보험제도를 실시하기에 이르렀다(현외성, 2016b). 그 후 수차례에 걸쳐 국민건강보험제도는 급여내용을 확대 · 개선시켜 오고 있다.

(2) 특성

국민건강보험제도는 사회보험제도로서 몇 가지 특성을 가지고 있다.

첫 번째, 국민건강보험제도는 사회보험제도이지만 특별히 전 국민을 하나로 통합한 제도의 틀 속에서 운영되는 특성을 가지고 있다. 1977년 처음으로 시작될 당시에는 지역단위나 기업단위 혹은 기업을 집단으로 묶은 소위 '조합주의' 의료보험제도로 시작하였으나, 현재는 모든 국민과 직역을 하나의 제도로 하는 '통합주의' 의료보험제도의 성격을 지니고 있다.

두 번째는 국민건강보험제도의 명칭에서 드러나듯이 기존의 의료보험제도에서 건강보험제도로 전환하면서 질병과 장애에 대한 사후적 대응으로서 의료보험제도를 건강진단, 재활 및 예방에 이르기까지 포괄적이고 사전적인 대응으로서 사회보험제도로 작동하고 있다는 특성을 지닌다. 특히 최근 저출산 고령사회에 진입하면서부터 중고령계층의 만성질환에 대응하여 건강증진사업에도 관심을 가지는 등 질병과 장애 등의 문제에 적극적이고 사전적인 대응체계를 갖춘 것이 특성으로 지적된다.

세 번째, 민간보험은 보험료 수준과 계약내용에 따라 개인별로 다르게 보장되지만, 사회보험인 국민건강보험은 보험료 부담수준과 관계없이 관계법령에 의하여 균등하게 보험급여가 이루어진다(국민건강보험공단 홈페이지).

네 번째, 국민건강보험제도는 국민연금과 같은 장기적인 사회보험제도가 아니라 회계연도가 1년 단위인 단기보험으로서의 특성을 갖는다.

다섯 번째, 국민건강보험제도는 사회적 연내를 기초로 의료비 문제를 해결하는 것을 목적으로 하므로, 소득수준 등 보험료 부담능력에 따라서 보험료를 부과하는 특성을 가지고 있다. 반면에 민간보험은 보장의 범위, 질병위험의 정도, 계약의 내용 등에 따라 보험료를 차등 부과한다.

(3) 목적

국민건강보험제도의 목적은 국민건강보험법 제1조에 다음과 같이 규정하고 있다. '이 법은 국민의 질병·부상에 대한 예방·진단·치료·재활과 출산·사망 및 건강증진에 대하여 보험급여를 실시함으로써 국민보건 향상과 사회보장 증진함에 이바지함을 목적으로 한다.' 따라서 이 제도는 근본적으로 국민의 기본적 욕구인 건강의 욕구를 해결하려는 것을 목적으로 하는 사회보장제도 혹은 사회보험제도로서, 구체적으로는 다음과 같은 목적을 가진 것으로 볼 수 있다. ① 국가가 개입하여 국민의 기본적인 질병과 의료문제를 해결하기 위하여, ② 사회보험이라는 기술 원리를 통하여 개인의 위험을 보험가입자 전원에게 분산하여 질병과 의료문제의 경제적 부담을 해소하는 한편 소득의 재분배적 기능을 가능케 하고, ③ 국민의 의료비용을 사회연대성의 원리에 따라 공동체적으로 해결하려는 것을 목적으로 하고 있다.

동시에 과거의 의료보험제도가 상병을 치료하기 위해 소요되는 비용 및 의료서비스를 제공하는 것을 주된 내용으로 하는 반면, 국민건강보험제도는 진료비 보장·질병치료를 포함함은 물론 건강진단·재활 및 예방의 범위까지 포함하는 적극적이고 포괄적인 의미를 가진 것으로 해석된다. 하지만 국민건강보험제도가 가진 특성이면서 목적의 하나로서 중요한 점을 지적하면, 과거의 의료보험제도가 소위 '조합주의 보험방식'을 취하고 있었던 데 비하여 국민건강보험제도는 '통합주의 보험방식'을 가진다는 점일 것이다. 즉, 사회적 통합력과 연대성의 원리 및 소득의 재분배를 효과적으로 달성하려는 정책 목적을 담고 있다고 할 수 있다.

2) 대상과 자격요건

(1) 적용대상과 자격요건

국민건강보험제도의 적용대상은 전 국민으로서 가입자 또는 피부양자로 자격요건을 가지고 그 대상이 된다. 다만 「의료급여법」에 따라 의료급여를 받는 사람과 「독립유공자예우에 관한 법률」 및 「국가유공자 등 예우 및 지원에 관한 법률」에 따라 의료보호를 받는 사람은 제외된다.

국민건강보험제도에서 말하는 피부양자는 다음의 어느 하나에 해당하는 사람 중 직장가입자에게 주로 생계를 의존하는 사람으로서 보수나 소득이 없는 사람을 말한다. 즉, 직장가입자의 배우자, 직장가입자의 직계존속(배우자의 직계존속 포함), 직장가입자의 직계비속(배우자의 직계비속 포함)과 그 배우자, 직장가입자의 형제·자매 등을 피부양자라고 한다.

국민건강보험제도의 적용대상자는 직장보험 적용대상자와 지역보험대상자로 구분할 수 있다. 직장보험의 적용대상은 근로를 제공하고 그 대가로 지급받는 임금소득에 의하여 주로 생계를 유지하는 임금소득자와 그 가족이다. 직장보험의 가입자는 근로자 및 사용자, 공무원·군인·사립학교교직원 등을 말하고, 그 피부양자는 배우자 및 가족을 말한다. 지역보험의 적용대상자는 자신이 스스로 종사·운영하는 사업에서 생기는 소득에 의하여 주로 생계를 유지하는 자영업자 등이다. 지역보험의 지역가입자는 직장가입자·피부양자를 제외한 농어민, 도시자영자 등 지역주민이다(국민건강보험공단, 2017. 참조).

(2) 현황

2015년 말 국민건강보험 적용 인구는 50,490천 명으로 전년에 비해 0.34% 증가하였으며, 전체 의료보장 인구 대비 건강보험 적용인구 비율은 97.0%이다.

건강보험 종류별로 보면 근로자 중 건강보험에 적용되는 인구가 63.6%, 지역 주민의 건강보험이 28.2%, 공무원 · 교직원 건강보험이 8.2%를 차지하고 있다(보건복지부, 2016). 건강보험제도의 적용대상 제외자는 후술하는 의료급여 제도의 수급자로 볼 수 있다. 결국 국민 전체가 의료보장제도에 의해 급여를 제공받고 있다고 판단된다.

표 8-1 국민건강보험 적용인구 현황 (단위: 천 명, %)

년도	건강보험 적용인구(천 명)			보험종류별 적용인구(구성비)		
		증감률(%)	적용률(%)	근로자	공무원 · 교직원	지역
2010	48,907	(0.60)	96.7	27,747(56.7)	4,637(9.5)	16,523(33.8)
2012	49,622	(0.74)	97.1	29,527(59.5)	4,579(9.2)	15,556(31.3)
2014	50,316	(0.65)	97.2	35,602(62.5)	4,168(4.5)	14,715(29.2)
2015	50,490	(0.34)	97.0	32,095(63.6)	4,129(8.2)	14,265(28.2)

자료: 보건복지부(2016).

3) 급여체계

(1) 급여의 종류

국민건강보험은 가입자와 피부양자의 질병, 부상, 출산 등에 대하여 요양급여나 요양비를 제공하는 한편 장애인 보장구 급여비, 본인부담액상환제, 본인부담금환급금 등의 제반 급여도 보험급여로 제공하고 있다.

① 요양급여

건강보험 가입자와 피부양자가 질병에 걸리거나 부상을 입었을 경우 그리고 출산 등의 경우에 요양기관 등으로 각종의 보험급여를 제공하는 것을 말한다. 이때 제공하는 요양급여의 종류는 다음과 같다. 즉, 진찰 · 검사, 약제(藥劑) · 치료재료의 지급, 처치 · 수술 및 그 밖의 치료, 예방 · 재활, 입원, 간호, 이송(移送) 등을 포함한다.

② 요양비

건강보험 가입자나 피부양자가 긴급하거나 그 밖의 부득이한 사유로 요양기관과 비슷한 기능을 하는 기관으로서, 보건복지부령으로 정하는 기관에서 질병·부상·출산 등에 대하여 요양을 받거나 요양기관이 아닌 장소에서 출산한 경우에, 그 요양급여에 상당하는 금액을 가입자나 피부양자에게 국민건강보험공단이 요양비로 지급하는 것을 말한다.

③ 장애인 보장구 급여비

「장애인복지법」에 따라 등록한 장애인 가입자 및 피부양자에게는 보장구(補裝具)를 구입할 경우 구입금액의 일부를 현급급여비로 제공할 수 있다.

④ 건강검진

질병 예방 차원에서 가입자와 피부양자에 대하여 질병의 조기 발견과 그에 따른 요양급여를 하기 위하여 건강검진을 실시한다. 건강검진도 보험급여의 종류에 포함될 수 있다.

이들 보험급여 이외에 본인부담액상환제, 본인부담금환급금, 임신·출산 진료비 지원(부가급여) 등이 있고, 최근 보험급여의 종류를 더욱 확대하여 의료보장의 폭을 넓혀가고 있다.

(2) 급여 현황

국민건강보험의 급여 현황을 연도별로 정리하면 보험급여의 양적 증가를 찾을 수 있다. 특히 진료비와 급여비가 상대적으로 더 큰 폭으로 증가하고 있음을 알 수 있다. 급여비의 경우 매년 1조 원 정도 증가하였다가 최근에 와서는 2조, 3조 및 5조 원으로 증가하고 있다. 이는 급여일수와 진료비의 증가가 원인인 것으로 분석된다.

표 8-2 연도별 보험급여 현황 (단위 : 만 일, 억 원, %)

구 분	2011년	2012년	2013년	2014년	2015년	2016년	2016. 1분기	2017. 1분기
입내원일수	92,610	95,166	96,878	98,796	98,993	102,157	25,044	25,821
(증감률)	(2.2)	(2.8)	(1.8)	(2.0)	(0.2)	(3.2)		(3.1)
급여일수	644,737	683,173	711,429	738,088	761,685	810,378	198,307	209,062
(증감률)	(5.8)	(6.0)	(4.1)	(3.7)	(3.2)	(6.4)		(5.4)
진 료 비	462,379	478,312	509,541	543,170	579,546	645,768	150,546	158,034
(증감률)	(6.0)	(3.4)	(6.5)	(6.6)	(6.7)	(11.4)		(5.0)
급 여 비	345,652	357,068	381,238	406,845	433,404	483,239	112,351	117,114
(증감률)	(6.4)	(3.3)	(6.8)	(6.7)	(6.5)	(11.5)		(4.2)
급 여 율	74.8	74.7	74.8	74.9	74.8	74.8	74.6	74.1

주 1) 지급기준, 입내원일수는 약국의 처방조제 제외/ 2) 급여율 = 급여비÷진료비×100/ 3) 증가율 : 전년대비 증가율

자료: 국민건강보험공단(2017).

4) 운영과 전달체계

(1) 국민건강보험공단

국민건강보험제도는 사회보험으로서 감독 및 최종 책임은 보건복지부장관이 지게 되지만, 운영주체로서 보험자는 법인 형태의 국민건강보험공단이다. 국민건강보험공단은 공법인으로서 다음과 같은 업무를 수행한다.

① 가입자 및 피부양자의 자격 관리

② 보험료와 그 밖에 이 법에 따른 징수금의 부과·징수

③ 보험급여의 관리

④ 가입자 및 피부양자의 질병의 조기발견·예방 및 건강관리를 위하여 요양급여 실시 현황과 건강검진 결과 등을 활용하여 실시하는 예방사업으로서 대통령령으로 정하는 사업

⑤ 보험급여 비용의 지급

⑥ 자산의 관리·운영 및 증식사업

⑦ 의료시설의 운영
⑧ 건강보험에 관한 교육훈련 및 홍보
⑨ 건강보험에 관한 조사연구 및 국제협력
⑩ 국민건강보험법에서 공단의 업무로 정하고 있는 사항
⑪ 「국민연금법」, 「고용보험 및 산업재해보상보험의 보험료징수 등에 관한 법률」, 「임금채권보장법」 및 「석면피해구제법」(징수위탁근거법)에 따라 위탁받은 업무
⑫ 그 밖에 국민건강보험법 또는 다른 법령에 따라 위탁받은 업무
⑬ 그 밖에 건강보험과 관련하여 보건복지부장관이 필요하다고 인정한 업무

(2) 건강보험심사평가원

심사평가원은 독립된 법인으로서 요양급여비용을 심사하고 요양급여의 적정성을 평가하기 위하여 설립하였다. 심사평가원은 다음과 같은 업무를 관장하고 있다.

① 요양급여비용의 심사
② 요양급여의 적정성 평가
③ 심사기준 및 평가기준의 개발
④ 위의 항목에 따른 업무와 관련된 조사연구 및 국제협력
⑤ 다른 법률에 따라 지급되는 급여비용의 심사 또는 의료의 적정성 평가에 관하여 위탁받은 업무
⑥ 건강보험과 관련하여 보건복지부장관이 필요하다고 인정한 업무
⑦ 그 밖에 보험급여 비용의 심사와 보험급여의 적정성 평가와 관련하여 대통령령으로 정하는 업무

(3) 건강보험정책심의위원회와 재정운영위원회

보건복지부장관 소속으로 건강보험정책심의위원회(이하 심의위원회)를 두

고 있다. 심의위원회는 건강보험과 관련한 중요 사안을 심의·의결하는 데 다음과 같은 사항이 포함된다. 예를 들어, 국민건강보험 관련 종합계획 및 시행계획에 관한 사항(심의에 한정한다), 요양급여의 기준, 요양급여비용에 관한 사항, 직장가입자의 보험료율, 지역가입자의 보험료부과점수당 금액, 그 밖에 건강보험에 관한 주요 사항으로서 대통령령으로 정하는 사항 등이다.

또한 건강보험공단 내에 요양급여비용의 계약 및 결손처분 등 보험재정에 관련된 사항을 심의·의결하기 위하여 재정운영위원회를 두고 있다.

5) 재정

(1) 재원조달 방식과 건강보험료

① 의미

국민건강보험 급여와 관련 사업에 사용되는 재원의 조달방법은 사회보험의 기능적 특수성에서 정기적인 기여금인 보험료와 운영 등에 필요한 비용을 국가에서 부담하는 국가부담 그리고 일부 수익자 부담의 원칙을 적용하고 있는 본인 일부 부담액 등으로 재원을 구성하고 있다. 보험료를 통한 재원조달방식에도 여러 방식이 있는데, 정액방식이냐 정률방식이냐 하는 것이 중요한 정책 선택으로 논의되고 있다. 우리나라는 일종의 정률방식을 채택하고 있는데, 이것 역시 가입자의 종류에 따라 약간씩 상이하다(현외성, 2016b: 244).

② 직장가입자 보험료와 보험료율

건강보험의 재원조달 중 직장가입자의 경우는 가입자 부담과 사용자 부담을 각각 2분의 1씩 하게 되어 있다.

직장가입자의 경우 보험료는 보수월액에 보험료율을 곱하여 산정한 후 경감률 등을 적용하여 월보험료를 부과한다. 이때 보수월액이란 동일사업장에서 당해연도에 지급받은 보수총액을 근무월수로 나눈 금액을 의미한다. 그리고 직장가입자의 보험료율은 1천분의 80의 범위에서 국민건강보험 심의위원회의 의결을 거쳐 대통령령으로 정하도록 하였다.

건강보험료 = 보수월액 × 건강보험료율

건강보험의 보험료율은 매년 조정되면서 변화되어 왔는데, 2006년 4.48%부터 증가하여 왔는데, 현재는 2016년 1월부터 6.12%로 되어있다. 2017년 8월 현재 가입자 및 사용자의 보험료율을 보면 다음과 같다. 일반근로자의 경우는 가입자 부담과 사용자 부담이 각각 2분의 1씩 부담하는 것으로 나타나 있으며, 공무원 및 군인의 경우 사용자는 국가로 되어 있다. 그리고 사립학교교직원일 경우는 가입자 개인 부담 2분의 1과 사용자와 국가가 분담하여 2분의 1을 채우고 있는 모습이다.

표 8-3 국민건강보험료율(2017년 8월 현재) (단위: %)

구분	계	가입자 부담	사용자 부담	국가 부담
근로자	6.12(100)	3.060(50)	3.060(50)	–
공무원	6.12(100)	3.060(50)	–	3.060(50)
사립학교교직원	6.12(100)	3.060(50)	1.836(30)	1.224(20)
군인	6.12(100)	3.060(50)	–	3.060(50)

주: 괄호안의 수치는 부담률임
자료: 국민건강보험공단(2017: 53).

③ 지역가입자 보험료

지역가입자의 월별 보험료액은 세대 단위로 산정하되, 지역가입자가 속한 세대의 월별 보험료액은 보험료부과점수에 보험료부과점수당 금액을 곱한 금액으로 한다.

보험료부과점수는 지역가입자의 소득 · 재산 · 생활수준 · 경제활동참가율 등을 고려하여 정하되, 대통령령으로 정하는 기준에 따라 상한과 하한을 정할 수 있도록 하였다.

또한 지역가입자의 보험료부과점수당 금액은 국민건강보험 심의위원회의 의결을 거쳐 대통령령으로 정하도록 법상 규정되어 있는데, 2015년 12월 이후 보험료부과점수당 금액은 179.6원으로 되어 있다.

④ 보험료의 경감과 면제

가입자 중에서 생활환경이나 여건 등에서 어느 정도 예우나 지원이 필요한 사람들에게 보험료를 경감하거나 면제하는 프로그램인데, 가입자나 그 가입자가 속한 세대에 대하여 경감과 면제를 시행하고 있다. 경감대상자는 다음과 같다.

- 섬·벽지(僻地)·농어촌 등 대통령령으로 정하는 지역에 거주하는 사람
- 65세 이상인 사람
- 「장애인복지법」에 따라 등록한 장애인
- 「국가유공자 등 예우 및 지원에 관한 법률」 제4조제1항제4호, 제6호, 제12호, 제15호 및 제17호에 따른 국가유공자
- 휴직자
- 그 밖에 생활이 어렵거나 천재지변 등의 사유로 보험료를 경감할 필요가 있다고 보건복지부장관이 정하여 고시하는 사람

국민건강보험공단은 직장가입자가 다음과 같은 경우에 그 가입자의 보험료를 면제한다. 예를 들어, 국외에 여행 중인 경우, 국외에서 업무에 종사하고 있는 경우, 「병역법」에 따른 현역병(지원에 의하지 아니하고 임용된 하사를 포함한다), 전환복무된 사람 및 군간부후보생 등에 해당된 경우 그리고 교도소 및 그 밖에 이에 준하는 시설에 수용되어 있는 경우 등이다. 다만 국외에서 업무에 종사하고 있는 경우에 해당하는 직장가입자의 경우에는 국내에 거주하는 피부양자가 없을 때에만 보험료를 면제한다.

지역가입자도 직장가입자와 마찬가지일 경우에 해당하면 그 가입자가 속한 세대의 보험료를 산정할 때 그 가입자의 보험료부과점수를 제외하는데, 이는 결국 면제함을 의미한다.

사실 이들은 보험급여도 제한되는데, 이들은 다른 제도의 체계에 따라 급여를 제공받기 때문이다. 따라서 보험료 면제도 당연한 것으로 볼 수 있다.

⑤ 국가의 재정지원

국가는 매년 예산의 범위에서 해당 연도 국민건강보험료 예상 수입액의 100분의 14에 상당하는 금액을 국고에서 공단에 지원한다.

뿐만 아니라 「국민건강증진법」에서 정하는 바에 따라 국민건강증진기금에서 자금을 국민건강보험공단에 지원할 수 있도록 규정하였다.

먼저, 정부예산에서 지원된 재원은 다음의 사업에 사용한다.

- 가입자 및 피부양자에 대한 보험급여
- 건강보험사업에 대한 운영비
- 보험료 경감에 대한 지원

국민건강증진기금에서 지원된 재원은 다음의 사업에 사용한다.

- 건강검진 등 건강증진에 관한 사업
- 가입자와 피부양자의 흡연으로 인한 질병에 대한 보험급여
- 가입자와 피부양자 중 65세 이상 노인에 대한 보험급여

(2) 현황

① 보험료 징수현황

연도별 국민건강보험제도의 보험료 부과에 따른 징수현황은 표 8-4와 같다. 직장과 지역건강보험의 전체 징수율은 매년 99% 이상을 초과하고 있다. 다만 직장가입자에 비해 지역가입자의 징수율이 떨어지고 있고, 그 한계를 직장가입자 보험료가 채우고 있는 형편임을 알 수 있다.

표 8-4 연도별 국민건강보험료 징수현황

(단위 : 억 원, %)

구 분	합 계			직 장			지 역		
	부과액	징수액	징수율	부과액	징수액	징수율	부과액	징수액	징수율
2011년	329,221	326,714	99.2	261,416	259,863	99.4	67,806	66,851	98.6
2012년	363,900	360,523	99.1	293,796	291,947	99.4	70,103	68,576	97.8
2013년	390,319	386,344	99.0	318,751	316,995	99.5	71,568	69,349	96.9
2014년	415,938	412,001	99.1	343,865	341,832	99.4	72,073	70,169	97.4
2015년	443,298	440,778	99.4	369,548	368,052	99.6	73,750	72,726	98.6
2016년	475,931	474,428	99.7	399,446	398,675	99.8	76,485	75,753	99.0
2016.1분기	111,008	110,383	99.4	91,297	91,050	99.7	19,711	19,334	98.1
2017.1분기	118,131	117,308	99.3	97,528	97,135	99.6	20,603	20,173	97.9
증감률(%)	7.4	7.6		8.1	8.3		3.7	4.2	

주) 결산기준, 분기별 자료는 납부마감일 기준 잠정치
자료: 국민건강보험공단(2017).

② 보험급여 비용현황

건강보험제도를 통해 제공되는 보험급여 비용추이를 연도별로 정리하면 표 8-5와 같다. 전체적으로 보면 지속적으로 보험급여비가 증가하고 있음을 알 수 있다. 현물급여비 증가율은 4.5%인데 비하여 현금급여비가 16.1%로 급격하게 증가하고 있는 추세이다. 또한 현물급여비 중에서는 본인부담액상한제 사전지급 비용과 건강검진 비용이 상대적으로 많이 증가하고 있고, 현금급여 비용 중에는 임신·출산진료비와 요양비가 크게 증가함을 볼 수 있다.

표 8-5 연도별 국민건강보험 급여비

(단위 : 억 원, %)

구 분	2011년	2012년	2013년	2014년	2015년	2016년	2016. 1분기	2017. 1분기	증감률 (%)
보험급여비 계	360,559	373,263	398,611	424,779	457,299	508,907	116,919	122,318	4.6
현물급여비	354,484	366,667	391,222	418,987	445,820	497,055	115,714	120,920	4.5
- 요양급여비	345,652	357,068	381,238	406,845	433,404	483,239	112,351	117,114	4.2
(본인부담액상한제사전지급)	(1,158)	(1,478)	(1,877)	(1,582)	(1,822)	(2,216)	(480)	(549)	14.4
- 건강검진비	8,832	9,598	9,983	11,066	12,416	13,816	3,364	3,806	13.1

(계속)

구 분	2011년	2012년	2013년	2014년	2015년	2016년	2016. 1분기	2017. 1분기	증감률 (%)
현금급여비	6,075	6,596	7,389	6,868	11,480	11,853	1,204	1,398	16.1
- 요양비	202	201	225	223	236	540	103	168	63.6
- 장애인 보장구	272	274	323	342	463	1,101	280	249	−11.2
- 본인부담액상한제사후환급 (본인부담액보상금 포함)	3,937	4,018	4,465	3,956	8,479	8,059	636	555	−12.8
- 임신·출산 진료비	1,664	2,104	2,376	2,347	2,301	2,154	186	426	129.2

주) 지급기준, 반올림 계산하여 실제 값과 차이가 있을 수 있음
자료: 국민건강보험공단(2017).

③ 1인당 월평균 진료비 현황

표 8-6은 연도별 건강보험의 월평균 진료비 추이를 분석한 표이다. 특기할 만한 사실은 매년 65세 이상 노인인구의 1인당 월평균 진료비가 다른 연령계층에 비하여 상대적으로 높다는 사실이다. 물론 노인인구는 다른 인구계층에 비하여 이환율이 높고, 만성질환을 가진 노인들이 많다는 배경에서 기인하고 있음은 잘 알려진 사실이다. 예를 들어, 2017년 1분기의 경우 65세 이상 1인당 월평균 진료비가 316,329원으로 전년도 동일한 기간에 대비하여 4.4%가 증가하였다. 65세 이상 건강보험 적용인구는 655만 명으로 전체의 12.9%인데 비하여, 진료비는 6조 1,856억 원으로 전체의 39.1%를 차지하고 있어, 전체 건강보험 가입자 대비 65세 이상 1인당 월평균 진료비는 3배의 수준을 차지하고 있다. 만일 이 추세대로 진행된다면 향후 고령화율이 더욱 가속화될 상황에서 건강보험의 노인 진료비는 더욱 증가할 것이고, 이에 따라 건강보험의 재정압박은 더욱 심각할 것으로 보인다.

표 8-6 연도별 1인당 월평균 진료비 추이

구 분		2011년	2012년	2013년	2014년	2015년	2016년	2016. 1분기	2017. 1분기	증감률 (%)
적용 인구 (천 명)	전 체	49,299	49,662	49,990	50,316	50,490	50,763	50,536	50,792	0.5
	65세 이상	5,184	5,468	5,740	6,005	6,223	6,445	6,287	6,554	4.2
	비율(%)	(10.5)	(11.0)	(11.5)	(11.9)	(12.3)	(12.7)	(12.4)	(12.9)	

(계속)

<table>
<tr><th colspan="2">구 분</th><th>2011년</th><th>2012년</th><th>2013년</th><th>2014년</th><th>2015년</th><th>2016년</th><th>2016. 1분기</th><th>2017. 1분기</th><th>증감률 (%)</th></tr>
<tr><td rowspan="3">진료비 (억원)</td><td>전 체</td><td>462,379</td><td>478,312</td><td>509,541</td><td>543,170</td><td>579,546</td><td>645,768</td><td>150,546</td><td>158,034</td><td>5.0</td></tr>
<tr><td>65세 이상</td><td>152,860</td><td>163,401</td><td>180,565</td><td>197,417</td><td>218,023</td><td>250,187</td><td>56,976</td><td>61,856</td><td>8.6</td></tr>
<tr><td>비율(%)</td><td>(33.1)</td><td>(34.2)</td><td>(35.4)</td><td>(36.3)</td><td>(37.6)</td><td>(38.7)</td><td>(37.8)</td><td>(39.1)</td><td></td></tr>
<tr><td rowspan="2">1인당 월평균 진료비 (원)</td><td>전 체</td><td>78,424</td><td>80,531</td><td>85,214</td><td>90,248</td><td>95,759</td><td>106,286</td><td>99,315</td><td>103,723</td><td>4.4</td></tr>
<tr><td>65세 이상</td><td>250,666</td><td>254,605</td><td>267,792</td><td>279,648</td><td>295,759</td><td>328,599</td><td>302,904</td><td>316,329</td><td>4.4</td></tr>
</table>

주 1) 지급기준, 적용인구는 연도말 또는 각 분기말 기준
2) 1인당 연평균 진료비 = 진료비/연평균 건강보험 적용인구
3) 2017년 1분기 평균 적용인구: 50,787,516명, 65세 이상 6,518,149명
자료: 국민건강보험공단(2017).

④ 연도별 건강보험 재정현황

건강보험재정은 1998년 10월 이전까지는 227개의 지역의료보험조합, 1개의 공무원 및 사립학교교직원 의료보험관리공단, 142개의 직장의료보험조합으로 각각 운영되어 왔으나, 1998년 10월 1일 국민의료보험관리공단의 출범으로 지역의료보험이 하나의 재정으로 통합되었다. 이어 2000년 7월 1일에 139개의 직장의료보험조합까지 통합됨으로써 단일 보험자인 국민건강보험공단이 출범하게 되었으며, 보험재정은 지역, 직장, 공무원 및 교직원별로 구분·계리하여 운영되었다. 「국민건강보험법」에 따라 2001년 1월 1일에는 직장보험재정과 공무원 및 교직원보험재정을 통합하고, 2003년 7월 1일에는 보험재정이 완전 통합되었다.

재정 통합 이후인 2000년 1조 90억 원의 당기 적자가 발생하였고, 2001년 5월 31일 재정 안정 대책을 강력히 추진하였으나, 2001년에도 2조 4,088억 원의 당기 적자가 발생하였다. 재정적자 규모가 이처럼 급격하게 증가한 원인은 수년간 누적된 적자 구조와 의약분업의 시행, 수가인상 등의 요인이 복합적으로 작용하였기 때문이다. 2002년에는 재정 안정 대책의 지속적인 보완 추진을 통해 당기 적자 규모를 7,600억 원 수준으로 감소시켰으며, 2003년에는 1996년 이후 처음으로 1조 794억 원의 당기 흑자를 실현하였다.

그러나 2005년부터 본격 추진된 암 등 중증질환에 대한 급여 확대를 비롯한 보장성 강화 조치와 노인인구 증가 및 의료기술의 발달 등으로 2006년도 보험급여비 지출이 전년 대비 17.7%, 2007년도에는 전년 대비 14.3% 급증하여 2006년 747억 원, 2007년 2,847억 원의 당기 적자를 기록하였다

2012년에는 4월 약가 인하, 7월 영상검사수가 인하, 보수 외 7,200만 원의 초과 소득이 있는 직장가입자에 보험료 부과 등 제도 개선을 통해 3조 원의 당기 흑자(2012년 말 적립금 4조 6천억 원)를 달성하였다. 2013년에는 7개 질병군 포괄수가제 종합병원 이상 확대 적용(2013. 7.), 사용량-약가 연동제 개선(2013.12월) 등 지출효율화를 추진하였으며, 소득(연금 소득, 근로·기타 소득이 연 4천만 원을 초과)이 있는 피부양자를 지역가입자로 전환하는 등의 제도 개선을 통해 수입을 확충함으로써 3조 6천억 원의 당기 흑자(2013년 말 적립금 8조 2천억 원)를 달성하였다.

2014년에는 노인급여비 증가율 둔화 등의 요인으로 보험급여비 지출 증가율이 둔화되었고, 2015년에는 메르스 영향으로 인한 급여비 감소 등으로 2016년에는 6년 연속 당기 흑자(3조 856억 원 2016년 말 적립금 20조 원)를 달성하였다(보건복지부, 2017: 640-641. 참조).

표 8-7 연도별 건강보험 재정 현황 (단위: 억 원)

구분	2006	2012	2014	2016
수입(A)	223,876	418,192	485, 024	557,195
지출(B)	224,623	388,035	439,155	526,339
당기수지	△747	30,157	45,869	30,856
수지율(B/A)	100.3	92.8	90.5	94.5
누적적립금	11,798	15,600	128,072	200,656

주: 자금 수지 기준
자료: 보건복지부(2016); 보건복지백서(2017b).

Chapter 09

산업재해보상보험제도

1 산재보험의 이론적 기반

1) 사회문제, 사회적 사고로서 산재사고

현대 자본주의 산업사회에서 산업재해 문제를 근로자의 개인적 문제로 보지 않고 사회적 관점에서 보는 것이 역사적으로나 학문적으로 정립되었다. 산업재해는 근로자의 개인적 주의력의 한계를 넘어 산업현장에서 구조적·환경적으로 발생할 수 있는 사회문제의 하나로 포착하고 있다. 그것은 산업현장이 가진 구조적·본질적 요건 속에서 불가피하게 배태되는 것인데, 산업현장 자체가 항상 위험 요소를 내포하고 있고, 더 나아가 근로 활동의 지속성 속에서도 산재 발생의 가능성을 누적적으로 축적하고 있기 때문이다(예를 들어, 직업병).

여기에 더하여 자본주의의 본질상 사용자는 이윤을 극대화시키고 임금, 근로시간 및 제반 근로조건을 사용자에게 유리하도록 경영함으로써 산업재해

발생의 가능성이 구조적으로 산업현장 속에 포함되어 있다. 물론 오늘날 산업안전과 근로기준법 등의 관련 노동법을 통해 근로조건의 최저 기준을 설정하고 노동자의 단결권 등을 확보해 주고 있지만, 여전히 불가항력적으로 산재사고는 발생할 수 있는 여지를 가지고 있다. 그리하여 자본주의와 산업의 발달에 따라 새로운 직업병이 발생하고 업무상의 사고가 계속 증가하고 있다.

따라서 산업재해는 수적인 증가와 함께 근로자 개인의 신체적 · 정신적 장애, 임금과 수입의 단절 및 감소 또는 사망 등으로 개인과 그 가족의 생활과 복지에 치명적인 문제를 발생케 하는 사회적 요인으로 작용하고 있다. 그러므로 산업재해에 대하여 국가적으로 대응하여 개인과 가족의 생활을 보장하고 기업주의 위험을 덜어 주는 한편, 사회경제적 안정을 도모하는 사회적 장치, 즉 사회보장제도로서 산업재해보상보험제도가 요청되는 것이다(현외성, 2016b).

산재보험의 법적 성격을 살펴보면 산재보상은 개별사용자의 손해배상책임을 근거로 하며 이러한 개별사용자 책임을 사회보험화하여 사용자로 하여금 과중한 부담 없이 산재보험에 가입함으로써 피재근로자의 생활보장과 위험책임의 사회적 분산으로 기업경영의 안정을 기한다는 점에 있다(노상헌, 2008).

2) 산재보험의 이론과 유형

산재보험은 근로기준법에서 규정한 재해보상의 책임을 전체 고용주에게 공동부담시켜(책임의 분산) 산재보상으로 인한 고용주의 일시적인 경제적 부담을 경감시키는 데 주 목적이 있다. 그리고 '개별 고용주와 개별 산재 노동자간의 관계'를 '국가와 개별 산재 노동자간의 관계'로 전환시켜 재해보상과 관련된 노사관계의 악화를 막는다는 데 의의가 있다. 또한 산재보험의 실시로 재해보상청구권 행사가 간소화되어 노동자는 보상을 비교적 신속하게 받을 수 있고, 국가가 보험자가 됨에 따라 보상의 보증을 확실히 받을 수 있다(보상의 안정성)는 장점이 있다(윤조덕, 1999).

(1) 고용주책임 이론 : 무과실책임주의

그렇다면 근로기준법에서 규정한 재해보상의 책임을 전체 고용주에게 공동 부남시키는 배경은 무엇인가? 소위 고용주의 '무과실책임'을 인정하여 산재보험을 통한 노동자의 산재보상 책임을 전적으로 고용주에게 돌리는 근거는 무엇인가? 고용주가 근로자에게 산재보상을 해야만 하는 것을 정당화 하는 이론으로 다음과 같은 세 가지가 있다(Rejda, 1999; 원석조, 2016. 재인용).

① 산업위험 이론

산업재해의 비용을 생산비의 일부로 간주하는 이론이다. 따라서 산재보상 비용은 생산비에 전가되어 생산원가를 증가시킨다. 산재보상비용이 생산비의 일부가 되면 노동자는 산재보상 비용을 부담할 이유가 없다. 그리고 보험료는 임금총액(payroll)에 비례하여 부과되는 사회보장세(payroll tax)와 같다.

② 사회비용 최소화 이론

산재보상이 산재발생을 억제시켜 기업의 경제적 비용을 감소시킨다는 이론이다. 산재발생률을 줄여야 보험료 부담이 줄어들고, 산재보험에 가입하지 않았을 때보다 산재보험에 가입했을 때 비용부담에서 이익이 되기 때문에 기업은 사고를 줄이려는 인센티브가 있다.

③ 사회적 타협 이론

산재보상으로 고용주와 피용자 양측이 희생과 이득을 공유한다는 이론이다. 산재 근로자로서는 산재보상을 받는데 필요한 법정비용을 줄일 수 있고, 기업주도 노동자가 제기하는 법정제소 부담과 재판에서 패소했을 때 부담해야 하는 높은 보상비를 피할 수 있는 장점이 있다.

(2) 산재보험의 유형

산재보험을 운영하는 방식에는 여러 가지가 있는데, 사회보험을 이용하는 방식, 민간보험을 강제가입하게 하는 방식 그리고 사회보험과 민간보험을 혼용하는 방식이 있다.

① 사회보험 방식

국가가 중앙에 산재보험을 관리하는 중앙공공기금을 설립하여 산재보험 프로그램을 운영하거나, 우리나라의 근로복지공단과 같은 준공공기관이 운영하는 형태이다. 대다수의 국가에서 이 방식을 채택하고 있으며, 우리나라도 여기에 속한다. 영국, 독일, 오스트리아, 캐나다, 프랑스, 일본 등이 사회보험 방식을 취하고 있다.

② 강제민간보험 방식

국가가 다양한 형태의 민간보험이나 준민간보험들을 이용하여 산재보험을 운영하는 것으로서, 국가는 고용주들이 민간보험에 가입할 것을 의무화하고, 급여나 보험료에 대하여 일정한 기준들을 제시하여 통제하는 방법이다. 주로 미국의 대다수 주정부들과 핀란드, 포르투갈 등이 강제민간보험 방식을 선택하고 있다.

③ 혼합 방식

국가에 의한 공적인 산재보험과 민간보험이 공존하면서 고용주가 어떤 보험에 가입할 것인지에 대한 선택권을 주는 방식이다. 호주, 스위스, 벨기에 등이 여기에 속한다.

3) 산재보험의 특성

(1) 사회보험으로서의 특성

산재보험이 사회보험의 한 종류로서 여러 사회보험과 유사한 특성을 가지고 있지만, 산재보험만이 가진 몇 가지 특성을 다음과 같이 정리할 수 있다(현외성, 2016b).

첫 번째, 산재보험은 기본적으로 업무상 재해를 입은 재해근로자에 대하여 무과실책임주의에 입각하여 사업주의 보상책임을 담보하여 주는 사업주 책임보험으로서의 특성을 가지고 있다.

두 번째, 보험관리상의 수요 특징은 사업장 중심으로 관리한다. 즉, 다른 사회보험제도와 달리 사업장 단위로만 가입이 이루어지고, 개별 근로자의 관리는 별도로 이루어지지 않고 있다.

세 번째, 산재보험은 보험관계 성립 등 제반 행정이 자진 신고 및 보험료의 자진 납부를 원칙으로 하고 있다.

네 번째, 산재보험은 다른 사회보험제도에 비해 일선 업무 담당자의 재량에 의하여 판단, 처리되는 부분이 많은 특징을 가지고 있다.

다섯 번째, 산재보험은 현금급여로 제공되는 국민연금과 현물급여를 위주로 제공되는 의료보험과 달리 현금급여와 현물급여가 모두 제공되는 종합적인 보상제도이다.

여섯 번째, 산재보험에 의한 재해보상은 일반 법원을 통한 권리구제와 달리 산업재해로부터 입은 피해를 시급히 복구 및 보호하며, 행정행위에 의한 재량 또는 담당직원의 자의에 따라 좌우되지 않는 공정한 보상이 이루어지고, 업무상 재해를 당한 근로자를 적기에 확실히 보상해 준다.

(2) 산재보험법의 법리적 특성

① 입법의 필요성

산업재해를 당한 근로자 또는 그 유족은 손해배상제도를 이용함으로써 손해의 회복을 도모할 수 있지만, 시민법상 손해배상제도가 과실책임주의를 기초 원리로 하고 있기 때문에 피해자는 가해자의 과실을 입증하지 않으면 안 된다. 그러나 일반적으로 과실의 입증은 대단히 곤란할 뿐만 아니라 근로자 자신의 과실도 문제가 되는 경우가 많은 실정이다. 더욱이 소송의 지연은 재력이 부족한 피재자의 생활을 위협하게 되므로, 소송 자체를 지속시키기가 어렵다. 이와 같이 시민법상 손해배상제도는 긴급한 구제를 필요로 하는 피해자의 생활에 대하여는 무력하기 짝이 없다.

산업재해에 대한 사회입법은 이러한 시민법상 손해배상제도의 결함을 자각하고 산업재해의 사회적 성격을 인식함으로써 피재자의 생활을 보장하기 위한 필요성에서 생성·발전되었다. 산재사회입법은 독일, 영국, 프랑스 등 선진 공업국가에서 19세기 말엽 이후에 전개되기 시작하였다.

산재사회입법은 당초 생성기에는 근로조건의 보호라는 관점에서 출발하였지만, 현재는 단순히 근로조건의 보호라는 한계를 넘어서 피재자의 생활보장을 그 목적으로 명확히 함으로써 사회보장법으로서의 특질을 보다 뚜렷하게 갖추고 있다(김유성, 2000).

② 산재보험의 법리적 특성

산재보험법에 대하여 여러 가지 논의가 있을 수 있으나, 흔히 다음과 같은 3가지로 법리적 성격을 구분할 수 있다(신섭중 외, 1990).

첫 번째, 산업재해보상제도를 사법적 손해배상제도의 특수한 제도로서 파악하는 견해이다. 이는 산업재해는 사용자가 발생하게 한 것이며 따라서 이로 인한 손해는 마땅히 사용자에 의해서 보상되어야 한다는 생각에 기반을 둔 것이다.

두 번째, 산업재해보상제도를 노동법상의 제도로서 파악하려는 견해이다. 이는 재해의 특질을 자본과 노동력의 소유가 분리되는 자본주의 체제하에서 노동력을 지배하는 근대적 노사관계의 구조 자체에 내포하고 있는 위험에서 구하고, 그에 대한 보상책임을 노사관계에 관련시켜 명확하게 하려는 것이라고 할 수 있다. 즉, 사용자와 근로자 사이에 존재하는 지배 종속관계에 기초하는 노동법상의 책임이라는 '노동의 종속성' 이론에 기초하고 있는 것이다.

세 번째, 산업재해보상제도를 생활보장제도의 일환으로 보는 견해이다. 위의 두 견해가 주로 노동관계의 특질에 기초를 두고 사용자의 보상책임의 근거를 밝히려는 것에 대하여, 생활보장설은 재해의 결과가 미치는 노동자의 생활면에 중점을 두고, 근로자의 재해보상청구권의 법적 근거를 규정짓는 견해라

할 수 있다. 즉, 이 견해는 재해보상제도를 생존권 보장에 필요한 제도로 보고 재해보상의 본질을 국가 자체의 생활보장의무에서 구하여 결국은 사회보장제도의 일환으로서 파악하려는 것이다. 이 견해는 현재 일본에서 다수의 지지를 받고 있는 학설인데, 산재보상을 사회보장체계의 어디에 위치시킬 것인가를 쟁점으로 대립하고 있다.

예를 들어, 산업재해보상보험은 노동재해에 대하여 본원적으로 자본의 책임으로 보고, 피해자와 그 가족의 생활보장을 확보하기 위하여 급여가 제도화된 사회보장의 한 부문이다. 이와 같이 산업재해보상보험은 원리적으로는 노동보호정책의 기능을 가지며, 재해에 의한 근로자의 질병, 폐질, 사망 등 자본의 보상책임을 규정함으로써 궁극적으로는 산업재해의 방지를 그 목적으로 하고 있다고 본다면, 산업재해보상보험의 성격은 사회복지법의 관점에서 세 번째의 생활보장설의 견해가 더 타당한 것으로 생각된다(현외성, 2016b).

2 산업재해보상보험제도

1) 산재보험제도 설립배경과 환경

(1) 설립배경

우리나라의 산업재해보상보험제도는 정부수립 이전인 1915년 「조선광업령」에 의하여 광업자에게 업무상의 재해에 대한 부조의무제도로 시작되었다. 1948년 정부수립 후 제헌헌법에 따른 노동 3권의 보장으로 근로자의 보상문제가 단체협약을 통하여 전개되었다. 그 후 1953년 5월에 산업화에 따른 근로자 보호의 제도화를 위한 「근로기준법」의 제정 · 공포와 더불어 산업재해의 개별 사용주 책임제도가 확립되었다.

그러나 우리나라의 산업재해보상보험에 관한 입법이 확립된 것은 1963년

11월 5일에 「사회보장에 관한 법률」과 「산업재해보상보험법」이 법률 제1438호로 제정·공포됨으로써 근대적인 산업재해보상보험제도의 창설을 보게 된 것이다. 그 이듬해인 1964년 7월 1일부터 대통령령 제1837호로 공포되어 상시 500인 이상의 근로자를 사용하는 광업 및 제조업에 적용토록 하였으며, 강제사회보험의 형태를 채택하여 노동청에서 이를 관장하도록 하였고, 보험료는 전액 사업자가 부담하도록 하였다(현외성, 2016b).

동법이 시행된 이래 오늘에 이르기까지 50년에 걸쳐 급속한 산업화의 진전에 따른 경제·사회적 변동에 능동적으로 대처함으로써 보험 수준의 향상과 보험 운영의 합리화를 기하기 위하여, 수차례에 걸친 산업재해보상보험법의 개정을 거듭하면서 산업재해보상보험제도가 발전되었다.

(2) 목적

산업재해보상보험 사업을 시행하여 근로자의 업무상의 재해를 신속하고 공정하게 보상하며, 재해근로자의 재활 및 사회 복귀를 촉진하기 위하여 이에 필요한 보험시설을 설치·운영하고, 재해 예방과 그 밖에 근로자의 복지 증진을 위한 사업을 시행하여 근로자 보호에 이바지하는 것을 목적으로 한다.

이러한 산재보험법에 규정되어 있는 산재보험제도의 목적은 근로자, 사업주 및 국가의 입장에서 각각 다음과 같이 말할 수 있다(현외성, 2016b).

첫째, 근로자의 입장에서는 산업재해를 당한 근로자에게 신속하게 보상함으로써 근로자와 그 가족의 생활안정과 복지를 증진시킨다는 목적이 있다.

둘째, 사업주의 입장에서는 산업재해로 인한 보상을 사회보험 방식으로 해결함으로써 사업주가 감당해야 하는 위험을 분산하고, 안정적으로 기업경영에 전념할 수 있도록 돕는 목적이 있다.

셋째, 국가·사회적 입장에서는 건전한 노동력을 확보, 보전함으로써 경제발전과 국민복지 증진에 기여할 수 있다는 목적이 있다.

2) 대상과 자격요건

산재보험제도는 얼핏 보면 근로자를 위한 사회보장제도이지만, 다른 한편으로는 사용주를 위한 사회보장제도로서의 성격을 지니고 있다. 또한 이 제도의 적용대상과 자격요건과 관련하여 보험가입자를 사업주로 설정하고 있으며, 산재보험의 적용 역시 사업장 단위로 이루어지고 있다. 그러므로 산재보험제도의 대상과 자격요건에는 보험가입자, 보험급여의 수급자 그리고 급여의 수급요건과 연결되어 있는 보험사고인 '업무상의 재해'라는 개념을 함께 검토해야 한다.

(1) 보험가입자

산재보험법은 정부(고용노동부장관)의 위탁을 받은 근로복지공단을 보험자로 하고 사업주를 보험가입자로 하는 제도를 채용하고 있으며, 피보험자의 개념을 별도로 규정하고 있지 않다. 수급자, 즉 피재자를 피보험자로 하지 않는 것은 본래 사용자가 부담해야 하는 재해보상의 책임을 보험급여로써 이행한다고 하는 일종의 책임보험적 성격에서 비롯되는 것이다. 사업주가 보험가입자로서 보험료를 부담하며, 산재보험의 적용은 사업을 단위로 이루어진다.

산재보험법은 사업의 위험률·규모 및 사업장소 등을 참작하여 대통령령으로 정하는 사업을 제외하고, 근로자를 사용하는 모든 사업에 적용되도록 하는 강제보험의 특성을 지니고 있다. 산재보험의 당연적용 범위는 제도 설립 이후 업종별, 근로자 인원수별로 지속적으로 확대되어 왔는데, 대통령령에 의하여 강제적용이 배제되는 사업은 다음과 같다.

표 9-1 산재보험 당연적용제외사업

① 농업, 임업(벌목업 제외), 어업 및 수렵업 중 법인이 아닌 자의 사업으로서 상시근로자수가 5명 미만인 사업 ② 가사서비스업

(계속)

③ 「주택법」에 따른 주택건설사업자, 「건설산업기본법」에 따른 건설업자, 「전기공사업법」에 따른 공사업자, 「정보통신공사업법」에 따른 정보통신공사업자, 「소방시설공사업법」에 따른 소방시설업자 또는 「문화재 수리 등에 관한 법률」에 따른 문화재수리업자가 아닌 자가 시공하는 다음 각 목의 어느 하나에 해당하는 공사
- 총공사금액이 2천만 원 미만인 공사
- 연면적이 100제곱미터 이하인 건축물의 건축 또는 연면적이 200제곱미터 이하인 건축물의 대수선에 관한 공사

④ 「공무원연금법」 또는 「군인연금법」에 따라 재해보상이 되는 사업
⑤ 「선원법」, 「어선원 및 어선 재해보상보험법」 또는 「사립학교교직원 연금법」에 따라 재해보상이 되는 사업
⑥ 제②호부터 제⑤호의 사업 외의 사업으로서 상시근로자수가 1명 미만인 사업

자료: 고용노동부(2016).

당연적용사업은 산재보험제도 도입 당시는 상시 500인 이상의 광업 및 제조업으로 하고, 나머지 사업은 근로기준법에 따라 재해보상이 이루어지도록 하였으나, 그 후 적용범위를 지속적으로 확대하여 '00.7.1.부터는 상시근로자를 1인 이상 사용하는 사업장에 대하여 산재보험을 적용하고 있다.

이들 외에 산재보험의 당연적용과 관련하여 예외적인 몇 가지 특례를 인정하고 있는데, 현장실습생에 대한 적용 특례, 「국민기초생활보장법」상 수급자에 대한 적용 특례 및 특수형태근로종사자에 대한 적용 특례 등이 그것이다. 현장실습생에 대한 적용 특례란 산재보험법이 적용되는 사업에서 현장실습을 하고 있는 학생 및 직업 훈련생(이하 현장실습생) 중 고용노동부장관이 정하는 현장실습생은, 산재보험법 제5조 제2호의 규정에도 불구하고 당해 사업에 사용하는 근로자로 보아 산재보험 적용대상으로 하고 있다. 이는 산업현장에서 일반근로자와 동일한 위험권 내에서 작업을 하는 현장실습생들을 산업재해로부터 보호하기 위한 것으로서 '98년부터 시행해오고 있다(고용노동부, 2016).

그리고 임의적용사업장으로서 당연적용이 배제되어 있는 사업 중에서 사업주가 자유롭게 보험가입을 선택할 수 있는 사업장으로, 중소기업 사업주와 해외파견 근로자의 사업주 등이 있다.

(2) 수급자

산재보험은 사업주가 보험가입자가 되지만 보험급여의 수급자는 업무상의 사유에 의한 부상 · 질병 · 신체장해 또는 사망 등 업무상 재해를 당한 근로자이다. 여기서 근로자란 근로기준법에 의한 근로자를 말한다(동법 제2조). 따라서 업무상 재해를 입은 자가 산재보험의 적용대상이 되는가의 판단은 근로기준법상의 근로자로 인정되는가의 여부에 달려 있다고 하겠다.

산재보험의 적용대상자는 근로자 중에서 업무상 재해를 당한 근로자인데, 결국 근로자의 인정기준과 '업무상 재해'의 인정기준이 중요한 적용대상자의 여부를 판정하는 기준이 되고 있다. 참고로 근로기준법 제2조에 '근로자란 직업의 종류와 관계없이 임금을 목적으로 사업이나 사업장에 근로를 제공하는 자를 말한다'로 규정되어 있어, 매우 포괄적인 규정으로 판단된다. 결국 산재보험의 당연적용의 사업장과 임의적용사업장의 사업주가 보험가입을 한 사업장에 근무하는 근로자가 업무상 재해를 입었을 때 산재보험 급여를 받게 된다.

(3) 보험사고: 업무상의 재해

산재보험의 급여를 받을 대상과 자격요건과 관련하여 마지막으로 고찰해야 하는 사항은 '업무상 재해'라는 보험사고의 개념이다. 중요한 개념이므로 차분하게 살펴보자(이하는 현외성, 2016b.에서 발췌).

① 개념과 의미

산재보험의 대상이 되는 보험사고는 근로자의 '업무상 재해'이다. 그리고 이 업무상 재해는 '업무상의 사유에 의한 근로자의 부상 · 질병 · 장해 또는 사망을 말한다'고 되어 있다(산업재해보상보험법 제5조). 따라서 산재보험급여의 대상이 될 수 있는지의 여부는 결국 '업무상의 재해'가 결정적인 요건임을 알 수 있다. 그러므로 이 업무상의 재해라는 개념이 무엇을 의미하는지가 중요한 관건이 된다. 동시에 업무상 재해의 판정기준이 어떠해야 하는 것이 산재보험에 있어 매우 중요한 요소이다.

② '업무상'의 인정기준과 범위

'업무상' 재해의 인정기준 중 '업무상'이란 통상 '업무수행성'과 '업무기인성'으로 구분하여 생각할 수 있다. 업무수행성이란 당해 사고가 근로자가 근로계약에 의한 업무를 사업주의 지배관리하에 수행하는 상태 등과의 사이에 상당인과관계가 있음을 의미한다고 볼 수 있다. 업무기인성이란 업무수행과정이 원인이 되어 발생한 사고 등으로서 이는 주로 질병, 즉 직업병과 연관된 것이 많다.

업무수행성을 통해 주로 발생하는 업무상 재해가 '돌발적 사고'의 경향이라면 업무기인성으로 인하여 발생하는 업무상 사고는 '점진적 사고'라고 할 수 있다. 전자는 일반적인 산재보험사고인 경우를 말하고, 후자는 직업병과 관련된 것을 말하는 경우가 많다.

따라서 산재보험법상 '업무상'이란 업무수행성과 업무기인성 중 모두에 걸친 것이라기보다는 이 두 가지 특성 중 어느 한 가지에라도 해당한다면, '업무상'이라는 개념에 포함시키는 것이 산재보험법상의 법리에 적합하다고 판단된다. 다만 각종 업무의 실태와 기업운영의 구체적인 내용 및 산재보험의 사회보장적 성격을 고려하면서 탄력적으로 해석하여야 할 것이다.

결국 업무기인성을 본질적 요건으로 하지만 업무수행성이 인정된다면 특별한 반증이 없는 한 업무기인성은 추정된다고 할 수 있다. 실제로도 업무수행성의 유무가 '업무상'의 인정기준에 있어서 1차적 기준으로 되어 중요한 의미를 가진다. 예를 들어, 업무수행성이 인정되지 않는 경우에는 업무기인성이 있을 수 없고 따라서 '업무상'이라는 판정은 성립할 수 없다. 즉, 업무수행성이 인정될 때에야 비로소 업무기인성의 유무가 문제가 되는 것이므로 업무기인성을 필수적 요건으로 볼 필요는 없는 것이다.

현행 산재보험법상 규정되어 있는 인정기준을 살펴보면 다음과 같다. 여기서는 업무상 재해의 인정기준에 대한 포괄적이고 기본적인 기준을 다음과 같이 3가지로 제시하고 있다.

첫 번째, 근로자가 다음의 어느 하나에 해당하는 사유로 부상·질병 또는 장해가 발생하거나 사망하면 업무상의 재해로 본다. 다만 업무와 재해 사이에 상당인과관계(相當因果關係)가 없는 경우에는 그러하지 아니하다. 여기서 중요한 점은 업무와 재해 사이의 상당인과관계가 성립하여야 한다는 것이다. 그리고 업무상 사고와 업무상 질병으로 구분하여 각각의 기본적인 기준을 제시하고 있다.

가. 업무상 사고

- 근로자가 근로계약에 따른 업무나 그에 따르는 행위를 하던 중 발생한 사고
- 사업주가 제공한 시설물 등을 이용하던 중 그 시설물 등의 결함이나 관리소홀로 발생한 사고
- 사업주가 제공한 교통수단이나 그에 준하는 교통수단을 이용하는 등 사업주의 지배관리하에서 출퇴근 중 발생한 사고
- 사업주가 주관하거나 사업주의 지시에 따라 참여한 행사나 행사준비 중에 발생한 사고
- 휴게시간 중 사업주의 지배관리하에 있다고 볼 수 있는 행위로 발생한 사고
- 그 밖에 업무와 관련하여 발생한 사고

나. 업무상 질병

- 업무수행 과정에서 물리적 인자(因子), 화학물질, 분진, 병원체, 신체에 부담을 주는 업무 등 근로자의 건강에 장해를 일으킬 수 있는 요인을 취급하거나 그에 노출되어 발생한 질병
- 업무상 부상이 원인이 되어 발생한 질병
- 그 밖에 업무와 관련하여 발생한 질병

두 번째, 근로자의 고의·자해행위, 범죄행위 또는 그것이 원인이 되어 발생한 부상·질병·장해 또는 사망은 업무상의 재해로 보지 아니한다. 다만 그

부상 · 질병 · 장해 또는 사망이 정상적인 인식능력 등이 뚜렷하게 저하된 상태에서 한 행위로 발생한 경우로서, 대통령령으로 정하는 사유가 있으면 업무상의 재해로 본다. 이 규정은 업무상 재해의 제한과 관련된 내용으로 이해할 수 있다.

세 번째, 업무상 재해의 구체적인 인정 기준은 대통령령으로 정한다. 이러한 기본적인 기준을 구체적인 사례에 적용할 경우 산재보험법 시행령에 규정되어 있는 구체적인 인정기준을 따른다는 점을 말한다.

3) 급여

(1) 급여의 종류

산재보험법에 따른 급여는 요양급여, 휴업급여, 장해급여, 간병급여, 유족급여, 상병보상연금, 장의비, 직업재활급여 등이 있다

① 요양급여

요양급여는 근로자가 업무상의 사유에 의하여 부상을 당하거나 질병에 걸린 경우에 당해 근로자에게 지급하는 급여로서, 원칙적으로 현물급여이며 예외적으로 요양에 갈음하여 요양비를 지급할 수 있다. 다만 3일 이내의 요양으로 치유될 수 있는 경우에는 요양급여를 지급하지 않는다.

요양급여는 치료 종결시까지 계속되는데, 치료 종결이란 근로복지공단이 '요양 중인 근로자의 상병이 계속 치료를 하더라도 의학적인 효과를 기대할 수 없게 되고, 그 증상이 고정된 상태에 이른 경우' 근로복지공단이 요양급여를 종결하는 조치를 말하며, 일정한 경우에는 근로복지공단에 설치되어 있는 자문의사협회의 심의를 거쳐야 한다.

산재보험에서 지급하는 요양급여의 범위는 진찰, 약재 또는 진료재료와 의지 기타 보철구의 지급, 처치 및 수술의 기타의 치료, 의료시설에의 수용, 간병, 이송, 기타 노동부령이 정하는 사항 등이다.

② 휴업급여

휴업급여는 요양으로 인하여 취업하지 못한 기간에 대하여 지급하며, 1일에 대하여 평균임금의 100분의 70에 상당하는 금액을 지급한다. 취업하지 못한 기간이 3일 이내인 때에는 지급하지 않는다.

휴업급여가 최저임금액에 미달하는 경우에는 최저임금액을 휴업급여 지급액으로 한다. 다만 당해 근로자가 일정 연령에 도달한 이후에는 노동 능력 등을 고려하여 휴업급여를 감액하여 지급하되, 일정 연령 이후 취업 중인 자가 업무상의 재해로 요양하는 경우에는 일정한 기간 동안에는 감액지급하지 않는다. 또한 요양 기간 중에 피재자가 상병보상연금을 받게 되면 그때부터의 휴업급여는 지급되지 않는다.

③ 장해급여

장해급여는 업무상 재해를 입은 근로자가 치유 후에도 신체 등에 장해가 남아 있는 경우에 지급하는 보험급여로서, 장해로 인한 노동력 상실에 대한 손실 보전을 위해 지급하는 것이다. 장해급여는 해당 산재근로자의 장해등급에 따라 지급 금액이 달라진다. 현행 장해등급은 14등급으로 구분되고 있다.

장해급여는 장해보상연금과 장해보상일시금으로 나뉘고, 장해등급에 따라 지급 방법을 달리한다. 제1급부터 제3급까지의 산재장해인에게는 연금으로만 지급하는 것이 원칙이며, 제4급부터 제7급까지의 산재장해인은 연금과 일시금 중 선택이 가능하고, 제8급부터 제14급까지의 산재장해인에게는 일시금으로만 지급된다(고용노동부, 2016).

표 9-2 산재보험급여 종류 및 내용

구분	지급요건	지급수준 및 지급기간
요양급여	• 적용사업장의 근로자가 업무상 부상 또는 질병으로 4일 이상 요양한 경우	• 부상 또는 질병이 치유될 때까지 보험시설 또는 지정의료기관에서 요양
휴업급여	• 요양으로 인하여 취업하지 못한 기간 동안 지급	• 평균임금의 70% 지급 –최고보상기준일: 1일 191,793월의 70% –최저임금(1일 48,240원) 미달 시 최저임금 지급
상병보상연금	• 2년 이상 요양 중인 재해자 중 폐질등급 1~3급 해당자에게 지급	• 1급(329일분), 2급(291일분), 3급(267일분), 휴업급여 대신 지급
장해급여	• 치료 종결 후 신체에 장해가 남아 있는 산재근로자에게 장해보상연금 또는 일시금 지급	• 연금: 1급(329일)~7급(138일) 일시금: 1급(1,474일)~14급(55일) *1~3급은 연금만 지급(4년분 선급), 4~7급은 연금과 일시금 중 선택(2년분 선급), 8~14급은 일시금 지급 –최고보상기준: 1일 191,793원 –최저보상기준: 1일 53,275월
유족급여	• 업무상 사망한 근로자의 유족에게 지급	• 연금: 급여기초연액+가산금액(평균임금×365)의 52%~67% –일시금: 평균임금의 1,300일분
간병급여	• 치료종결 후 간병(상시, 수시)이 필요하며 실제로 간병을 받는 자에게 지급	– 상시 간병 1일당 38,240원 ('14. 8. 1. 1일당 41,170원) – 수시 간병: 1일당 25,490원 ('14. 8. 1. 1일당 27,450원)
직업재활급여	• 장해급여 1급~12급 장해급여를 받은 자 또는 요양 중으로서 장해 1급~12급을 받을 것이 명백한 자 • 미취업자, 다른 훈련 미해당자	• (근로자 지원) 직업 훈련비용 및 훈련수당 • (사업주 지원) 직장복귀지원금, 직장적응 훈련비 및 재활운동비
장의비	• 업무상 사망에 대하여 실제 장제를 행한 자에게 지급	• 평균임금의 120일분 –최고: 14,217,340원 –최저: 10,061,800원
진폐연금	• 진폐재해자에 대하여 진폐보상연금 및 진폐유족연금 지급 다만, 요양 중 재해자는 제외	• 장해연금: 기초연금(최저임금 60%) + 장해연금(연24~132일분) 지급 • 유족 연금: 장해연금 수준으로 지급

자료: 고용노동부(2016).

④ 유족급여

유족급여는 근로자가 업무상의 사유로 사망한 경우에 유족에게 지급한다. 유족급여는 유족보상연금이나 유족보상일시금으로 하되, 유족보상일시금은 근로자가 사망할 당시 유족보상연금을 받을 수 있는 자격이 있는 자가 없는 경우에 지급한다.

유족급여는 연금으로 지급하는 것이 원칙이며, 유족보상연금의 수급자격자는 근로자의 사망 당시 그 근로자와 생계를 같이하고 있던 자로서, 배우자(사실혼 관계 포함), 60세 이상의 부모 또는 조부모, 19세 미만인 자녀, 손자녀 그리고 19세 미만 또는 60세 이상의 형제자매이고, 「장애인복지법」상 장애등급 제2급(시각장애인의 경우 제3급) 이상의 남편, 부모, 조부모, 자녀, 손자녀, 형제자매는 연령에 관계없이 수급자격을 가진다. 이 유족보상연금 수급자격자 중 가장 선순위에 해당하는 사람이 유족보상연금 수급권자가 된다(고용노동부, 2016).

⑤ 상병보상연금

상병보상연금은 요양급여를 받는 근로자가 병원에서 치료를 시작한 후 2년이 경과하도록 병의 증상이 고정되지 아니하고, 그 부상 또는 질병 상태가 폐질등급 제1급~제3급에 해당하는 경우에 휴업급여 대신 지급하는 보험급여이다. 이는 장기 요양 중인 근로자와 그 가족들의 요양에 따른 부대비용 지출 등 재정적 부담을 완화해 줌으로써, 생활을 안정시키고 재기 의욕을 고취시키기 위해 도입된 보험급여로서, 휴업급여보다 보상수준을 높여 지급하고 있다(고용노동부, 2016).

⑥ 장의비

장의비는 근로자가 업무상의 사유로 사망한 경우에 지급하되, 평균임금의 120일분에 상당하는 금액을 그 장제를 지낸 유족에게 지급한다. 다만 장제를 지낼 유족이 없거나 그 밖에 부득이한 사유로 유족이 아닌 자가 장제를 지낸 경우에는 평균임금의 120일분에 상당하는 금액의 범위에서 실제 드는 비용을 그 장제를 지낸 자에게 지급하도록 되어 있다.

⑦ 간병급여

간병급여는 요양급여를 받은 자 중 치유 후 의학적으로 상시 또는 수시로 간병이 필요하여 실제로 간병을 받는 자에게 지급한다.

⑧ 직업재활급여

직업재활급여는 산재사고 후 직업으로 복귀할 수 있도록 돕는 직업재활과 관련된 급여이다. 직업재활급여에는 장해급여 또는 진폐보상연금을 받은 자나 장해급여를 받을 것이 명백한 자로, 취업을 위하여 직업훈련이 필요한 자에 대하여 실시하는 직업훈련에 드는 비용 및 직업훈련수당이 포함된다. 또한 업무상의 재해가 발생할 당시의 사업에 복귀한 장해급여자에 대하여 사업주가 고용을 유지하거나 직장적응훈련 또는 재활운동을 실시하는 경우에 각각 지급하는 직장복귀지원금, 직장적응훈련비 및 재활운동비 등도 직업재활급여에 포함된다.

⑨ 진폐연금

진폐연금에는 진폐보상연금과 진폐유족연금이 있다. 진폐보상연금은 장해급여의 일환으로 업무상의 질병인 진폐에 걸린 근로자에게 연금으로 지급하는 제도이다. 진폐유족연금은 진폐근로자가 진폐로 사망한 경우에 유족에게 지급하며, 진폐유족연금을 받을 수 있는 유족의 범위 및 순위, 자격 상실과 지급 정지 등에 관하여는 일반적인 유족연금의 체계와 같다(고용노동부, 2016).

⑩ 장해특별급여 및 유족특별급여

보험가입자의 고의 또는 과실로 발생한 업무상의 재해로 근로자가 대통령령으로 정하는 장해등급 또는 진폐장해등급에 해당하는 장해를 입은 경우에 수급권자가 「민법」에 따른 손해배상청구를 갈음하여 장해특별급여를 청구하면 장해급여 또는 진폐보상연금 외에 대통령령으로 정하는 장해특별급여를 지급할 수 있다. 이 경우는 근로자와 보험가입자 사이에 장해특별급여에 관하여 합의가 이루어진 경우에 제한한다.

수급권자가 장해특별급여를 받으면 동일한 사유에 대하여 보험가입자에게 「민법」이나 그 밖의 다른 손해배상을 청구할 수 없다.

보험가입자의 고의 또는 과실로 발생한 업무상의 재해로 근로자가 사망한 경우에 수급권자가 「민법」에 따른 손해배상청구를 갈음하여 유족특별급여를 청구하면 유족급여 또는 진폐유족연금 외에 대통령령으로 정하는 유족특별급여를 지급할 수 있도록 하였다.

(2) 급여의 산정기준과 지급수준의 보장

산재보험은 요양급여를 제외한 모든 급여를 근로자가 업무상 재해를 입을 당시에 지급받았던 평균임금을 기초로 산정하는 정률보상방식을 채택하고 있다.

이때 평균임금이란 「근로기준법」 제2조에 정의된 개념으로서, 재해발생일 이전 3개월 동안에 근로자가 지급받은 임금의 총액을 그 기간 동안의 총일수로 나눈 금액을 말하는데, 근로형태가 특이하여 평균임금을 적용하는 것이 적당치 않다고 인정되는 일용근로자(1일 단위로 고용되거나 근로일수에 따라 일당 형식의 임금을 받는 근로자)의 경우에는 통상근로계수를 적용하여 보험급여 산정의 기초가 되는 임금을 산출한다('08.7.1.).

또한 정률보상방식이란 근로자의 연령, 직종, 근로기간 등 제반 조건을 고려하지 않고 당해 근로자의 평균임금을 기초로 일률적으로 산정하여 보상하는 방식을 말하는 것으로서, 민법에 의한 손해배상이 실손해액을 산출하여 배상하는 것과는 다른 개념이다.

이에 산재보험은 평균임금 등을 기초로 하여 보험급여를 지급할 때 나타나는 여러 가지 불합리한 점을 보완하기 위해 최저·최고보상기준금액 및 최저임금액의 적용(전액 또는 일부), 평균임금 증감제도, 직업병환자에 대한 평균임금 산정 특례 제도 등을 시행해 오고 있으며, 이를 통해 산재근로자 및 그 유족에게 적절한 보상이 주어지도록 하고 있다(고용노동부, 2016).

(3) 급여 현황

산재보험제도에 따라 지급되고 있는 제반 급여종류별로 2000년 이후 추이는 어떠한지를 표 9-3에 정리하였다. 첫 번째, 수급자 총수가 연도별로 급격하게 늘어나고 있는데, 물론 근로자수의 증가도 있고 산재급여를 제공받는 것은 나쁘지 않으나 산재사고수를 가능한 한 줄이는 것이 필요하겠다.

두 번째, 급여종류별로 지급비중을 보면 요양급여와 휴업급여가 대부분을 차지하고 있어 단순 산재사고임을 짐작할 수 있다. 다만 유족급여가 증가하는 것을 알 수 있다.

세 번째, 간병급여와 직업재활급여가 근년에 와서 신설되고 그 비중이 점차 높아지고 있음을 알 수 있다.

표 9-3 연도별 · 급여종류별 지급 현황 (단위: 명, 십만 원)

구분 \ 연도		2000	2005	2010	2015
총계	수급자수	114,401	196,515	253,279	269,893
	금액	1,456,265	3,025,771	3,523,734	4,079,108
요양급여	수급자수	96,922	159,815	182,545	185,202
	금액	425,153	769,166	766,534	783,256
휴업급여	수급자수	79,929	121,180	121,836	111,078
	금액	422,463	938,439	753,065	816,880
상병보상연금	수급자수	4,161	5,938	6,451	4,853
	금액	71,677	140,345	182,865	162,570
장해급여	수급자수	27,764	55,782	88,864	93,953
	금액	360,454	922,185	1,397,872	1,710,783
유족급여	수급자수	2,802	10,546	18,130	24,760
	금액	159,257	220,576	362,125	508,938
장의비	수급자수	2,566	2,464	2,199	2,080
	금액	17,174	21,221	22,532	24,344
장해특별급여	수급자수				–
	금액				–

(계속)

유족특별급여	수급자수				1
	금액				90(주1)
간병급여	수급자수	51	1,653	4,584	5,485
	금액	83	13,836	44,263	57,278
직업재활급여	수급자수			1,752	3,764
	금액			4,474	14,964

주: 금액은 십만 원 단위 절삭 (주1은 제외), 저자에 의한 조정임.
자료: 고용노동부(2016).

4) 운영 및 전달체계

산재보험의 관장부서는 고용노동부이고 산재보험의 실제적인 업무는 근로복지공단에 위탁운영되고 있다.

근로복지공단에서는 근로자의 업무상 사고 등에 대하여 업무상 재해 판정 및 보험급여 지급 등 산재근로자에 대한 요양 · 보상 · 의료 · 재활의 산재보험 관련 업무를 수행한다. 또한 「보험료징수법」에 따라 산재 · 고용보험 부과고지 사업장에 대한 보험료를 산정 · 부과하고(건강보험공단 징수), 부과고지제 적용이 곤란한 건설업 · 벌목업 등에 대해 자진신고 · 납부 방식을 적용하여 보험료를 징수하는 업무를 수행한다.

산재보험제도는 근로자의 업무상 재해를 신속하고 공정하게 보상하며, 재해근로자의 재활 및 사회 복귀를 촉진하기 위하여 보험시설을 설치 · 운영하고, 재해 예방과 그 밖에 근로자의 복지 증진을 위한 사업을 시행하여 근로자의 보호에 이바지하는 것을 목적으로 한다. 이에 따라 산재보험시설의 설치 · 운영뿐만 아니라 업무상 재해를 입은 근로자의 원활한 사회복귀 촉진을 위하여 요양이나 외과 후 처치에 관한 시설, 의료재활 또는 직업재활에 관한 시설을 설치 · 운영하도록 하고 있다. 현재 산재보험 시설로 설립된 일반요양 및 진폐전문 요양시설, 척손환자 요양시설, 재활시설 등 10개 병원 시설과 2개 연구소, 2개 케어센터를 산재근로자를 위해 근로복지공단이 운영하고 있다(고용노동부, 2016).

5) 재정

산재보험제도에서 사용하는 급여에 필요한 재원조달은 다른 사회보험료와는 달리 전적으로 사용주의 보험료에 의존하고 일부 산재보험의 사무집행에 드는 비용은 국가가 일반회계에서 부담하고 있다. 산재보험사업에 드는 비용에 충당하기 위하여 징수하는 보험료나 그 밖의 징수금에 관하여는 「고용보험 및 산업재해보상보험의 보험료징수 등에 관한 법률」에서 정하는 바에 따라 징수하고 있다.

즉, 산재보험은 근로기준법상의 재해보상제도를 보험화한 것으로 근로자는 부담의 책임이 없으며, 보험료 전액을 사용자가 부담하도록 하고 있다. 사업주가 부담하는 보험료는 사업주가 경영하는 사업장내 근로자의 보수총액에 같은 종류의 사업에 적용되는 산재보험료율을 곱한 금액으로 산정한다. 산재보험료율은 현재 사업종류별 산재보험료율을 기본으로 하되, 개별 사업장의 개별 실적요율을 병행하여 사용하고 있다.

사업종류별 산재보험료율은 매년 6월 30일을 기준으로 과거 3년 동안의 보수총액에 대한 산재보험 급여총액의 비율(보험급여 지급률)을 기초로 산정하며, 산재보험 급여액·재해예방 및 재해근로자 복지증진 등에 소요되는 비용을 고려하여 사업종류별로 정해진다. 또한 개별 사업장의 개별 실적요율은 사업주가 적극적으로 재해를 줄이도록 개별 사업장의 재해발생 정도에 따라 산재보험료율을 일정 범위 내에서 증가 또는 경감시켜 주고 있다. 2016년 평균 산재보험료율은 17.0%였다(고용노동부 홈페이지). 연도별 평균 산재보험료율은 2009년과 2010년에 각각 18.0%이었고, 2011년과 2012년은 각각 17.7%였고, 2013년 이래 2016년 현재까지 17.0%를 유지하고 있다.

산재보험 재원조달은 결국 사용주의 보험료로 충당되지만, 그 이외에 산재보험 기금운용 수익금, 적립금, 기금의 결산상 잉여금, 정부 또는 정부 외의 자로부터 출연금 및 기부금, 차입금 그리고 기타 수익금 등으로 이루어진다.

산재보험 재정수지는 산재보험 급여와 각종 복지 및 재활사업을 개선하여 지출이 늘어났음에도 불구하고 수입 역시 증가하여 매년 수지차가 늘어나 안정적인 수준을 유지하고 있다. 예를 들어, 2010년 6,968억 원, 2011년 7,008억 원, 2012년 1조 2,015억 원, 2013년 1조 1,589억 원, 2014년 1조 6,571억 원, 2015년 1조 6,623억 원의 흑자를 기록하였는데, 이는 계속적으로 증가하는 연금 지급액에 대비하여 일정 적립금의 보유 필요에 기인하여 재정수지 흑자 기조를 유지하도록 관리부서에서 많은 노력을 경주하고 있는 것으로 판단된다.

표 9-4 산재보험 재정수지 현황 (단위: 억 원, %)

구분	2010	2011	2012	2013	2014	2015
수입	50,299	51,964	59,149	57,687	63,601	66,350
지출	43,331	44,938	47,134	46,098	47,030	49,727
수지차	6,968	7,008	12,015	11,589	16,571	16,623

*주 : 산재보험료율은 전체 업종 평균요율이며, 임금총액에 대한 %임
자료: 고용노동부(2017). 2016년 고용노동백서.

Chapter 10

고용보험제도

1 고용보험제도의 이론적 기반

1) 사회문제, 사회적 사고로서 실업과 고용문제

(1) 고용보험의 개념

고용보험은 고용문제를 사회보험의 형태로 해결하려는 국가의 노력이 반영되어 있다. 즉, 고용보험은 고용문제를 사회적 사고 혹은 사회문제로 인식하여, 이를 공적으로 국가·사회 전체에서 해결하려는 사회적 장치인 사회보험제도를 통해 해결하려는 목적을 가지고 있다. 물론 국가마다 처한 상황과 여건에 따라 고용문제를 대응하는 방식에 차이가 있어 여러 가지 유형의 고용보험이 있으나, 우리나라의 경우는 사회보험제도를 통해 해결하고 있다.

우리나라 고용보험법에도 '고용보험의 시행을 통하여 실업의 예방, 고용의 촉진 및 근로자의 직업능력의 개발과 향상을 꾀하고, 국가의 직업지도와 직업소개 기능을 강화하며, 근로자가 실업한 경우에 생활에 필요한 급여를 실시하여 근로자의 생활안정과 구직 활동을 촉진함으로써 경제·사회 발전에 이바지하는 것을 목적으로 한다'고 되어 있다. 즉, 고용보험제도는 전통적으로 시행하여 왔던 실업의 예방에 더하여, 한층 적극적으로 고용의 촉진 및 근로자의 직업능력의 개발과 향상을 꾀하는데까지 그 고용보험의 목적을 두고 있다.

고용보험은 역사적으로 실업보험에서 출발하여 현대사회에서는 보다 포괄적이고 예방적, 적극적으로 직업훈련과 고용문제에까지 제도적 개입을 시도하면서 발전되어왔다. 고용보험이란 실직근로자에게 실업급여를 지급하는 전통적 의미의 실업보험사업 이외에 적극적인 취업 알선을 통한 재취업의 촉진과 근로자의 고용안정을 위한 고용안정사업, 근로자의 직업능력개발사업 등을 상호 연계하여 실시하는 사회보험제도이다. 따라서 실업보험은 단순하게 실직자의 생계를 지원하는 사후적이고 소극적인 사회보장제도인 반면에, 고용보험은 실직자에 대한 생계지원은 물론 재취업을 촉진하고, 더 나아가 실업의 예방 및 고용안정, 노동시장의 구조개편, 직업능력개발을 강화하기 위한 사전적·적극적 차원의 종합적인 노동시장정책 수단이라고 할 수 있다(고용노동부, 2016).

서구 복지국가의 경우 실업보험은 노동조합에 의한 실업공제가 19세기 중엽부터 실시되었고, 뒤이어 두 번의 세계대전과 대공황을 거치면서 정부의 단순보조에 그쳤던 실업공제가 사회보험방식의 실업보험제도로 전환되기에 이르렀다. 그리고 마침내 1970년대 중반 석유파동을 기점으로 하여 각기 분리되어 있던 기존의 고용정책들이 고용보험제도라는 이름하에 통합적으로 관리되었다(황인국, 1999: 18).

(2) 사회문제, 사회적 사고로서 실업과 고용문제

현대사회에서 실업과 고용의 문제는 국가의 노동정책, 사회복지정책의 주요한 관심의 대상이다. 그것은 실업과 고용이 개인문제라기보다는 사회문제로서 혹은 '사회적 사고'로서 국가·사회적으로 책임을 져야 하는 문제로서 인식되기 때문이다. 현대 자본주의 산업사회에서 실업은 자발적 실업이나 장애 등으로 인한 노동력의 부분적 혹은 전적인 결손으로 인한 불가항력적인 실업을 제외하고는 사회구조적 · 환경적 여건이 실업문제를 야기하는 것으로 이해되고 있고, 여기에 대하여 실업대책이나 보다 적극적으로는 고용정책으로 대응하고 있다.

흔히 실업에 직면하게 될 경우 소득의 단절로 인한 경제적 어려움은 물론 안정감, 자긍심과 권위, 사회적 지위 등에 손상을 입게 되며, 더 나아가 알코올중독, 고독감, 건강의 악화, 우울증, 상실감, 부부갈등, 이혼, 별거, 가출 등의 제반 가정적 · 사회적 문제가 2차, 3차적인 문제로 발생하는 경향이 있다. 실업문제를 해결하여 바로 이러한 문제의 예방과 해소를 하려는 목적에서 각국에서는 실업대책이나 고용정책에 힘쓰고 있다(현외성, 2016b).

한편 자본주의 경제체제에서 근로자는 노동력을 사용자에게 제공하고, 그 대가인 임금으로 경제생활을 영위하게 된다. 그러나 실업이 발생하게 되면 근로자는 노동력을 제공할 수 있는 기회마저 잃게 되므로, 실업은 근로자와 그 가족에게 있어서는 부상 · 질병 · 노령 · 사망과 마찬가지로 생활의 안정을 파괴하는 원인이 된다.

실업자라고 하는 유휴노동력의 존재는 국가의 인적자원의 손실을 의미할 뿐 아니라, 근로자가 자기의 능력을 발휘할 기회를 상실함으로써 본인이 갈고 닦은 지식과 기능의 질적 저하를 가져오기도 한다. 국민경제 차원에서 보면 실업자의 발생은 실업자와 그 가족의 구매력을 저하시켜 국내 소비수요의 감소를 가져오며, 이는 다시 생산의 저하와 고용의 감소를 초래하여 실업을 더욱 확대시키고 국민경제를 혼란에 빠뜨릴 수 있다. 이와 같은 차원에서 고용안정과 완전고용의 달성은 어느 나라에서나 국가경제정책의 중요 목표로 자리 잡고 있다.

자유경쟁을 원칙으로 하는 자본주의 경제체제하에서는 호경기에도 기업의 생존과 소멸이 끊임없이 이루어지기 때문에 그에 따른 어느 정도의 실업발생은 당연할 뿐 아니라 기술혁신에 따른 산업구조의 조정과 경기변동에 따라 실업은 누구에게나 발생할 수 있는 사회적 위험이 되고 있다. 따라서 실업의 발생은 단순히 근로자 개인과 개별기업의 책임으로만 돌려 방치할 수 없고, 국민경제 전체 차원에서의 책임이 커지고 있다. 이와 같은 인식에 입각하여 많은 국가에서는 실업보험 또는 고용보험제도를 실시하여 정부, 사용자 및 근로자가 연대하여 실업자의 생활안정을 도모하고 있다(고용노동부, 2017b: 74-75).

2) 고용보험의 이론과 유형

(1) 고용보험의 목적

고용보험제도는 실업문제를 해결하는 목적으로부터 출발하여 그동안 자본주의 경제 산업의 발전과 함께 여러 가지 목적을 지닌 사회보험제도로 형성·발전하여왔다. 학자들이 고용보험제도가 가진 목적을 몇 가지로 정리하고 있다.

먼저 리자(Rejda)는 고용보험제도의 목적을 개인적 일차 목적과 사회경제적 이차 목적으로 구분하였다(Rejda, 1999: 303; 원석조, 2016. 재인용). 개인적 일차적 목적으로 ① 비자발적 실업기간에 현금급여를 제공한다, ② 노동자의 생활수준을 유지시켜 준다, ③ 재취업에 필요한 시간적 여유를 갖도록 한다, ④ 실업 노동자가 새 일자리를 찾도록 조력한다 등을 주장하였다.

그리고 고용보험의 사회경제적 이차적 목적은 다음과 같이 주장하였다. ① 경기조절 효과가 있다, ② 사회적 비용을 분담시킨다, ③ 노동활용도를 개선한다, ④ 고용주에게 고용안정화 노력에 대한 유인을 제공한다, ⑤ 숙련 노동력을 유지하게 만든다 등이다.

레스터(Leaster)는 고용보험제도의 고유목적으로 ① 실직자 및 그 가족의 경제적 안정보장, ② 실직자에 대한 구매력의 일정 수준 유지, ③ 이에 따른 경기 침체 및 실업의 악순환에 대한 완충역할 등 3가지를, 부수적 목적으로는 ① 실업으로 인한 사회적 비용의 공정하고 공평한 배분, ② 숙련 기능의 보존,

③ 노동시장 참여자에 대한 보수를 받을 권리의 보장, ④ 경제적 유인책의 달성 등 4가지를 주장하였다(황인국, 1999. 재인용).

류길상은 고용보험을 고유 목적과 부수직 목직으로 구분하여 나음과 같이 정리하였다(류길상, 1993). 즉, 고유 목적에는 ① 실직 노동자 및 가족의 생활 안정, ② 실직노동자의 취업촉진, ③ 노동력의 효율적 이용과 보존, ④ 노동시장정보의 신속·정확한 파악, ⑤ 노동복지의 증진 등이다. 그리고 부수적 목적에는 ① 고용조정의 원활화 및 경제의 효율성 제고, ② 미숙련 노동자의 이직 감소와 사용자의 고용안정노력 유도, ③ 자동적인 경기조절 기능의 수행, ④ 저소득노동자 계층에 대한 소득재분배 등이다.

사실 이러한 논의는 고용보험제도가 가진 목적이라고 할 수도 있고 기능이라고도 할 수 있다. 저자는 고용보험제도의 목적과 기능을 엄격하게 분리하여 정리하고 싶지는 않으나 학자들이 제안하였으므로 여기서 요약할 뿐이다.

(2) 고용보험의 기능

고용보험제도가 국가·사회적인 측면에서 수행하는 기능을 여러 가지로 정리할 수 있으나, 여기서는 다음과 같이 몇 가지로 요약해보고자 한다(고용노동부, 2017b: 78-80).

① 고용조정의 원활화 및 경제적 효율성 제고

오늘날 고용보험은 단순한 실업급여의 지급뿐 아니라 고용안정사업, 직업능력개발사업 등을 통하여 사양산업부문 근로자에 대하여 전직훈련을 실시하여 성장산업부문으로 재배치할 수 있도록 지원한다. 또한 경기변동 및 산업구조 조정에 따른 불가피한 고용조정을 지원해 준다. 따라서 고용보험제도는 저생산·저부가가치 산업에서 고생산·고부가가치 산업으로의 인력이동을 지원함으로써 산업구조·인력구조의 고도화에 기여하며, 기업의 고용조정지원으로써 기업의 경영합리화에 기여할 수 있다.

② 실직근로자의 생활안정과 재취업 촉진

고용보험제도의 가장 중요한 목적은 근로자가 실직을 당했을 경우에 실업급여를 지급함으로써 실직자 및 그 가족의 생활안정을 도모하는 것이다. 고용보험제도의 성격이 실업급여를 중심으로 한 전통적인 실업보험제도에서 적극적 고용정책차원의 고용보험제도로 전환된 경우에도 실직근로자 및 그 가족의 생활안정이 여전히 고용보험제도의 가장 중요한 목적이라고 할 수 있다. 또한 고용보험제도를 통해 실직자에 대한 실업급여 지급과 함께 고용정보 제공, 직업상담, 취업알선, 직업훈련안내 등 종합고용서비스를 제공하여 재취업을 촉진한다.

③ 직업훈련의 활성화와 경쟁력 강화

고용보험제도는 기업이 실시하는 교육훈련을 기업 스스로의 판단에 따라 자율적으로 실시하는 것을 원칙으로 하되, 교육훈련을 실시하는 기업에 대해서 다양한 지원을 실시한다. 따라서 고용보험제도는 민간 주도의 자율적인 직업능력개발사업의 교육 훈련을 활성화함으로써 근로자의 노동생산성 향상과 고용안정은 물론 기업의 경쟁력 강화에 기여할 수 있다.

④ 직업안정기능의 활성화와 인력수급의 원활화

고용보험제도가 실시되면 실직근로자는 공공직업안정기관에 실업자 등록을 하여 실업급여를 받을 수 있다. 따라서 모든 실직근로자가 공공직업안정기관에 등록을 하게 되고, 구인자도 신속히 근로자를 채용하기 위해 공공직업안정기관에 구인신청을 하게 되므로, 노동력의 이동 및 수급상황을 신속 · 정확히 파악할 수 있게 된다. 이를 통해 구인 · 구직자에게 정확한 노동시장 정보를 제공하고 전문적인 구인 · 구직 상담을 실시할 수 있게 된다. 그리하여 구인 · 구직비용과 마찰적 실업을 최소화하고 인력의 적재적소 배치를 유도하며 시장기능에 의한 인력 수급 조절기능을 강화하여, 노동시장의 유연성 향상과 시장기능에 의한 인력 수급의 원활화를 도모할 수 있다.

⑤ 경기조절기능의 수행

고용보험제도는 경기 불황기에 실업자가 증가하면 총실업급여 지급액이 증가하여 유효수요 부족으로 인한 경기침체를 완화시켜 실입발생을 줄여준다. 경기 호황기에는 실업자에 대한 총실업급여 지급액이 감소하여 보험기금의 적립을 통해 유효수요를 감소시킴으로써 경기에 대한 자동안정장치로서의 기능을 수행한다. 그리고 고용안정사업의 고용유지지원금·채용장려금제도는 실업률 증가 등 고용사정이 악화될 때 경기 불황기에 기업의 경영부담 완화에 기여한다.

(3) 고용보험의 유형

고용보험제도를 시행하는 방식은 여러 가지가 있는데, 강제적 고용보험제도, 임의적 고용보험제도, 실업부조제도 및 이원적 고용보험제도 등으로 분류할 수 있다. 그 내용은 다음과 같다(고용노동부, 2016: 78-80).

① 강제적 고용보험제도

강제적 고용보험제도는 사회보험방식에 의하여 일정 요건에 해당하는 사업장의 근로자에 대해 포괄적으로 적용하는 형태로서, 한국, 미국, 영국, 일본, 독일 등의 국가에서 채택하고 있다.

강제적 고용보험제도는 실업이 산업사회에 있어서는 누구에게나 발생할 수 있는 사회적 위험이므로, 노동력을 제공하고 그 대가인 임금소득으로 생활을 영위하는 근로자와 그 가족을 실업의 위험으로부터 보호하기 위해서는 강제적으로 보험의 적용을 받도록 해야 한다는 인식에 바탕을 둔 것으로서, 1911년 영국이 최초로 실시한 이래 점진적으로 확대되고 있는 고용보험방식이다.

② 임의적 고용보험제도

임의적 고용보험제도는 노동조합에 의해 자발적으로 설립된 실업기금이 정부로 부터 인가를 받아 운영되는 형태로서, 덴마크, 핀란드, 스웨덴 등의 국가에서 실시되고 있다.

고용보험제도는 원래 19세기 중반 유럽에서 노동조합이 조합원들간의 상호부조의 정신에 입각하여 조합원들로부터 갹출(醵出)을 받아 실업기금을 적립하고, 조합원이 실업을 당할 경우 실업급여를 지급하는 임의적 제도(voluntary system)로 출발하였다. 임의적 고용보험제도는 이러한 관행이 현대국가에까지 이어진 것으로서, 실업기금의 관리·운영은 노동조합이 담당하되 정부가 이를 정책적으로 뒷받침하여 노사가 함께 실업기금을 적립하게 하고 정부도 일부 비용을 부담한다. 임의적 고용보험제도는 노동조합이 중심이 되어 운영되기 때문에, 조합원에 대해서는 노조규약에 의해 가입이 강제되므로 강제적 고용보험제도와 동일한 효과가 있으나 비조합원에 대해서는 가입이 임의적인 것이 특징이다.

③ 실업부조제도

실업부조제도는 보험의 형태는 아니지만 소득조사(income test)를 전제로 저소득 실업자에 대하여 전액 정부부담에 의해 실업수당을 지급하는 형태로서, 호주, 뉴질랜드 등의 국가에서 실시하고 있다.

강제적 고용보험제도와 임의적 고용보험제도는 모두 보험방식을 채택하여 주로 사용자와 피보험자의 비용부담에 의해 보험사업에 필요한 재원을 조성하여 적용대상도 소득수준과 관계가 없다. 그러나 실업부조제도는 보험방식이 아니기 때문에, 노사의 보험료갹출이 아닌 전액 정부부담에 의해서 필요재원을 조성하고, 소득조사를 실시하여 고용기록과 관계없이(independent of employment history) 일정 기준 이하의 저소득 실업자만을 대상으로 실업수당을 지급한다. 실업부조제도에서는 실업부조 금액이 소득조사결과 밝혀진 소득 및 재산의 정도에 의해 결정되며, 대부분의 국가에서는 지급기간에 제한이 없다는 점에서 고용보험제도에 의한 실업급여요건을 충족시키지 못하는 많은 실업자들이 실업부조의 혜택을 받게 된다.

④ 이원적 고용보험제도

고용보험제도의 유형은 크게 강제적 고용보험제도, 임의적 고용보험제도 및 실업부조 등 세 가지로 분류할 수 있으나, 두 가지 이상의 형태를 병행하는 나라도 많이 있다. 예를 들어, 강제적 고용보험제도를 근간으로 하고 있는 독일, 프랑스, 영국, 포르투갈 등은 강제적 고용보험제도를 채택하고 있으면서 실업급여기간이 종료하였거나, 급여요건을 충족시키지 못한 실업자에 대해서는 소득조사를 실시하여 저소득 실업자에 한해 재정보조의 실업부조제도를 병행실시하고 있다. 그리고 스웨덴, 핀란드 등은 임의적 고용보험제도를 근간으로 하면서도 급여기간이 종료되었거나, 급여요건에 미달한 실업자에 대해서는 소득조사를 실시하여 일정 기준 이하의 저소득 실업자로 판명되면 정부가 전액 부담하는 실업부조제도를 병행하여 실시하고 있다.

3) 고용보험의 특성

고용보험이 다른 사회보험과 유사점을 지니면서 특별히 다른 특징을 몇 가지 지니고 있다. 목적과 기능이 포괄적 혹은 통합적이라는 점, 보험사고의 예측이 매우 어려운 사회보험 중의 하나라는 점 그리고 관리운영을 국가가 책임지지만 노사의 쌍방의 협력으로 가능하다는 점 등을 지적할 수 있다.

① 실직근로자의 생활보장과 고용대책의 통합

고용보험이 사회보험제도로서 갖는 몇 가지 특성을 살펴보면 다음과 같다. 첫 번째, 실직근로자의 생활보장과 고용대책이 통합된 제도이다. 이는 근로자의 생활을 보장하는 한 사회복지정책으로서의 기능과 빠르게 변화하는 현대 산업사회에서 요구되는 산업구조조정과 경영합리화를 촉진하고, 인력수급을 원활하게 하려는 고용정책이 함께 융합된 제도로 볼 수 있다. 우리나라 고용보험법에는 이러한 특성을 반영하여 여러 가지 내용의 사업과 급여를 갖추고 있는데, 크게 3가지로 구분된다. 그것은 ① 고용안정사업, ② 직업능력 개발사업 및 ③ 실업급여 등이다. 사실 우리나라의 고용보험제도는 순수한 생활보장에 중점을 두는 사회보장제도로서 특성보다는 산업구조조정의 맥락에서 발생하는 인력수급의 불균형 현상을 해소하려는 직업안정기능의 확충, 고용조정 과정에서 근로자의 고용을 안정시키기 위한 고용조정 지원 및 직업능력의 개발지원, 한계 근로자의 고용증대 등이 특히 중요한 목표로 되어 있다고 할 수 있다(유길상, 1995: 41-42).

② 보험사고의 예측이 어려운 사회보험

연금보험, 의료보험 및 산재보험의 보험사고 발생률은 비교적 안정적이며 정확히 예측할 수 있는데 비하여, 고용보험의 경우 실업률은 경기변동과 밀접한 관계가 있으며, 이는 다시 경기, 재정, 통화정책 등에 영향을 받기 때문에 보험사고 발생률의 예측이 어렵다. 따라서 고용보험의 경우 재정 추계의 어려움 때문에 재정이 불안전하다(김상호, 1994: 208).

③ 관리운영의 국가 책임과 노사정의 협력

고용보험제도의 관리운영은 국가의 책임이다. 물론 주무부서는 고용노동부로 되어 있고 구체적인 사업 중 많은 부분을 근로복지공단에 위탁하여 실행하고 있다. 실제법상에는 고용보험을 고용노동부장관이 관장한다고 되어 있는 한편 비용부담에 있어서도 '국가는 매년 보험사업의 관리운영에 소요되는 비용의 전부 또는 일부를 일반회계에서 부담할 수 있다'고 하여 국가의 책임을 밝히고 있다. 물론 보험사업에 소요되는 비용에 충당하기 위하여 사업주와 피보험자인 근로자로부터 보험료를 징수하는 이른바 '3자부담의 원리'를 취하고 있기는 하지만, 관리운영의 최종 책임자는 국가로 볼 수 있다. 특히 고용안정과 개발사업 등과 같은 고용보험의 내용은 사용자와 노동자 및 노동조합 등과 협력해야 하며, 전반적인 노동정책 등과 관련하여 여당과 야당이 협력하여 결정하는 사항이 많다. 이러한 배경에서 고용보험제도는 비록 관리운영의 책임이 국가인 정부 여당에 있다고 할지라도 노사정의 협력에 의하여 성공적으로 추진될 수 있는 특징을 가진 사회보험이다.

2 고용보험제도

1) 고용보험제도 설립배경과 환경

(1) 설립배경

1960년대부터 시작된 한국의 경제발전은 약 30여 년간 고도성장을 이룩해 온 결과, 1980년대에는 국내적으로 노동집약적 산업에서 기술집약적 산업으로 변모해 가야 하는 산업구조조정의 징후가 나타나기 시작하였다. 동시에 국제적으로도 1993년 12월에 UR협상이 이루어지면서 세계 경제의 국제화와 개방화가 촉진되어 국내의 산업구조조정을 더욱 가속화시켰다. 이러한 국내·외적 환경변화로 말미암아 구조적 실업문제는 물론 인력수급의 불균형 현상이 발생하여 고용안정의 필요성이 요청되었다(현외성, 2016b).

이상과 같은 대내외적인 여건에 대응하여 고용보험제도의 도입에 대한 주장은 학계와 노동계에서 오래전부터 제기되었으나 경제적인 여러 이유에 의하여 그 도입이 미루어지다가, 1987년 대통령 선거 시 노태우 후보의 선거공약으로 제시되어 1992년에 실시될 예정이었다. 그러나 경제계의 강한 반발에 부딪혀 제7차 5개년계획 기간인 '95~'96년에 실시하는 것으로 연기되었고, 이것이 대통령선거 과정에서 김영삼 후보의 공약으로 제시되었으며, 정부는 기업부담 등을 이유로 한 일부의 연기 주장에도 불구하고 대다수의 도입 주장에 따라 1995년부터 고용보험제도를 실시하기 위한 입법을 단행한 것이다. 그리하여 1993년 7월 29일 고용보험법 제정안이 노동부에 의해서 입법 예고되고, 12월 2일 국회에서 여·야 만장일치로 통과되어 1995년 7월 1일부터 시행하게 되었다(신섭중 외, 1990: 329).

(2) 우리나라 고용보험제도의 목적

고용보험제도의 목적은 제도 시행과 관련한 고용보험법 제1조 목적규정에 잘 드러나 있다. 제1조에는 '이 법은 고용보험의 시행을 통하여 실업의 예방, 고용의 촉진 및 근로자의 직업능력의 개발과 향상을 꾀하고, 국가의 직업지도와 직업소개 기능을 강화하며, 근로자가 실업한 경우에 생활에 필요한 급여를 실시하여 근로자의 생활안정과 구직 활동을 촉진함으로써 경제·사회 발전에 이바지하는 것을 목적으로 한다'고 규정되어 있다.

여기서 발견되는 고용보험법의 목적은 실업예방, 고용촉진 및 직업능력의 개발이 일차적 목적이고, 이를 통하여 근로자 개인의 복지증진과 사회·경제적 발전에 기여하는 것으로 요약할 수 있다. 이 법을 통하여 목적달성을 하기 위한 사업 혹은 급여는 크게 ① 고용안정사업, ② 직업능력개발사업, ③ 실업급여로 구분되는 것도 이러한 맥락에서 이해할 수 있다. 고용보험이라는 명칭에서 이미 과거의 실업보험이 가진 소극적·제한적인 기능을 넘어 보다 적극적으로 실업을 예방하고 직업능력을 개발·촉진하고, 고용을 안정하기까지 하는 거시적·예방적 차원의 사업까지 포함하고 있다.

2) 적용대상과 자격요건

고용보험의 적용대상은 근로자를 사용하는 모든 사업 또는 사업장이다. 다만 산업별 특성 및 규모 등을 고려하여 고용보험법의 대통령령으로 정하는 사업에 대하여는 적용하지 아니한다. 따라서 고용보험제도의 적용대상과 자격요건을 살펴보기 위해서는 사업장과 근로자의 개념을 살펴보아야 한다.

(1) 사업장

① 당연적용사업장

원칙적으로 근로자를 사용하는 모든 사업 또는 사업장이 적용대상이지만, 예외적인 사업장이란 무엇인지를 알아보자. 대통령령에 의거하여 동법의 예외적인 사업이란 다음의 어느 하나에 해당하는 사업을 말한다.

㉠ 농업·임업 및 어업 중 법인이 아닌 자가 상시 4명 이하의 근로자를 사용하는 사업

㉡ 다음의 어느 하나에 해당하는 공사. 다만 법 제15조제2항 각 호에 해당하는 자가 시공하는 공사는 제외한다.

- 「고용보험 및 산업재해보상보험의 보험료징수 등에 관한 법률 시행령」 제2조제1항제2호에 따른 총공사금액(이하 이 조에서 '총공사금액'이라 한다)이 2천만 원 미만인 공사
- 연면적이 100제곱미터 이하인 건축물의 건축 또는 연면적이 200제곱미터 이하인 건축물의 대수선에 관한 공사

㉢ 가구 내 고용활동 및 달리 분류되지 아니한 자가소비 생산활동

고용보험제도의 시행부터 최근까지 당연적용대상 사업장 규모는 점진적으로 확대되어 오늘날에는 모든 사업장까지 포함되고 있다. 물론 몇 가지 예외사항이 있지만 그만큼 고용보험제도가 확대·발전되어 온 것을 알 수 있다. 표 10-1은 당연적용사업장의 확대과정을 연도별로 정리한 것이다.

표 10-1 당연적용사업장 규모의 변화

<table>
<tr><th rowspan="2">보험
사업별</th><th colspan="7">적용대상 사업장 규모</th></tr>
<tr><th>'95.7.1.~
'96.12.31.</th><th>'97.1.1.~
'97.12.31.</th><th>'98.1.1.~
'98.2.28.</th><th>'98.3.1.~
'98.6.30</th><th>'98.7.1.~
'98.9.30</th><th>'98.10.1.~
'03.12.31.</th><th>'04.1.1.~</th></tr>
<tr><td>실업급여</td><td colspan="2">30인 이상</td><td>10인 이상</td><td colspan="2">5인 이상</td><td colspan="2">1인 이상</td></tr>
<tr><td>고용안정
·직업능
력개발</td><td colspan="2">70인 이상</td><td colspan="2">50인 이상</td><td>5인 이상</td><td colspan="2">1인 이상</td></tr>
<tr><td>(건설업의
총공사
금액)</td><td>(40억 원)</td><td>(44억 원)</td><td colspan="2">(34억 원)</td><td colspan="2">(3억4천만 원)</td><td>(2천만 원)</td></tr>
</table>

자료: 고용노동부(2016).

② 임의가입사업장

앞의 예외적인 사업의 사업주가 근로자의 과반수의 동의를 받아 근로복지공단의 승인을 받으면 그 사업의 사업주와 근로자는 고용보험에 가입할 수 있다.

(2) 근로자, 피보험자 및 보험가입자

고용보험의 피보험자가 되는 '근로자'는 사업주(법인의 경우 법인, 개인사업의 경우 자연인인 대표자)의 지휘·감독 하에서 상시 근로를 제공하고 그 대가로 임금형태의 금품을 지급받는 사람을 말한다.

고용보험제도에서 적용이 제외되는 근로자들이 있는 데 다음과 같다. 다음 각 호의 어느 하나에 해당하는 자에게는 이 법을 적용하지 아니한다(고용보험법 제10조 적용제외). 다만 제1호의 근로자 또는 자영업자에 대한 고용안정·직업능력개발 사업에 관하여는 그러하지 아니하다.

- 65세 이후에 고용되거나 자영업을 개시한 자
- 소정(所定)근로시간이 대통령령으로 정하는 시간 미만인 자
- 「국가공무원법」과 「지방공무원법」에 따른 공무원. 다만 대통령령으로 정하는 바에 따라 별정직공무원, 「국가공무원법」 제26조의5 및 「지방공무원법」 제25조의5에 따른 임기제공무원의 경우는 본인의 의사에 따라 고용보험(제4장에 한한다)에 가입할 수 있다.
- 「사립학교교직원 연금법」의 적용을 받는 자
- 그 밖에 대통령령으로 정하는 자

한편, 피보험자란 고용보험법이 적용되는 사업에 고용되어 노무를 제공하고 그 대가로 임금을 받아 생활하는 근로자를 말한다. 다만 「고용보험법」 제10조에서 정한 근로자는 피보험자가 될 수 없다.

또한 보험가입자는 근로자를 고용하는 사업의 사업주와 근로자를 모두 포

함하는 개념으로서(보험료징수법 제5조), 사업주만이 보험가입자가 되는 산재보험과 구별되고 보험의 가입은 당사자의 보험가입 의사표시가 아닌 사업의 개시 등 사실관계에 의해 이루어지는 것을 원칙으로 한다. 따라서 고용보험 적용사업의 사업주는 보험가입자가 되고, 근로자는 보험 가입자가 되는 동시에 피보험자가 된다. 아울러 피보험자는 근로자가 고용보험의 적용사업에 고용된 때에 그 자격을 취득한 것으로 보는 것을 원칙으로 하고, 고용보험법상 그 효력이 발생하는 시기는 직업안정기관의 장이 확인한 때로 본다(고용노동부, 2016).

고용보험 적용 사업장과 근로자수가 고용보험제도 시행초기부터 2015년 현재에 이르기까지 어떻게 확대되어왔는지는 표 10-2와 같다.

1995년 7월 1일 고용보험 시행당시 30인 이상 사업장, 1998년 1월 1일에는 10~29인 사업장, 3월 1일에는 5~9인 사업장, 10월 1일에는 1인 이상 사업장으로 적용대상이 확대됨에 따라 고용보험 적용 사업장수와 피보험자수가 급격히 증가하였다. 1995년 7월 1일 최초 적용 사업장은 39천 개소에서 2015년 2,107천개소로 54배 이상 증가하였고, 적용 근로자도 4,204천 명에서 12,363천 명으로 2.9배 이상 증가하였다(고용노동부, 2016).

표 10-2 연도별 적용 변화 (단위: 천개소, 천명)

구분	'98.10.1	2002	2005	2010	2014	2015
적용범위	1인 이상	1인 이상	1인 이상	1인 이상	1인 이상	1인 이상
적용사업장	400	826	1,148	1,408	1,935	2,107
적용근로자	5,286	7,171	7,966	10,131	11,931	12,363

주: 2004년 이후 피보험자는 가장 마지막 이력기준으로 추출한 순수피보험자임
자료: 고용노동부(2016).

3) 급여체계

고용보험제도는 다양한 급여와 사업 내용을 포괄적으로 갖춘 사회보험제도이다. 전통적인 급여인 실업급여를 포함해서 고용안정사업, 직업능력개발사업

그리고 최근에는 모성보호 및 일·가정 양립지원 사업 등으로 제반 고용보험 급여가 이루어져 있다. 이들 급여와 사업의 범주하에 다양한 형태의 하위급여 혹은 사업과 프로그램이 존재한다. 여기서 말하는 급여는 단순히 현금급여를 넘어서 현물, 신용(credit), 서비스, 기회(opportunity) 및 권력(power)급여가 포함되어 있다.

(1) 실업급여

실업이란 근로의사와 능력이 있음에도 불구하고 일자리를 찾지 못한 상태를 말한다. 실업급여란 실직자들이 실직으로 인한 소득단절을 해소하여 생활의 안정을 찾을 뿐만 아니라 취업을 촉진하는 급여를 제공한다. 실업급여의 종류에는 구직급여와 취업촉진수당이 있고, 다시 이 두 가지 급여에는 여러 가지 형태의 급여가 존재한다.

① 구직급여

구직급여는 실업급여 중 가장 기본적이고 중요한 급여로서 피보험자가 실업 시 재취업활동기간 중 생활안정을 도모하기 위하여 지급되는 급여이다. 구직급여는 고용보험 적용사업장에서 근무하는 피보험자가 경영상 해고, 계약기간 만료 등의 사유로 이직한 경우로서, 이직일 이전 18개월간 180일 이상의 피보험단위기간을 충족하는 경우에 이직 전 평균임금의 50%(1일 최고액 4.3만 원)를 피보험자의 피보험기간 및 연령에 따라 90~240일까지 차등 지급한다. 구직급여를 지급받기 위해서는 1~4주에 1회씩 직업안정기관에 출석하여 실업의 인정을 받아야 하고, 구직급여는 실업의 인정을 받은 일수분에 대해 지급한다. 수급자격자가 수급기간 중 질병·부상 또는 출산으로 7일 이상 취업이 불가능한 경우에는 구직급여에 갈음하여 '상병급여'를 지급받을 수 있다. 상병급여는 '실업의 신고를 한 이후'에 질병·부상 또는 출산으로 취업이 불가능하여 '실업의 인정을 받지 못한 날'에 대하여 수급자격자의 청구(청구기간 : 상병이 치유된 후 14일 이내, 다만 상병기간이 수급기간을 초과할 경우에는 수급기간 종료 후 30일 이내)에 의해 지급한다.

구직급여는 보험료 기여요건의 충족 여부, 이직사유의 정당성 및 실직 이후 적극적으로 재취업활동을 하였는지 등의 어부에 따라 90일에서 240일까지 실업인정이라는 절차를 거쳐 지급하며, 이직일의 다음 날부터 12개월 이내에 수급받을 수 있도록 하여 실업 이후에 노동력 공급을 축소하는 도덕적 해이를 방지하도록 설계되어 있다. 수급자격자가 질병·부상 또는 출산으로 취업이 불가능한 경우에는 구직급여에 갈음하여 상병급여를 지급한다(고용노동부, 2016).

표 10-3 구직급여와 상병급여의 지원요건과 수준

구분	지원요건	지원수준
구직급여	• 고용보험 적용사업장에서 이직 전 18개월간 피보험 단위 기간이 180일 이상 • 근로의 의사와 능력이 있음에도 불구하고 취업하지 못한 상태 ※ 자발적 이직, 중대한 귀책사유로 해고된 경우는 제외 • 적극적으로 재취업활동을 할 것	• 이직 전 평균임금의 50% – 최고/1일 : 43,000원 – 최저/1일 : 시간급 최저 임금의 90%
상병급여	• 수급자격자가 질병·부상·출산으로 실업의 인정을 받지 못한 날 – 출산의 경우는 출산일로부터 45일간 지급	• 구직급여일액과 동일 – 7일 이상 상병

자료: 고용노동부(2016).

소정급여일수란 하나의 수급자격에 대하여 구직급여를 지급받을 수 있는 일수로, 수급자격자의 피보험기간과 이직 당시 연령에 따라 최소 90일에서 최대 240일이다. 제도 도입 당시에는 30일~210일이었다가 1998년 3월 1일부터 60일~210일로 변경하였고, 2000년 1월 1일부터 현재와 같이 운영하고 있다. 피보험 기간은 그 사업에 고용되기 전에 다른 적용사업에서 이직한 사실이 있고, 그 이직일로부터 3년(2000.3.31. 이전 이직자는 1년) 이내에 피보험자격을 재취득한 경우에는 그 이직 전의 적용사업에서의 고용기간을 산입하여 계산한다.

표 10-4 구직급여의 소정급여일수

피보험기간 연령	1년 미만	1년 이상 3년 미만	3년 이상 5년 미만	5년 이상 10년 미만	10년 이상
30세 미만	90일	90일	120일	150일	180일
30세 이상-50세 미만	90일	120일	150일	180일	210일
50세 이상 및 장애인	90일	150일	180일	210일	240일

주: 장애인은 「장애인고용촉진 및 직업재활법」에 의한 장애인을 말함.
자료: 고용노동부(2016).

② 연장급여

연장급여는 훈련연장급여, 개별연장급여 및 특별연장급여가 있다. 훈련연장급여는 직업안정기관의 장이 직업능력개발훈련을 받으면 재취업이 용이하다고 판단되는 수급자격자에게 훈련지시를 할 경우 훈련을 받는 기간(최대 2년) 동안 구직급여일액의 100%를 연장하여 지급하는 제도이다. 개별연장급여는 구직급여 소정급여일수가 종료될 때까지 취업하지 못하고, 부양가족이 있는 등 생활이 어려운 수급자격자에게 구직급여일액의 70%를 60일간 연장하여 지급하는 제도이다. 특별연장급여는 실업의 급증 등으로 재취업이 특히 어렵다고 인정하는 경우 고용노동부장관이 발동하는 기간에 구직급여일액의 70%를 연장하여 지급하는 제도로서, 외환위기 당시 1998년 7월부터 1999년 12월까지 3차례 발동되어 지급된 이후 현재까지 발동된 사례는 없다(고용노동부, 2016).

③ 취업촉진수당

취업촉진수당에는 조기재취업수당, 직업능력개발수당, 광역구직활동비, 이주비 등이 있는데, 이 중에서 가장 큰 비중을 차지하는 조기재취업수당은 수급자격자가 구직급여 소정급여일수를 남기고 안정된 직업에 조기재취업한 경우에 일정액을 인센티브로 지급하는 것으로, 적극적인 구직활동을 통한 조기재취업을 촉진하기 위한 제도로 설계되었다. 조기재취업수당은 수급자격자가 ㉠ 대기기간이 지난 후 재취업한 날의 전날을 기준으로 소정급여일수를 2분의 1 이상 남기고 재취업하고, ㉡ 12개월 이상 계속 고용되거나 12개월 이상 계속하여 사업을 영위한 경우에 남은 소정급여일수의 2분의 1을 곱한 금액을 지급한다(고용노동부, 2016).

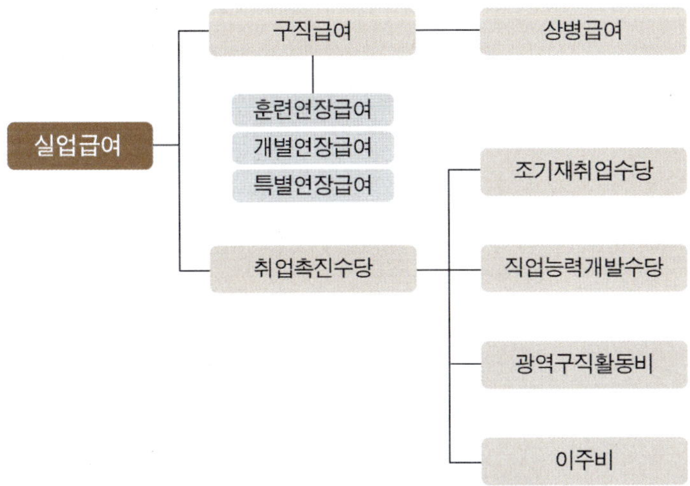

자료: 고용노동부(2016).

그림 10-1 고용보험제도 중 실업급여의 종류와 내용

(2) 고용안정사업

고용안정사업은 실업급여의 소극적·사후적 구제수단을 보완하는 적극적 노동시장 정책의 핵심 수단으로서, 1995년 7월 1일부터 시행하였다. 고용안정사업은 기업의 고용조정 과정에서의 충격을 완화하고 근로자의 고용 안정을 도모하기 위한 고용조정 지원과 고령자·여성 등 노동시장 잠재인력 및 취약계층의 취업촉진을 위한 고용촉진 지원, 근로시간 등 직무체계와 고용 환경 개선 등을 통해 일자리 확대를 위한 고용창출 지원, 그 밖에 여성근로자, 건설근로자의 고용여건개선 등을 위한 지원 등이 있다(고용노동부, 2016: 160).

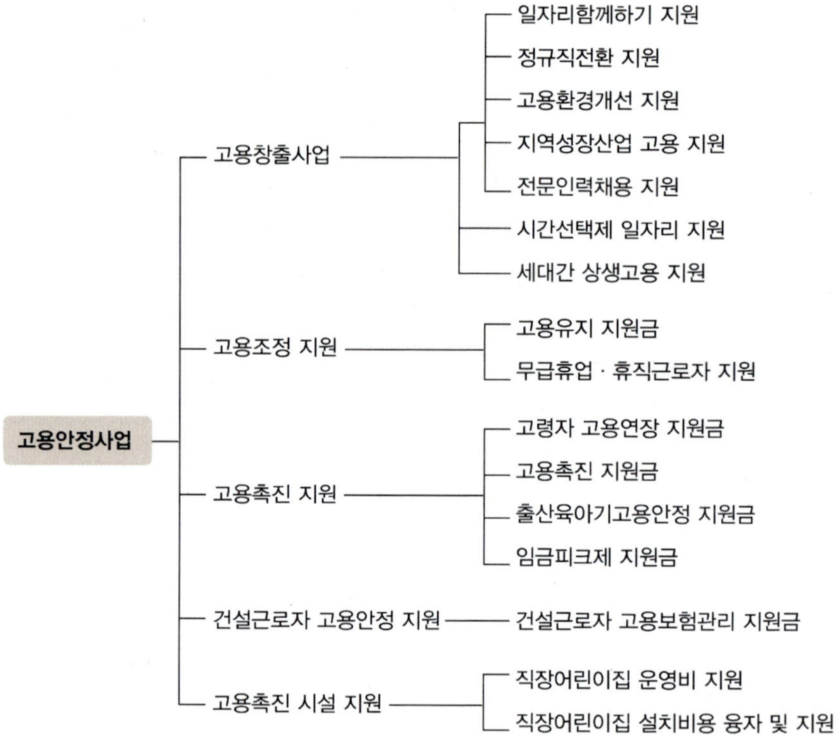

자료: 고용노동부(2016).

그림 10-2 고용안정사업의 체계도

① 고용창출 지원사업

2000년대로 진입하면서 고용없는 성장이 사회문제로 대두되면서, 2004년 2월 노사정 합의로 '일자리 만들기 사회협약'을 체결하였다. 이러한 배경에서 고용안정사업 중 고용창출 지원사업도 일자리 만들기에 한층 정책적 노력을 강화하였다. 그 후 여러 차례 정책내용의 변화를 거친 고용창출 지원제도는 일자리 함께하기 지원, 시간선택제 일자리 창출 지원, 고용환경개선 지원, 지역성장산업 고용 지원, 전문인력 채용 지원으로 이루어져 있다.[1] 결국 고용창출 지원제도는 일자리 창출이 어려운 저성장기에 각종의 고용환경 개선, 근무형태 변경 등으로 고용의 기회를 확대한 사업주에게 필요한 지원을 정책적으로 하는 것을 주된 내용으로 하고 있다. 고용노동부는 필요한 경우 사업주에

1) 보다 상세한 내용은 고용노동부(2016). 고용보험백서. pp. 169-171.을 참조

게 임금의 일부와 시설 설치비의 일부도 지원하는 내용이다.

② 고용조정 지원사업

21세기 세계화와 탈산업사회, 지식정보사회로 사회가 전환되면서 사회변동은 빨라지고, 기업 역시 급변하는 노동환경에 대응하기 위해 자동화 등 경영합리화 조치나 불경기에 의한 매출감소 등으로 발생하는 잉여인력을 조정하기 위해 제반조치를 취하게 된다. 이러한 기업의 고용조정을 지원하는 고용보험제도를 고용조정 지원사업이라고 한다.

고용조정 지원사업에는 기업의 고용조정에 대하여 정부에서 여러 가지 지원정책을 통해 기업의 부담을 줄이고 고용조정과정에서 발생할 수 있는 실업을 사전에 예방하며, 실직근로자의 신속한 재취업 기회를 제공할 수 있도록 지원하는 사업인 고용유지 지원금사업과 경영사정이 어려워진 사업주가 근로자를 해고하는 대신 무급휴업·휴직을 실시하는 경우 근로자의 생활안정을 지원하는 '무급휴업·휴직근로자 지원제도'가 시행되고 있다. 무급휴업·휴직근로자 지원제도는 근로자의 생계안정과 노동시장의 유연안정성을 함께 높일 수 있는 정책방안이 되고 있다. 고용유지 지원금은 휴업, 휴직, 훈련 등 사업주가 실시하는 3가지 고용유지 조치를 지원하며, 무급휴업·휴직근로자 지원금은 고용유지 지원제도의 보완적 제도로서 사업주가 근로자에 대하여 무급휴업 또는 휴직을 실시하는 경우 근로자에게 지원하는 제도이다.[2)]

결국 고용조정 지원사업은 근로자의 고용안정을 위해서 고용유지나 전직 등 여러 가지 조치를 하는 사업주에게 지원금이나 장려금을 지급하는 사업으로 이해하면 된다. 지원대상 사업주, 지원금의 규모나 수준, 지원기간 등 자세한 내용은 고용보험법을 참고하면 된다.

③ 고용촉진 지원사업

고용촉진 지원사업은 노동시장의 통상적인 조건하에서 취업이 특히 곤란한

---

2) 보다 상세한 내용은 고용노동부(2016). 고용보험백서. p.175.를 참조

고령자, 장기실업자, 여성 등의 고용을 촉진하기 위한 사업이다. 고용촉진 지원사업의 내용은 고령자고용촉진장려금, 고용촉진 지원금, 임금피크제 지원금, 임신 · 출산 후 계속고용 지원금, 육아휴직장려금, 육아기근로시간단축장려금 및 대체 인력채용장려금 등이 있다. 고용촉진 지원사업은 일자리 창출과 취업기회를 제공하고 사회적 약자를 보호함으로써 궁극적으로 사회통합을 이루고자 하는 목적을 가지고 있다(고용노동부, 2016).[3)]

(3) 직업능력개발사업

세계화와 지식정보사회에서 지식과 정보의 창출과 활용능력이 개인, 기업 및 국가의 경쟁력이 되는 시대이다. 개인은 급속한 사회변동과 환경에서 평생 한 직장이나 직종에서 근무하는 것은 어렵게 되고 전직을 해야 하는 사회에 살게 되었다. 기업의 측면에서도 구조조정이나 업종전환이 요청되고, 국가 역시 이러한 사회 · 경제적 여건에 능동적으로 대처하여 노동력의 원활한 수급조절과 실직, 실업에 능동적으로 대처하기 위하여 개인과 기업의 직업능력개발을 지원해야 하는 상황에 처하였다.

고용보험제도를 통하여 여러 가지 직업능력개발사업을 시행하고 있다. 최근 사업주의 직업능력개발사업 지원, 중소기업 및 비정규직 근로자 지원, 개인에 대한 직업능력개발 지원, 공공훈련기관에 대한 지원 그리고 직업방송의 운영 등이 이루어지고 있다.[4)]

① 사업주의 직업능력개발사업 지원

고용보험료를 재원으로 사업주가 소속 근로자, 채용 예정자, 구직자의 직무능력향상을 위해 직업훈련을 실시하는 경우, 훈련 실시에 따른 비용의 일부를 지원함으로써 직업능력개발훈련을 독려하는 사업이다.

3) 보다 상세한 내용은 고용노동부(2016). 2016년 고용보험백서. p.182.를 참조
4) 보다 상세한 내용은 고용노동부(2016). 2016년 고용보험백서. p.199. 이하를 참조

② 중소기업 및 비정규직 근로자 지원

중소기업의 여건상 직업능력개발이 쉽지 않기 때문에 정부에서 이를 지원하는 사업인데, 여기에는 다양한 프로그램이 시행되고 있다. 예를 들어, 국가인적자원개발컨소시엄 지원, 중소기업핵심 직무능력향상 지원, 중소기업 학습조직화 지원, 중소기업・비정규직 단기직무능력 향상 지원, 중소기업 CEO 및 HRD 담당자 연수사업 등이 그것이다.

③ 개인에 대한 직업능력개발 지원

근로자 개인의 직업능력을 개발하는 것에 고용보험이 지원하는 사업이다. 이는 지금까지 공급자 중심의 직업능력개발 지원에서 좀 더 유연하고 자유롭게 수요자 중심으로 이동하였음이 특징이다. 지금까지 실시해온 직업능력개발훈련은 공급자 중심의 전달체계로 낮은 훈련참여율과 참여기회의 양극화(대기업・정규직 근로자 중심), 산업 현장과의 괴리(취업률 미흡) 등의 문제점이 제기되었으며, 직업능력개발훈련의 성과를 높이고 훈련시장의 활성화를 위해서는 공급자 중심의 규제에서 탈피하고, 훈련시장의 기능 회복을 통한 개인적 수요에 입각하여 자기 주도적으로 참여하는 훈련시스템이 필요하였다(고용노동부, 2016: 230). 개인에 대한 직업능력개발 지원의 내용에는 내일배움카드제, 근로자 직무능력향상 지원, 국가기간・전략산업직종훈련, 직업훈련 생계비 대부 등이 있다.

④ 공공훈련기관에 대한 지원

직업능력개발사업을 좀 더 확대하고 유연성과 창의성을 높이고자 직업능력개발을 수행하는 공공훈련기관에 대해서 직접 지원하는 사업이다. 직업능력개발을 수행하는 교육훈련 주체에 고용보험이 지원함으로써 직업능력개발을 한층 활발하게 하려는 의도로 이해할 수 있다. 이 제도에는 한국산업인력공단 직업능력개발사업 지원, 한국폴리텍대학 능력개발사업 지원, 한국기술교육대학교 직업능력개발사업 등이 포함된다.

(4) 모성보호 및 일 · 가정 양립지원

여성은 임신과 출산을 통하여 노동력의 재생산은 물론 가정을 유지하는데 힘써왔다. 더욱이 여성의 인권신장과 능력 확대 그리고 여성노동력이 국가 · 사회적으로 중요한 시대에 여성들의 사회참여와 취업은 당연한 것으로 수용되고 있다. 다만 일과 가정을 양립해야 하는 여성들을 사회적으로 보호하고, 이에 상응한 정책적 배려를 하는 모성보호 노력이 각국에서 이루어지고 있다.

특히 저출산, 고령시대를 맞아 노동시장에서 여성의 경제활동 참가 확대는 국가와 여성 그리고 기업에게 불가피한 추세로 대부분의 선진국들은 이미 여성 인력활용을 중요한 고용정책과제로 삼고 있으며, 기업들도 인력활용의 다양성 제고 및 기업경쟁력 강화 차원에서 여성고용에 대한 관심을 늘려가고 있는 실정이다(고용노동부, 2016).

고용보험제도도 이러한 배경에서 모성보호는 물론 여성이 일과 가정을 양립할 수 있도록 제반 정책과 프로그램을 실행하고 있다. 이와 관련된 몇 가지 사업을 간략하게 살펴본다.

① 출산전후휴가급여

출산전후휴가급여는 피보험자가 근로기준법 제74조의 규정에 의한 출산전후휴가를 부여받았을 것, 출산전후휴가 종료일 이전에 피보험단위기간이 통산하여 180일 이상일 것, 출산전후휴가 종료일로부터 12개월 이내에 출산전후휴가급여를 신청할 것 등 3가지 요건을 모두 충족한 경우에 지급된다. 출산전후휴가급여액은 출산전후휴가 개시일 현재의 근로기준법상 통상 임금액에 상당하는 금액을 지급하되, 피보험자의 산정된 통상임금에 상당하는 금액이 135만 원을 초과하는 경우에는 135만 원을 출산전후휴가급여로 지급한다(고용노동부, 2016: 275).

② 육아휴직급여

육아휴직제도는 근로자가 피고용자의 신분을 유지하면서 일정 기간 자녀의 양육을 위해 휴직을 할 수 있도록 하는 제도로, 근로자의 직장생활과 가정생활의 양립을 가능하도록 하기 위한 사회적 지원제도이다. 육아휴직급여는 근로자(피보험자)가 「남녀고용평등과 일·가정 양립 지원에 관한 법률」에 따른 육아휴직을 30일 이상 부여받고, 육아휴직 개시일 이전 피보험단위기간이 통산하여 180일 이상이어야 하며, 동일한 자녀에 대해 피보험자인 배우자가 30일 이상의 육아휴직을 부여받지 않아야 하며, 육아휴직 개시일 이후 1개월부터 종료일 이후 12개월 이내에 육아휴직급여를 신청하여야 한다. 육아휴직급여를 받을 수 있는 기간은 최대 1년이며 육아휴직을 실시하는 근로자에 대해서는 월 통상임금의 40%(상한액 100만 원, 하한액 50만 원)를 육아휴직급여로 지급하고 있다(고용노동부, 2016: 278).

③ 직장어린이집 설치에 대한 지원

직장어린이집 설치 지원제도는 여성의 취업 및 고용안정에 큰 제약요인으로 작용하고 있는 육아부담 경감을 위한 지원제도이다. 직장에 보육시설을 설치·운영하는 사업주의 비용부담을 경감하여 직장보육시설 설치·운영을 활성화함으로써 여성근로자들이 손쉽게 보육서비스에 접근할 수 있도록 지원하고 있다(고용노동부, 2016). 구체적으로는 직장어린이집 보육교사 등 인건비 지원, 중소기업 직장어린이집 운영비 지원, 직장어린이집 설치비용 융자 및 무상지원 등이 있다.

④ 여성 새로일하기센터 운영 지원

출산·육아부담, 가족구성원의 돌봄 등으로 경력이 단절된 여성들을 대상으로 「집단상담프로그램 운영-직업훈련 및 새일여성인턴-취업알선 및 취업 후 사후관리」를 연계하는 종합취업지원서비스를 One-Stop으로 제공하는 여성 새로일하기센터를 지정·운영함으로써 경제적 곤란, 실직 등으로 인한 구직 희망 여성의 일자리 지원 및 경제활동 참여 촉진을 도모하기 위해 마련된 제도이다(고용노동부, 2016).

⑤ 출산육아기고용안정 지원금

출산육아기고용 지원금은 육아휴직·육아기 근로시간 단축(이하 '육아휴직 등' 이라고 한다)을 부여한 사업주의 간접노무비용을 지원함으로써, 육아휴직 등을 실시하고자 하는 사업장의 근로자 고용유지를 도모하고 육아휴직을 활성화하기 위해 마련되었으며, 출산육아기 대체인력 지원금은 근로자의 육아휴직등 기간 중 대체인력 사용 필요성이 있는 사업주에 대해 지원을 함으로써 육아휴직등 제도의 조기정착 및 사업주의 부담완화를 통한 육아휴직 활성화를 도모하기 위해 마련된 제도이다. 출산육아기고용 지원금(기간제·파견 근로자 재고용)은 임신, 출산전후휴가, 육아휴직중인 계약직 및 파견근로자를 계약기간 종료 즉시 또는 출산 15개월 이내에 계약기간 1년 이상의 근로계약을 체결하여 재고용하는 사업주를 지원 하여, 비정규직 여성근로자의 모성보호와 고용안정을 도모하기 위해 마련된 제도이다(고용노동부, 2016).

4) 관리 및 전달체계

고용보험제도 및 운영에 관한 주요 사항의 결정이나 기획에 관한 업무는 고용노동부 본부에 의해 이루어지고 있으며, 집행업무는 지방고용노동관서에 의해 이루어진다. 고용보험에 관한 주요 정책의 결정은 고용보험위원회 심의를 거쳐 고용노동부장관에 의해 이루어지게 된다. 이를 위해서 고용보험위원회 안에 고용보험에 관한 전문적 심의를 위해 고용보험운영전문위원회 및 고용보험평가전문위원회를 두고 있으며, 고용노동부 본부조직으로는 고용정책실 내에 노동시장정책관, 고용서비스정책관, 청년여성고용정책관, 고령사회인력정책관, 직업능력정책국이 있다. 과별 주요 사업수행 내용으로는 고용보험기획과(고용보험 및 보험료징수 법령, 기금 등), 노동시장정책과(고용안정사업 등), 인적자원개발과(직업능력개발 훈련사업 등), 여성고용정책과(육아휴직급여 등), 고용지원실업급여과(실업급여, 피보험자격 관리 등) 등에서 고용보험사업을 수행하고 있다.

고용보험의 구체적 집행업무는 고용노동부 산하의 47개 지방고용노동관서에서 수행하고 있으며, 근로복지공단과 한국산업인력공단에서도 업무의 일부를 위탁받아 수행하고 있다.

고용보험 피보험자의 권리구제를 위하여 고용보험심사관과 고용보험심사위원회(고용노동부 본부)를 두고 이의신청에 대한 권리구제제도를 운영하고 있다.

고용보험의 사업주체와 기관별 업무내용은 그림 10-3과 같다(고용노동부, 2016: 348).

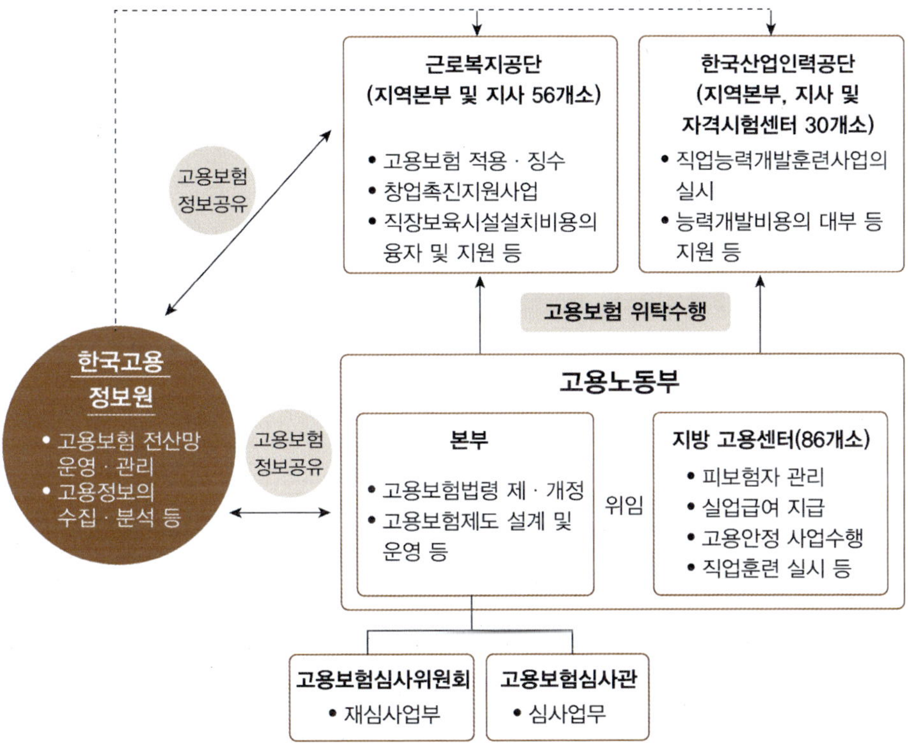

자료: 고용노동부(2016). 2016년 고용보험백서.

그림 10-3 고용보험 운영기관 업무처리 흐름도

5) 재정

(1) 재원조달

고용보험제도상의 급여와 사업에 드는 비용을 충당하기 위하여 고용보험기금을 국가에서 설치하여 운용하는데, 이 기금은 보험료 적립금, 징수금, 기금 운용 수익금, 그 밖의 수익금 등으로 구성된다. 물론 이 밖에 고용보험제도는 정부의 일부 지원을 재원조달로 하고 있다. 보험료는 보험가입자인 사업주와 피보험자인 근로자로부터 징수하는 금액을 말하며, 보험료는 고용안정과 직업능력개발사업의 보험료와 실업급여 보험료로 구분하여 산정한다. 또한 국가는 매년 보험사업에 드는 비용의 일부를 일반회계에서 부담하는데, 예산의 범위에서 보험사업의 관리·운영에 드는 비용을 부담할 수 있도록 법률로 규정하고 있다.

보험료징수법에 따라 징수된 고용안정·직업능력개발 사업의 보험료 및 실업급여의 보험료는 각각 그 사업에 드는 비용에 충당하는데, 다만 실업급여의 보험료는 육아휴직급여 및 출산전후휴가급여 등에 드는 비용에 충당할 수 있도록 하였다. 그러나 자영업자인 피보험자로부터 징수된 고용안정·직업능력개발사업의 보험료 및 실업급여의 보험료는 각각 자영업자인 피보험자를 위한 그 사업에 드는 비용에 충당하도록 하였다.

고용보험제도를 통해 최근 2014년과 2015년도에 고용보험기금을 사용한 실적을 보면 표 10-5와 같다.

사용금액의 규모로 분석하면 역시 실업급여가 주류를 이루고 고용안정과 능력개발이 부수적으로 집행된 것을 알 수 있다. 전체 재정규모는 조금씩 증가하고 있고, 급여를 받는 인원도 증가하고 있다. 고용안정과 능력개발의 경우는 사업주능력개발 지원금과 실업자 및 근로자능력개발 지원금이 많은 비중을 차지하고 있는 것으로 파악된다. 그 뒤를 이어 중소기업청년인턴제, 고용촉진 지원금 및 직장어린이집 지원금 등이 집행되었다. 이러한 고용보험기금 집행실적 분석을 통해 알 수 있는 사실은, 현재의 고용보험제도의 핵심

기능이 무엇이며, 간접적으로는 우리 사회 고용문제의 실상을 파악할 수 있는 자료가 된다는 점이다.

표 10-5 고용보험기금의 집행실적 (단위: 개소, 명, 백만 원)

구분		2014			2015		
		사업장	연인원	금액	사업장	연인원	금액
총계		145,912	3,794,933	7,002,614	162,585	4,876,731	8,124,506
고용안정 · 능력개발 계		145,912	3,794,933	1,990,567	162,585	3,420,377	2,579,514
고용안정 · 직업능력개발사업	고용유지 지원금	1,239	66,793	39,680	1,648	63,788	32,998
	고용창출 지원금	1,294	4,256	34,723	1,424	6,423	50,400
	고용촉진 지원금	16,900	43,140	84,330	26,505	69,648	143,422
	직장어린이집 지원금	541	53,570	80,264	602	62,105	92,378
	중소기업청년인턴제	15,447	36,271	82,413	15,418	34,051	172,668
	사업주능력개발 지원금	111,161	3,101,972	370,247	109,504	2,505,849	390,794
	실업자 및 근로자 능력개발 지원	–	478,639	272,265	–	597,655	257,373
	고령자고용연장 지원금	7,938	30,468	31,108	7,106	73,508	34,734
	임금피크제 지원금	299	2,721	12,494	378	7,350	17,715
	기타	–	–	983,043	–	–	1,387,032
실업급여 계		–	1,437,102	4,907,088	–	1,456,354	5,444,785
실업급여	구직급여	–	1,187,936	3,976,839		1,207,835	4,382,259
	조기재취업수당	–	82,461	175,432		63,860	161,587
	출산전후휴가급여	–	88,756	236,845		95,259	259,011
	육아휴직급여등	–	77,949	503,217		89,400	626,867
	기타	–	–	14,755			15,061
사업운영비				104,959			100,207

주: 구직급여(연장급여 포함), 저자가 조정함.
자료: 고용노동부(2016).

(2) 보험료율과 부담

고용보험의 보험료율은 보험수지의 추이와 경제상황 등을 고려하여 1000분의 30 범위 내에서 고용안정·직업능력개발사업 및 실업급여의 보험료율을 구분하여 결정한다.

고용안정·직업능력개발 사업의 보험료는 사업주가 전액 부담하고, 실업급여의 보험료는 노사가 각각 보험료의 2분의 1씩 부담한다.

표 10-6 보험사업별 보험료율 및 부담(「보험징수법」 시행령 제12조) (단위: %)

구분		'98 이전		'99.1.1. 이후		'03.1.1. 이후		'06.1.1. 이후		'11.4.1. 이후		'13.7.1. 이후	
		근로자	사업주	근로자	사업주	근로자	사업주	근로자	사업주	근로자	사업주	근로자	사업주
실업급여		0.3	0.3	0.5	0.5	0.45	0.45	0.45	0.45	0.55	0.55	0.65	0.65
고용안정사업			0.2		0.3		0.15	능력개발사업과 합함					
능력개발사업	150인 미만		0.1		0.1		0.1		0.25		0.25		0.25
	150인(우선지원)~		0.3		0.3		0.3		0.45		0.45		0.45
	150~1,000		0.5		0.5		0.5		0.65		0.65		0.65
	1,00인 이상 및 국가기관 등		0.5		0.7		0.7		0.65		0.85		0.85

Chapter 11

노인장기요양보험제도

1 노인장기요양의 이론적 기반

1) 고령사회의 도래와 노인장기요양보험

(1) 고령사회의 도래

한국사회는 2000년에 들어오면서 압축적 경제성장과 유사한 압축적 고령인구의 증가를 경험하고 고령화사회에 진입하게 되었다. 2000년 당시 전체 인구 중에서 65세 이상 인구가 7.2%로 고령화사회에 진입하였다. 그리고 2010년에는 11%, 2018년에는 14%로 고령사회 그리고 2026년에는 20.8%로 초고령사회에 도달할 것으로 전망되었다. 우리나라는 다른 나라에 비하여 고령화의 속도가 매우 빠른 만큼 고령화에 대응한 사회적·제도적 대응책 마련에 어려움이 있음을 알 수 있다. 이에 따라 새로운 사회문제가 발생할 것으로 예견되었고 그 핵심이 노인과 연관된 각종 문제였다.

표 11-1 주요 국가의 인구구조별 변화

국가	도달년도			증가소요년수	
	고령화(7%)	고령(14%)	초고령(20%)	7%→14%	14%→20%
한국	2000	2018	2026	18	8
일본	1970	1994	2006	24	12
프랑스	1864	1979	2018	115	39
미국	1942	2015	2036	73	21
독일	1932	1972	2009	40	37
이탈리아	1927	2015	2036	73	21

자료: 통계청(2006).

우리나라의 노인인구는 1970년 전체 인구 3,224만 명에 99만 명으로 3.1% 정도였다. 하지만 불과 30년이 지난 2000년에는 전체 인구 4,701만 명에 노인인구가 339만 명으로 7.2%를 넘어 고령화사회로 접어들었다. 18년이 경과한 후인 2018년에 고령사회가 도래될 전망이다.

표 11-2 우리나라 노인인구 및 비율추이 (단위: 만 명, %)

구분	1970	1980	1990	2000	2010	2018	2026	2050
총인구	3,224	3,812	4,287	4,701	4,887	4,934	4,904	4,234
노인인구	99	146	220	339	536	707	1,022	1,616
비율	3.1	3.8	5.1	7.2	11.0	14.3	20.8	38.2

자료: 통계청(2006).

다양한 노인문제가 이미 발생하여 노인복지정책과 제도가 시행되었으나, 고령사회는 또 다른 문제를 야기시킬 수 있는 환경을 만들었다. 2004년 한국보건사회연구원의 조사에 의하면 우리나라 노인 중 본인이 인지한 만성질환을 한 가지 이상 가지고 있는 노인은 90.9%에 이르고 있고, 이로 인한 어려움으로 일상생활 수행의 제한이 43.35로 가장 많았다. 다음은 치료비로 인한 경제적 어려움, 사회활동 제한, 외로움이나 소외감 순으로 나타났다.

고령사회가 당면하게 되는 더 큰 문제 중의 하나는 후기고령노인이 크게 증가하면서 장기요양보호를 필요로 하는 노인이 증가한다는 것이다. 우리나라도 75세 이상의 고령노인이 급격히 늘어날 것으로 전망되는데, 2000년에는 2.3%, 2010년에는 4.1%, 2020년에는 6.5%, 2030년에는 9.7%, 2050년에는 22.4%로 2000년부터 2050년 사이에 65세 이상 전체 노인인구는 5.3배 늘어나는데 비해, 75세 이상 노인은 9.7배나 증가한다. 이처럼 후기고령노인이 증가할수록 일상생활 동작능력과 가사활동 수행능력이 저하되어 자립적인 가정생활을 지속할 수 없고, 누군가의 도움을 필요로 하는 노인이 증가되고 장기요양보호 수요도 증가하게 될 것이라는 전망이 나왔다(손창숙, 2011).

(2) 노인장기요양보험의 개념

노인장기요양보험제도는 고령이나 노인성 질병 등으로 목욕이나 집안일 등 일상생활을 혼자 하기 어려운 노인들에게 신체활동 · 가사활동 지원 등의 서비스를 제공하여, 노후생활의 안정과 그 가족의 부담을 덜어주고 국민의 삶의 질을 높여 주는 사회보험제도이다. 즉, 사회보험원리를 활용하여 장기요양을 필요로 하는 노인과 그 가족에게 도움을 제공하려는 제도로서, 기존의 연금, 국민건강, 산재, 고용보험제도에 더하여 제5의 사회보험제도로서 위상을 가진다.

특히 국민건강보험공단에서 노인장기요양보험제도를 관장하는데, 이 점에서 국민건강보험제도와 유사점과 차이점을 이해하여야 할 것이다. 국민건강보험은 치매 · 중풍 등 질환의 진단, 입원 및 외래 치료, 재활치료 등을 목적으로 주로 병 · 의원 및 약국에서 제공하는 서비스를 급여 대상으로 하는 반면, 노인장기요양보험은 치매 · 중풍의 노화 및 노인성 질환 등으로 인하여 혼자 힘으로 일상생활을 영위하기 어려운 대상자에게 요양시설이나 재가 장기요양기관을 통해 신체활동 또는 가사지원 등의 서비스를 제공하는 제도이다(국민건강보험공단 노인장기요양보험 홈페이지). 즉, 두 제도는 특별히 노인성질환을 대상으로 하는 측면을 강조하면서 건강보험은 진찰, 검사, 약제, 치료재료 지급, 처치, 수술, 치료, 이송 등의 급여를 중심으로 하는 반면, 노인장기요양보험은 간병, 수발 등 일상생활지원, 복지지원서비스에 초점을 둔 사회보험으로 풀이할 수 있다. 하지만 두 제도는 노인 등을 공통적으로 돌보는 서비스(care service)－방문간호, 요양병원, 간병비, 노인성질환예방사업 등－를 공유한다는 유사점을 가진다(현외성, 2016b).

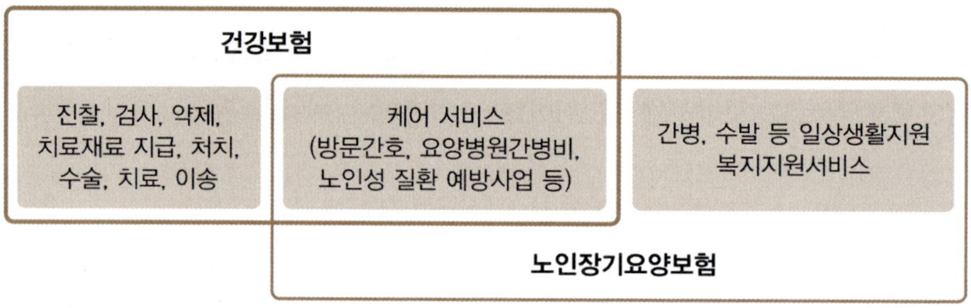

자료: 현외성(2016b).

그림 11-1 건강보험과 노인장기요양보험과의 차이

2) 사회문제로서 노인장기요양문제

(1) 가족기능의 약화로 인한 부양부담문제

노인장기요양문제는 전통적으로 가족에서 책임지는 것이었다. 하지만 저출산·고령사회의 도래로 인한 고령인구의 증가와 함께 산업사회의 진전으로 가족기능이 약화되면서 노인부양의 문제가 새로운 사회문제로 부각되기 시작하였다. 우선은 장기적으로 요양보호를 받아야 하는 노인수가 늘어난다는 사실인데, 65세 이상 노인인구 중 신체적·정신적으로 취약하여 요양서비스를 필요로 하는 후기고령노인수의 증가이다. 한국보건사회연구원이 '2004년 노인장기요양보호 욕구실태조사 및 정책방안'에서 요양보호 노인인구를 추계 조사한 결과에 의하면, 2003년 65세 이상 노인의 약 20.9%인 83만 명이 ADL이나 IADL 등의 문제로 타인의 도움을 받지 않으면 일상생활이 어려운 요양보호대상자로 파악되었다. 또한 공적노인요양보장실행위원회의 7차 회의 자료에 의하면 노인수발서비스가 필요한 노인의 수를 2007년에는 총 71만 명,

2015년에는 100만 명에 이를 것으로 전망하고 있어서, 고령화사회로 갈수록 노인요양보호문제는 더욱 심각하다고 할 수 있다. 이들 요양보호 대상노인들을 가족이 부양하기가 어려운 상황에서 사회적 요양보호장치를 필요로 하게 되었다.

(2) 요양보호비용의 문제

증가하는 요양보호노인수와 더불어 가족들이 노인요양을 할 경우 비용부담이 가중된다. 대략 월 100만 원에서 250만 원 정도의 노인요양비용을 가족이 지불하는 경제적 부담이 매우 가중하다. 따라서 장기적으로 노인요양은 가족의 신체적·정서적 문제를 야기시킬 뿐만 아니라 경제적 문제까지도 제기함으로써 가족해체를 가속화시켜 사회적 문제가 될 수 있다.

한편 요양보호가 필요한 노인을 돌볼 수 없어 치료목적보다는 수발 혹은 요양서비스를 받기 위해 병원에 장기적으로 입원하는 사례가 늘어가고 있다. 이로 인하여 노인의료비의 증가가 사회적 쟁점이 되었다. 노인인구는 젊은 연령에 비해서 신체기능의 약화로 인해 질병에 걸릴 가능성이 높기 때문에 비노인층에 비해서 1인당 의료비도 2~5배를 더 사용하는 것으로 밝혀졌다. 따라서 고령인구의 계속적인 증가는 노인 의료비의 증가로 이어지며, 특히 후기고령노인의 지속적인 증가는 노인 의료비 증가율을 가속화시키는 요인이 될 것이다.

이와 같이 고령화에 따른 노인 의료비의 증가는 기존의 건강보험재정으로 노인장기요양문제를 감당할 수 있는 능력이 한계에 이르렀다는 현실적 배경을 읽을 수 있게 한다. 공적노인요양보장제도 실시 모형의 최종 시안에서도 중요한 기대효과로서, 이 제도의 실시로 건강보험재정이 안정될 것이라는 전망을 제시하고 있었다(현외성, 2016b).

3) 노인장기요양의 특성과 유형

(1) 특성

① 사회보험제도로서 장기요양보호서비스

노인장기요양보험제도는 용어 자체에서 보듯이 사회보험제도로서의 성격을 가진다. 기존의 국민건강보험제도의 가입자들이 정기적으로 납부하는 장기요양보험료를 기반으로 하고, 일부 국가부담(정부지원)과 장기요양급여 이용자가 부담하는 본인 일부부담금으로 재원을 충당하는 사회보험제도에 속한다.

② 장기요양급여의 장기성과 복합성

노인장기요양보호 서비스는 고령자의 만성질환과 장애에 대응한 서비스이므로 급여기간이 장기적으로 주어지는 것이 대부분이다. 또한 장기요양급여는 재가급여, 시설급여 및 특별현금급여 등으로 분류되며, 그 각각의 급여내용에는 다양한 형태의 급여가 포함된다. 예를 들어, 재가급여에만 하더라도 방문요양, 방문목욕, 방문간호, 주야간보호, 단기보호, 기타 재가급여 등이 포함되어 있다. 따라서 장기요양급여는 급여내용이 복합적이라고 할 수 있다. 장기요양급여는 기존의 보험제도에서 발견되는 현금이나 현물과는 달리 이들을 복합적으로 제공하는 종합적인 급여의 보험제도라고 할 수 있다.

③ 요양급여 제공과 사례관리

장기요양급여가 제공되는 과정은 매우 합리적인 과정을 거친다. 즉, 급여의 신청에서 인정까지의 절차는 장기요양인정서의 신청, 방문조사, 등급판정, 장기요양인정결과의 통지, 장기요양급여의 이용 등에 이르기까지 여러 단계를 거친다. 특히 이 과정에서 일종의 사례관리자인 장기요양관리직원이 가정을 직접 방문하여 기능조사항목, 욕구조사항목 등을 조사하는 한편 급여를 제공하고, 이에 대한 전체적인 관리 감독을 하는 등 사례관리가 중요한 기능을 하는 보험제도라고 할 수 있다.

④ 요양급여 이용자 선택과 급여 제공기관의 경쟁

노인장기요양보험제도는 서비스급여 이용자들이 급여 제공기관을 선택할 수 있는 특징을 가지고 있다. 물론 국민건강보험과 같이 건강보험 서비스급여를 건강보험 가입자들이 자유롭게 선택하는 점에서는 다른 보험과 동일하지만, 기존 사회복지서비스는 일반적으로 서비스급여를 제공기관이 정부로부터 기능을 위임받으면서 재정적 지원을 받고, 위임받은 사회복지시설이나 기관이 서비스급여를 생산하여 서비스급여 이용자 혹은 대상자에게 제공하는 형식을 취하여 왔다. 노인장기요양 서비스급여는 사회복지 서비스급여 제공기관과는 다르게 급여 이용자들이 급여 제공기관이 생산한 요양급여서비스를 직접 선택하게 하고, 그 비용을 정부에서 제공기관에 지원하는 한편 이용자의 비용 일부를 부담케 하는 방식을 가진다. 이러한 서비스급여 전달과 비용지불방식은 사회복지 분야에 새로운 정책전략과 영향을 끼친 것으로 평가되고 있다.

(2) 유형

모든 사회복지정책과 사회보장제도를 이해하고 분석하는데 있어서 총론의 제도분석틀에서 언급한 바와 같이, 제도를 구성하는 구성요소, 즉 제도 설립의 배경과 목적, 원리, 이념 등의 환경적 부분 그리고 제도의 운영주체, 대상과 자격요건, 서비스 급여와 전달체계 그리고 재정체계 등과 같이 5가지 혹은 6가지 측면에서 다양하게 유형화가 가능하다. 여기서는 보통 재원조달과 운용을 어떻게 하느냐 하는 것과 전달체계 중 전문인력의 활용을 어떻게 하느냐 하는 2가지 측면에서 노인장기요양보험제도의 유형화와 종류를 알아본다.

① 재정체계에 따른 유형분류

노인장기요양제도를 운용함에 있어서 비용부담, 즉 재원조달과 배분을 어떻게 하느냐에 따라서 사회보험방식, 조세방식, 혼합방식이 있다. 엄격히 말해 사회보장제도는 아닐지라도 민간에게 맡겨 운영되는 민간운영방식이 있다.

사회보험방식은 국가에 의해 제도가 운영되며 강제 가입을 원칙으로 하여 보험료를 지불하는 것을 재원으로 하면서 이용자의 일부 부담을 혼합한다. 보험료의 책정은 정확한 소득통계와 사회적 위험의 총액에 대한 확률계산을 전제로 하고, 전체적 재정은 노동시장의 안정과 경제활동인구의 재생산을 통해 보험료 납부자와 사회급여 수급자 사이의 형평을 달성하기 위한 방식을 말한다(신복기, 1999: 43). 이와 같은 방식은 독일과 네덜란드 등에서 시행하고 있다.

두 번째는 조세방식 혹은 공비부담방식인데, 노인장기요양급여를 전적으로 보편주의 서비스로 제공하며, 그 비용을 국가의 비용 혹은 조세로 충당하는 방식이다. 이와 같은 방식은 영국이나 스웨덴, 덴마크 등에서 채택되고 있다.

세 번째는 혼합방식으로서 보험료와 조세를 혼합하여 비용으로 사용하는 방식으로서, 특히 보험료를 부담할 수 없는 계층을 국가에서 지원하는 측면이 있다. 이와 같은 방식은 우리나라, 일본 등에서 채택하고 있다.

② 인력활용체계에 따른 유형분류

노인장기요양보험의 대상은 일상생활을 스스로 영위하기가 어려운 질병과 장애를 가진 고령노인들이 대부분이다. 그러므로 이들이 가진 문제와 욕구는 매우 복합적이고 전문적인 성격을 지닌다. 그만큼 전문적인 인력과 서비스가 요구된다고 할 수 있다. 그러므로 이 제도에서 활용되는 인력의 운용방식에 따라 몇 가지 종류로 구분할 수 있다.

첫 번째는 전문가와 비전문가의 협력유형인데, 이는 노인장기요양급여를 필요로 하는 노인이 생활하는 지역사회에 있는 서비스 전문가와 비전문가가 협력하여 장기요양서비스를 제공하는 방식이다. 이는 다른 의미로는 지역사회모델이라도 하는데, 지역사회를 기초로 하면서 지역단위 간호사(block nurse)의 직무를 확장하는 것을 중심으로 장기요양보호체계를 설정한 것이다. 따라서 이 모형은 지역사회의 간호사를 중심으로 간호사와 비전문가가 협력하면서 장기요양서비스를 제공하는 것을 의미한다(Jemieson, 1990; 신복기, 1999. 재인용).

두 번째는 팀 사례관리모형(team case management)인데, 복합적인 만성질환을 가진 노인들에게 모든 일상생활에 필요한 보호서비스를 통합적이고, 효과적으로 제공하기 위한 모형이다. 경험을 갖춘 사회복지사와 간호사가 의사의 자문을 받으면서 팀을 형성하고, 인권보장 및 보호규정에 따라 보호대상자를 위한 건강서비스와 사회서비스를 제공하고 변화시키는 업무를 수행하는 것이다(신복기, 1999).

세 번째는 재활 및 정신건강 서비스 증진 모형이다. 복합적인 만성질환을 가진 노인은 정신건강에 대한 사정, 스트레스의 관리, 종합적인 치료계획의 수행과 소외와 낙인화의 극복 그리고 생활의 질 향상 등 많은 욕구를 가지고 있다. 그러나 가정 또는 시설에서 생활하는 경우 이러한 욕구충족을 위한 서비스를 이용하기가 어렵다. 서비스 제공자가 재활 및 정신건강서비스에 대한 전문적인 지식과 기술이 부족할 뿐만 아니라 거리, 시간 등과 같은 지역적인 문제 또는 재활 및 장기요양보호에 대한 관심부족 등으로 재활 및 정신건강서비스 이용자의 가정이나 시설의 방문을 기피하고 있기 때문이다(Mezzey, 1996; 신복기, 1999. 재인용). 따라서 재활 및 정신건강서비스 증진모형은 이러한 문제점을 해결하고 양질의 장기요양보호서비스가 필요한 사람들에게 쉽게 전달할 수 있도록 함으로써, 서비스 이용자의 재활과 정신건강을 보다 증진시켜 그들의 삶의 질을 향상하고자 하는 것이다.

2 노인장기요양보험제도

1) 제도 도입배경과 환경

(1) 도입배경과 환경

노인장기요양보험제도의 도입배경이 되는 법의 입법 배경에 대해서 법제처에서는 다음과 같이 서술하고 있다. '우리나라 인구의 고령화가 세계에서 유례가 없을 정도로 빠르게 진행됨에 따라 치매·중풍 등 일상생활이 어려운 노인들의 수도 날로 증가하고 있으나, 핵가족화·여성의 사회참여 증가 등으로 장기요양이 필요한 노인을 가정에서 돌보는 것이 어렵고 그 가정의 비용부담이 과중하여 노인장기요양 문제는 우리 사회가 시급히 해결해야 할 심각한 사회적 문제로 대두되고 있는 실정이므로, 노인의 간병·장기요양 문제를 사회적 연대원리에 따라 정부와 사회가 공동으로 해결하는 노인장기요양보험제도를 도입하여 노인의 노후생활 안정을 도모하고 그 가족의 부양부담을 덜어줌으로써 국민의 삶의 질을 향상하려는 것이다'(법제처 국가법령정보센터 홈페이지).

노인장기요양보험제도의 도입은 저출산고령화로 인한 고령인구의 증가, 이들 노인을 부양해야 하는 가족의 부양기능 약화 그리고 노인의료비의 가중을 해소하기 위함이라고 볼 수 있다. 특히 가족의 노인의료비 부담해소는 물론 급증하는 노인의료비 문제를 기존의 건강보험체계와는 별도로 노인의료비를 좀 더 체계적이고 합리적으로 관리하여 해결하려는 노력도 중요한 노인장기요양보험제도의 도입배경, 환경으로 분석된다.

노인장기요양보험제도의 도입과정에 관한 자료를 보면 이러한 배경이 잘 나타나 있다. 1999년에 노인복지전문가들이 당시 김대중 대통령에게 '노인보건복지중장기 발전계획 추진상황보고'에서 2000년 고령화사회에 진입함에 따라 노인장기요양보호의 필요성을 제시하고 기구를 만들어야 한다고 건의하면서 정부차원에서 논의하였다. 그 후 여러 논의과정을 거치면서 2000년 7월 건강보험 통합 및 의약분업 시행 이후 건강보험재정 피탄이라는 위기적 상황하에서 '건강보험재정 안정 및 의약분업 정착 종합대책'이 2001년 5월에 수립되었다. 그 일환으로써 '노인요양보험제도' 도입이 제시되었고, 점차 공론화되기 시작하였다. 이어 2001년 8월 15일 대통령 경축사에서 '노인장기요양보험제도의 도입'이 공개적으로 제시되었다(이광재, 2007).

(2) 기본원칙

노인장기요양보험제도를 시행하는 원칙은 노인장기요양보험법 제3조(장기요양급여 제공의 기본원칙)에 나와 있다. 동법 제3조에는 다음과 같이 제도시행과 관련하여 3가지 기본원칙을 규정하고 있다.

① 장기요양급여의 적정제공

장기요양급여는 노인 등의 심신상태·생활환경과 노인 등 및 그 가족의 욕구·선택을 종합적으로 고려하여 필요한 범위 안에서 이를 적정하게 제공하여야 한다고 규정하였다. 장기요양급여는 노인 등의 급여대상이 가진 심신상태·생활환경의 특성을 적절하게 고려하는 한편 노인 등 및 그 가족의 욕구·선택을 종합적으로 검토하여 필요한 범위 안에서 적정하게 제공하여야 하는 원칙을 제시하고 있다.

② 재가급여의 우선제공

장기요양급여는 재가급여, 시설급여 및 특별현금급여가 있으나, 우선적으로 재가급여를 제공하는 것을 원칙으로 하고 있는데, 이는 노인이 살고 있는 집에서 가능한 한 급여를 받는 것이 바람직할 뿐만 아니라 비용을 절감하는 방안이기 때문이다.

③ 장기요양급여의 의료서비스와 연계 제공

장기요양급여는 노인 등의 심신상태나 건강 등이 악화되지 아니하도록 의료서비스와 연계하여 이를 제공하여야 한다고 규정되어 있다. 장기요양급여는 1차적으로 돌봄(care)서비스가 위주이지만 노인의 심신상태나 건강 등이 악화되지 않도록 유념하면서 의료서비스와 연계하여 이를 제공하는 것이 바람직하다. 이런 점에서 장기요양급여는 보건, 복지 및 의료서비스 등이 연계 제공될 수 있도록 배려하여야 할 것이다.

2) 대상 및 자격요건

노인장기요양보험제도의 적용대상자는 '65세 이상의 노인 또는 65세 미만의 자로서 치매·뇌혈관성질환 등 노인장기요양법의 대통령령으로 정하는 노인성 질병을 가진 사람'이다. 이러한 사람들 중에서 '일상생활을 혼자서 수행하기 어려운 노인 등'이 국민건강보험공단에 장기요양인정신청을 할 수 있다. 장기요양인정신청인 중에서 '6개월 이상 혼자서 일상생활을 수행하기 어렵다고 인정되는 자에게 신체활동·가사활동의 지원 또는 간병 등의 서비스나 이에 갈음하여 지급하는 현금' 등을 제공한다.

좀 더 구체적으로 자격요건을 살펴보면 장기요양보험가입자 및 그 피부양자 그리고 의료급여 대상자로서 요양보험의 보험료를 부담하는 사람들로서, 65세 이상의 노인 또는 65세 미만의 자로서 치매·뇌혈관성질환 등 노인장기요양법의 대통령령으로 정하는 노인성 질병을 가진 사람이 해당된다. 이들이 공단에 노인장기요양인정 신청을 할 수 있다. 장기요양인정 신청인 중에서 6개월 이상 혼자서 일상생활을 수행하기 어렵다고 인정되는 자에게 장기요양등급판정위원회에서 장기요양인정을 받게 될 때 비로소 노인장기요양급여를 받게 된다.

이때 장기요양등급판정위원회는 1등급에서 5등급에 해당하는 심의판정을 한다. 공단 직원이 조사한 인정조사 결과 및 의사소견서 등을 참고하여 심신상태 및 장기요양이 필요한 정도 등 등급판정기준에 따라 등급판정을 한다. 이때 장기요양등급판정위원회에서 인정받은 결과를 수급자에게 장기요양등급, 유효기간, 장기요양급여의 종류 등이 기재된 '표준장기요양이용계획서'를 개별적으로 통지한다.

표 11-3 노인장기요양보험의 장기요양 등급별 수준

등급	수준
1등급	심신의 기능상태 장애로 일상생활에서 전적으로 다른 사람의 도움이 필요한 자로서 장기요양인정 점수가 95점 이상인 자
2등급	심신의 기능상태 장애로 일상생활에서 상당 부분 다른 사람의 도움이 필요한 자로서 장기요양인정 점수가 75점 이상 95점 미만인 자
3등급	심신의 기능상태 장애로 일상생활에서 부분적으로 다른 사람의 도움이 필요한 자로서 장기요양인정 점수가 60점 이상 75점 미만인 자
4등급	심신의 기능상태 장애로 일상생활에서 일정 부분 다른 사람의 도움이 필요한 자로서 장기요양인정 점수가 51점 이상 60점 미만인 자
5등급	치매(「노인장기요양보험법 시행령」 제2조의 노인성질병에 한정)환자로서 장기요양 인정 점수가 45점 이상 51점 미만인 자

자료: 국민건강보험공단(2016. 11).

노인장기요양보험의 급여신청자와 인정자의 추이 등을 살펴보면 표 11-4와 같다. 2012년의 경우 급여 신청자는 643,409명이고, 인정자는 341,788명으로 판정 대비 인정률은 69.0% 정도이다. 이때의 노인 인구 대비 인정률은 5.8%이다. 2016년 6월 말의 경우 신청자는 816,236명이고 인정자는 489,528명이며 판정 대비 인정률은 75.2% 정도이다. 이때의 노인 인구 대비 인정률은 7.2%이다.

표 11-4 노인장기요양보험 급여신청자와 인정자 추이 (단위: 명, %)

구분	2012	2015	2016.6
노인인구(65세 이상)	5,921,977	6,719,244	6,836,410
신청자	643,409	789,024	816,236
판정자(인정자+등급외)	495,445	630,757	650,681
인정자(판정 대비 인정률)	341,788(69.0%)	467,752(74.2%)	489,528(75.2%)
노인 인구 대비 인정률	5.8%	7.0%	7.2%

자료: 국민건강보험공단(2016. 11).

3) 급여

노인장기요양보험제도에서 제공하는 급여의 종류는 3가지로서 재가급여, 시설급여 및 특별현금급여 등이 있다.

첫 번째, 재가급여로서 이는 자신의 집에 거주하면서 필요한 요양급여를 받는 것을 말한다. 여기에는 방문요양, 방문목욕, 방문간호, 주야간보호, 단기보호, 기타 재가급여 등이 있다.

① **방문요양** : 장기요양요원이 수급자의 가정 등을 방문하여 신체활동 및 가사활동 등을 지원하는 장기요양급여

② **방문목욕** : 장기요양요원이 목욕설비를 갖춘 장비를 이용하여 수급자의 가정 등을 방문하여 목욕을 제공하는 장기요양급여

③ **방문간호** : 장기요양요원인 간호사 등이 의사, 한의사 또는 치과의사의 지시서(이하 '방문간호지시서')에 따라 수급자의 가정 등을 방문하여 간호, 진료의 보조, 요양에 관한 상담 또는 구강위생 등을 제공하는 장기요양급여

④ **주야간보호** : 수급자를 하루 중 일정한 시간 동안 장기요양기관에 보호하여 신체활동 지원 및 심신기능의 유지 · 향상을 위한 교육 · 훈련 등을 제공하는 장기요양급여

⑤ **단기보호** : 수급자를 보건복지부령으로 정하는 범위 안에서 일정 기간 동안 장기요양기관에 보호하여 신체활동 지원 및 심신기능의 유지 · 향상을 위한 교육 · 훈련 등을 제공하는 장기요양급여

⑥ **기타 재가급여** : 수급자의 일상생활 · 신체활동 지원에 필요한 용구를 제공하거나 가정을 방문하여 재활에 관한 지원 등을 제공하는 장기요양급여로서 대통령령으로 정하는 것

두 번째, 시설급여로서, 장기요양기관이 운영하는 「노인복지법」에 따른 노인의료복지시설(노인전문병원은 제외) 등에 장기간 동안 입소하여 신체활동

지원 및 심신기능의 유지·향상을 위한 교육·훈련 등을 제공하는 장기요양급여를 말한다.

세 번째, 특별현금급여로서, 다음에서 설명하는 바와 같은 사유가 있을 경우 특별하게 현금급여를 대신하는 급여이다.

① **가족요양비** : 아래의 사유로 인하여 수급자가 가족 등으로부터 방문요양에 상당한 장기요양급여를 받은 때 대통령령으로 정하는 기준에 따라 당해 수급자에게 가족요양비를 지급할 수 있다.

㉠ 도서·벽지 등 장기요양기관이 현저히 부족한 지역으로서 보건복지부장관이 정하여 고시하는 지역에 거주하는 자

㉡ 천재지변이나 그 밖에 이와 유사한 사유로 인하여 장기요양기관이 제공하는 장기요양급여를 이용하기가 어렵다고 보건복지부장관이 인정하는 자

㉢ 신체·정신 또는 성격 등 대통령령으로 정하는 사유로 인하여 가족 등으로부터 장기요양을 받아야 하는 자

② **특례요양비** : 공단은 수급자가 장기요양기관이 아닌 노인요양시설 등의 기관 또는 시설에서 재가급여 또는 시설급여에 상당한 장기요양급여를 받은 경우 대통령령으로 정하는 기준에 따라 당해 장기요양급여비용의 일부를 당해 수급자에게 특례요양비로 지급할 수 있다.

③ **요양병원간병비** : 공단은 수급자가 「노인복지법」에 따른 노인전문병원 또는 「의료법」에 따른 요양병원에 입원한 때 대통령령으로 정하는 기준에 따라 장기요양에 사용되는 비용의 일부를 요양병원간병비로 지급할 수 있다.

노인장기요양급여는 월 한도액 범위 안에서 제공한다. 이 경우 월 한도액은 장기요양등급 및 장기요양급여의 종류 등을 고려하여 산정한다. 소위 복지급여의 남용과 오용을 방지하며 사회적 정의에 어긋나지 않도록 보험급여를 제공하기 위해서 일정 한도를 설정하고 있다. 2017년 1월 1일 현재 재가급여의

월 한도액은 표 11-5와 같다. 즉, 낮은 등급에 해당하는 요양급여를 받을수록 월 한도액이 적다고 볼 수 있다.

표 11-5 재가급여 월 한도액(2017. 1. 1. 기준)

분류	1등급	2등급	3등급	4등급	5등급
한도액	1,252,000원	1,103,400원	1,043,700원	985,200원	843,200원

주: 방문요양, 방문목욕, 방문간호, 주야간보호, 단기보호 급여를 이용하는 경우에 적용
자료: 국민건강보험공단(2017).

그동안 제공된 노인장기요양보험의 연도별 급여 추이를 살펴보면 표 11-6과 같다. 연도별로 지속적으로 요양급여 이용자가 늘어나고 있음을 보여준다.

표 11-6 노인장기요양보험 급여제공 추이

구분/년	2011	2013	2015
급여이용수급자(명)	360,073	399,591	475,382
급여제공일수(만 일)	7,938	8,585	10,084

자료: 국민건강보험공단(2016. 6).

4) 재정

노인장기요양보험제도의 급여제공에 소요되는 재원조달은 가입자의 보험료, 국가 및 지방자치단체의 부담금 그리고 급여 이용자가 부담하는 본인일부부담금으로 이루어진다.

먼저 가입자가 내는 보험료는 국민건강보험공단에서 4대 보험료와 통합하여 징수하고 있다. 노인장기요양보험료는 건강보험료액에 장기요양보험료율을 곱하여 산정한다. 이때 장기요양보험료율은 보건복지부장관 소속의 장기요양위원회의 심의를 거쳐 대통령령으로 정하도록 되어 있다.

다음으로 국가는 매년 예산의 범위 안에서 당해 연도 장기요양보험료 예상수입액의 100분의 20에 상당하는 금액을 공단에 지원한다. 국가와 지방자치

단체는 의료급여수급권자의 장기요양급여비용 중 공단이 부담하여야 할 비용과 관리운영비의 전액을 대통령령이 정하는 바에 따라 부담하도록 법적으로 규정되어 있다.

마지막으로 본인 일부부담금은 급여내용에 따라 부담액이 달라진다. 재가급여를 받았을 경우 당해 장기요양급여비용의 100분의 15를 부담하고, 시설급여를 받았을 경우는 당해 장기요양급여비용의 100분의 20를 부담하도록 규정되어 있다. 국민기초생활수급권자는 본인일부부담금이 없으며, 국민기초생활수급권자를 제외한 의료급여수급권자 및 감경적용 대상자는 일반 수급자 본인일부부담금의 100분의 50을 감경하도록 되어 있다.

장기요양급여 이용자가 연차적으로 늘어남에 따라 급여비도 증가하고 있으며, 특히 급여이용수급자 1인당 월평균 급여비가 상당하게 증가하고 있음을 알 수 있다.

표 11-7 노인장기요양보험 급여이용자와 급여비용 추이

구분	2011	2013	2015
급여이용수급자(명)	360,073	399,591	475,382
급여제공일수(만 일)	7,938	8,585	10,084
급여비(억 원)	29,691	35,234	45,226
공단부담금(억 원)	26,882	30,830	39,816
공단부담률(%)	87.2	87.5	88.0
급여이용수급자 1인당 월평균 급여비(원)	944,916	996,714	1,057,425
급여이용수급자 1인당 월평균 공단부담금(원)	823,727	872,106	930,917

자료: 국민건강보험공단(2016. 6).

한편 요양급여별 비용은 어떻게 변화하고 있는지를 파악해보면 표 11-8과 같다. 재가급여와 시설급여에 따라 다르고 재가급여 중에서도 여러 가지 급여 종류에 따라 비용이 각기 상이하다. 이 자료를 통해서 알 수 있는 것은 노인장기요양보험제도 중 수급대상자들이 어떤 급여를 가장 많이 이용하는지를 알 수 있으며, 결국 이 급여에 대한 욕구가 가장 크고 중요하다는 사실을 짐작할 수 있다.

표 11-8 노인장기요양보험 급여 종류별 급여비용 추이

구분	2011		2013		2015	
	금액	비율	금액	비율	금액	비율
장기요양 공단부담금 계	25,882	–	30,830	–	39,816	–
재가급여	13,704	100	14,864	100	19,376	100
방문요양	11,415	83.3	11,736	79	14,809	76.4
방문목욕	712	5.2	736	4.9	723	3.7
방문간호	58	0.4	73	0.5	89	0.5
주야간보호	837	6.1	1,279	8.6	2,563	13.2
단기보호	67	0.5	150	1	154	0.8
복지용구	614	4.5	891	6	1,037	5.4
시설급여	12,178	100	15,966	100	20,441	100
노인요양시설(현행법)	5,646	46.4	12,626	79.1	17,892	87.5
노인요양시설(구법)	1,139	9.3	225	1.4	–	–
노인전문요양시설(구법)	3,111	25.5	811	5.1	–	–
노인요양공동생활가정	1,268	10.4	2,057	12.9	2,548	12.5
노인요양시설(단기보호전환)	1,014	8.3	246	1.5	–	–

자료: 국민건강보험공단(2016. 6).

한편 노인장기요양급여 중 재가급여 비용 역시 급여 내용에 따라 급여량 혹은 급여시간에 따라 다르다. 예를 들어, 방문요양의 급여비용을 살펴보면 1회 방문의 시간적 분량에 따라 비용을 책정해놓고 있는데, 이는 결국 방문요양을 통해 제공되는 급여의 양적분량과 연계하여 급여비용을 책정한 것으로 이해된다.

표 11-9 재가급여 비용 : 방문요양

분류	금액(단위: 원/방문당)							
	30분	60분	90분	120분	150분	180분	210분	240분 이상
방문요양	11,810	18,130	24,310	30,690	34,880	38,560	41,950	45,090

자료: 국민건강보험공단(2017).

반면에 노인장기요양보험의 시설급여 비용은 노인요양시설의 경우 1일 단위로 계산되며 등급별로 비용이 다르다. 동시에 노인요양시설 중 일반시설이냐 치매전담형이냐에 따라서도 급여비용이 다르다.

표 11-10 시설급여 비용(2017. 1. 1. 기준)

분류		금액(단위: 원/1일당)		
		일반	치매전담형	
			가형	나형
노인요양시설	1등급	59,330	–	–
	2등급	55,060	67,900	61,110
	3–5등급	50,770	62,610	56,350

자료: 국민건강보험공단(2017).

5) 운영 및 전달체계

(1) 운영주체

노인장기요양보험은 국가와 지방자치단체가 운영의 주체이며 보건복지부장관이 업무를 관장한다. 국가는 보험을 실제로 시행하기 위해 국민건강보험공단에 업무를 위탁하고 있다. 물론 국가와 지방자치단체는 노인질환예방사업을 실시하며 필요한 경우 「국민건강보험법」에 따른 국민건강보험공단에 대하여 이에 소요되는 비용을 지원할 수 있다.

국가 및 지방자치단체는 노인인구 및 지역특성 등을 고려하여 장기요양급여가 원활하게 제공될 수 있도록 충분한 수의 장기요양기관을 확충하고 장기요양기관의 설립을 지원한다. 또한 보건복지부장관은 노인 등에 대한 장기요양급여를 원활하게 제공하기 위하여 5년 단위로 장기요양기본계획을 수립·시행하고, 장기요양사업의 실태를 파악하기 위하여 3년마다 실태조사를 정기적으로 실시하고 그 결과를 공표하도록 되어 있다.

지방자치단체는 장기요양기본계획에 따른 세부 시행계획을 수립하고 시행하며, 노인성질환예방사업을 실시하며, 장기요양기관을 설치하고 지정할 수 있는 권한을 가진다.

보건복지부의 위탁을 받은 공법인으로서 국민건강공단은 보험자로서의 위치를 가지고 다음과 같은 요양보험의 전체 사업을 수행한다. 장기요양보험가입자 및 그 피부양자와 의료급여수급권자의 자격관리, 보험료의 부과·징수와 재정 운영, 신청인에 대한 조사, 등급판정위원회의 운영 및 장기요양등급판정, 장기요양인정서의 작성 및 표준장기요양이용계획서의 제공, 장기요양급여의 관리 및 평가, 수급자에 대한 정보제공과 안내, 상담 등 장기요양급여 관련 이

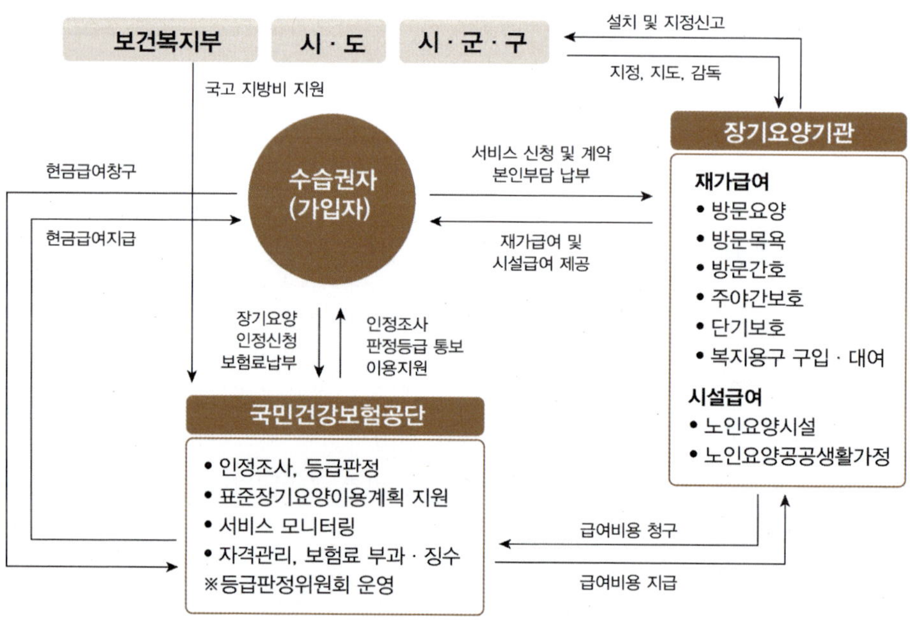

자료: 국민건강보험공단(2016. 6.).

그림 11-2 노인장기요양보험 전달체계도

용지원에 관한 사항, 재가 및 시설 급여비용의 심사 및 지급과 특별현금급여의 지급, 장기요양급여 제공내용 확인, 노인성질환예방사업, 장기요양급여의 제공기준을 개발하고, 장기요양급여비용의 적절성을 검토하기 위한 장기요양기관의 설치 및 운영 등 노인장기요양보험 업무의 전체적인 내용을 담당하고 있다(국민건강보험공단, 2016. 6. 참조).

(2) 장기요양기관 : 노인요양시설

장기요양기관은 장기요양급여를 제공하는 주체로서, 노인복지법과 노인장기요양보험법에 의거하여 설치 및 지정된다. 장기요양기관은 수급자와 계약을 체결하고 장기요양급여를 제공한다. 그리고 수급자에게 제공한 장기요양급여에 대한 비용을 공단에 청구한다.

실제로 지역사회에서 장기요양급여를 제공하는 전달체계는 결국 장기요양기관인데, 이 기관의 설치와 운영은 정부로부터 지정을 받게 되어 있다. 즉, 노인장기요양보험법에 따르면 장기요양기관을 설치·운영하고자 하는 자는 소재지를 관할 구역으로 하는 특별자치시장·특별자치도지사·시장·군수·구청장으로부터 지정을 받아야 하고, 장기요양기관으로 지정받고자 하는 자는 보건복지부령으로 정하는 장기요양에 필요한 시설 및 인력을 갖추어야 한다(동법 제31조). 다만 재가급여 중 어느 하나 이상에 해당하는 장기요양급여를 제공하고자 하는 자는 시설 및 인력을 갖추어 재가장기요양기관을 설치하고, 특별자치시장·특별자치도지사·시장·군수·구청장에게 이를 신고하여야 하며, 신고를 받은 특별자치시장·특별자치도지사·시장·군수·구청장은 신고명세를 공단에 통보하도록 규정하고 있다.

결국 장기요양기관을 설립, 운영하려면 노인복지법과 노인장기요양보험법에 규정되어 있는 시설과 인력 규정을 충족시키는 시설과 인력을 갖추고 관할 지자체에 신고하여 지정받아야 한다는 의미이다. 여기에는 재가노인복지시설, 노인요양시설, 노인요양공동생활가정 등이 포함된다.

(3) 인력

장기요양기관에서 요양급여를 실행하는 사람은 노인장기요양법에는 장기요양요원으로 규정되어 있는데, 실상은 노인복지법상 요양보호사를 말한다. 즉, 노인장기요양보험법 제2조에 '장기요양요원'이란 장기요양기관에 소속되어 노인 등의 신체활동 또는 가사활동 지원 등의 업무를 수행하는 자를 말한다고 규정되어 있다.

요양보호사는 장기요양기관인 재가복지시설이나 노인요양시설 등에서 고령으로 인한 질병, 장애, 치매, 중풍 및 와상노인 등 일상생활을 독립적으로 영위하기 어려운 사람들에게 신체활동이나 가사활동 지원 등의 업무를 전문적으로 수행하는 인력을 말한다. 노인복지법 제39조의 2에서 '노인복지시설의 설치 · 운영자는 보건복지부령으로 정하는 바에 따라, 노인 등의 신체활동 또는 가사활동 지원 등의 업무를 전문적으로 수행하는 요양보호사를 두어야 한다'고 규정하고 있다.

앞에서도 언급한 바와 같이 장기요양기관을 설치, 운영하려는 사람은 장기요양에 필요한 시설 및 인력을 갖추어야 하므로 일정 수의 요양보호사를 시설에 임용하여 활동하게 하여야 한다. 시설의 종류와 규모에 따라 적정수의 요양보호사가 필요하다는 뜻이다. 그 구체적인 내용은 표 11-11과 같다.

표 11-11 장기요양기관 종류별 요양보호사 배치기준

기관 종류		요양보호사 배치기준
노인의료복지시설	노인요양시설	입소자 2.5인당 1인
	노인요양공동생활가정	입소자 3인당 1인
재가노인복지시설	방문요양	3인 이상
	방문목욕	2인 이상
	주야보호	이용자 7인당 1인 이상
	단기보호	이용자 4인당 1인 이상

주: 노인복지법과 노인장기요양보험법 관련 조항에 근거함

Chapter 12

국민기초생활보장제도

1 국민기초생활보장의 이론적 기반

1) 빈곤대책으로서 국민기초생활보장

(1) 사회문제로서 빈곤문제

국민기초생활보장제도는 빈곤대책의 하나로서 공공부조제도에 속하는 제도이다. 그렇다면 왜 국가가 빈곤문제에 적극적으로 개입하는가? 이는 빈곤문제를 개인문제로서보다는 사회문제의 하나로 간주하기 때문이다. 과거의 빈곤문제는 개인의 나태와 미래에 대한 무계획 등으로 인한 개인적 결함과 책임으로 돌렸다. 그러나 자본주의 체제와 산업화가 진척됨에 따라 빈곤문제는 더 이상 개인의 책임이 아니라 사회문제로 성격이 규정되는 한편 국가·사회적·공식적 정책으로 대응되어야 하는 것으로 인식되었다.

따라서 오늘날 전 세계는 빈곤대책으로서 다양한 사회복지정책을 전개하고 있는데, 국민기초생활보장제도는 공공부조제도의 하나로서 거의 모든 국가에서 시행하는 제도라고 볼 수 있다. 다만 빈곤문제를 해결하기 위해서 어디까지 국가가 책임지고 개인과 가족의 의무는 무엇인가 하는 점은 국가가 가진 경험과 사정에 따라 다르다. 그러나 공통적으로 각국은 '국민적 최저선(national minimum)'을 설정하여, 국민들이 최소한 이 수준 이상의 생활을 영위할 수 있도록 각종 제도적·정책적 대응을 시도하고 있다. 바로 이 선은 경우에 따라서 '최저생계비' 혹은 '중위소득'과 같은 계량적 방법으로 구체적으로 생활을 보장하는 경향이다(현외성, 2016b).

환원하면 '국민적 최저선'은 국가·사회적으로 인간다운 생활, 최저한의 생활을 영위할 수 있는 생활의 수준을 의미하며, 국가에 따라 여러 가지 이름과 계측방법을 설정하고 있다. 우리나라는 종래 '최저생계비' 개념을 국민기초생활보장 대상자 선별기준으로 사용하였으나, 최근에는 '중위소득'으로 전환하였다. 결국 이 수준 이하는 빈곤문제에 직면한다는 것으로 생각하여 그 수준 이상으로 생활할 수 있도록 국가가 공공부조제도의 일환인 국민기초생활보장제도를 통해서 돕는다는 것으로 이해하면 된다. 그리고 빈곤 수준의 설정과 공공부조 및 국민기초생활보장에 대해서는 후술한다.

(2) 빈곤대책으로서 국민기초생활보장

공공부조는 최저한의 생활을 유지할 수 있도록 빈곤문제에 처한 국민을 돕는 사회복지제도이다. 따라서 정당한 자격요건을 가진 사람에 대하여 적어도 최저한의 삶을 유지할 수 있도록 최저생계비 혹은 중위소득 이상을 확보케 하는 제도적 장치가 바로 공공부조이며, 이 제도의 핵심이 국민기초생활보장제도이다. 그러므로 국민기초생활보장제도는 빈곤을 해결하기 위한 국가의 공식적 대책으로서, 다양한 원리와 방법 및 급여 내용 등 국민기초생활보장제도의 운용과 실시에 관한 내용을 규정하고 있다.

중요한 사항은 빈곤대책은 국가의 책무이며, 국민은 인간다운 삶을 국가로부터 보장받을 수 있는 권리, 즉 생존권이 현대복지국가를 지향하는 각국에서 기본적 권리의 하나로 인식되고 있다는 사실이다. 그동안 1963년에 제정되었던 구법인 생활보호법에는 이러한 이념이 법률의 내용에 드러나지 않았으나, 2000년 10월 1일부터 시행되고 있는 국민기초생활보장법에는 동법에 의한 급여를 받을 권리(수급권)를 권리로 인식하고, 적용대상자를 '수급권자'로 규정하고 있다. 이러한 인식의 변화는 사회복지제도 혹은 공공부조제도에 있어 매우 중대한 변화로 받아들여지고 있다.

2) 빈곤선의 결정과 국민기초생활보장의 대응

(1) 빈곤과 빈곤선의 개념

빈곤을 개념화 하는 일은 시대적으로 국가가 처한 상황과 이념에 따라, 학자들의 견해에 따라 다양하게 이루어져 왔다. 사회복지용어사전에 따르면 빈곤이란 기본적 욕구가 충족되지 않은 상태이다. 빈곤에는 다음과 같은 세 가지 유형이 있다. 첫 번째, 절대적 빈곤으로서 객관적으로 결정한 절대적 최저한도보다 미달되는 상태를 말하는데, 흔히 의식주 등 기본적 욕구를 해결하지 못하는 상태로 보고, 절대빈곤선 개념을 토대로 생존의 의미를 강조한다. 따라서 절대적 빈곤은 실질경제성장이 계속되어 그 사회의 전반적인 생활수준이 향상되면 빈곤선 이하의 생활을 하는 사람의 숫자도 감소하게 된다. 두 번째, 상대적 빈곤으로서 동일 사회 내의 다른 사람과 비교하여 적게 가지는 것을 말하는데, 이는 특정 사회의 전반적인 생활수준과 밀접히 관련된 개념이어서 경제·사회발전에 따라 정책적으로 중시되며 상대적 박탈과 불평등의 개념을 중시한다. 따라서 상대적 빈곤선은 특정 사회의 구성원 대다수가 누리는 생활수준에 못 미치는 수준을 말하는데, 이것은 특정 사회의 사회적 관습과 생활수준에 따라 크게 달라진다. 세 번째, 주관적 빈곤으로서 자신이 충분히 갖고 있지 않다고 느끼는 것을 말하는데, 이는 제3자의 판단에 의해 어떤 객관적인 수준이 정해지는 것이 아니라 개인의 주관적인 판단 수준에서 결정된다(이강훈, 2013).

각국은 빈곤문제를 해결하기 위하여 공식적으로 빈곤을 개념정의하고 그 규정된 빈곤의 범위에 포함되는 대상 혹은 인구층에 대하여 빈곤문제를 해결하기 위하여 정책적 · 제도적으로 대응하고 있다. 이 경우에 공식적으로 규정된 일정한 수준 이하의 빈곤을 말하는 경우에 그 빈곤수준을 나타내는 선을 빈곤선이라고 한다. 빈곤선을 측정하는 구체적인 기준은 소득, 소득의 분포비율, 기본욕구, 식품비율, 조사자료, 상대적 박탈, 법적 기준 등 다양하다(김영모, 2010).

(2) 빈곤선의 결정과 국민기초생활보장의 대응

우리나라의 빈곤대책으로서 국민기초생활보장제도는 최저생계비 개념에서 최근 기준 중위소득 개념으로 전환하였다. 국민기초생활보장법에 따르면 '최저생계비'란 국민이 건강하고 문화적인 생활을 유지하기 위하여 필요한 최소한의 비용으로서, 3년마다 실태조사를 통해 보건복지부장관이 계측하는 금액을 말한다. 또한 '기준 중위소득'이란 보건복지부장관이 (국민기초생활보장) 급여의 기준 등에 활용하기 위하여 중앙생활보장위원회의 심의 · 의결을 거쳐 고시하는 국민 가구소득의 중위값을 말한다. 이때 중위값이란 모든 가구의 소득을 높은 가구에서 낮은 가구로 순위를 매겨 그 한 가운데에 위치한 가구의 소득이라고 할 수 있다.

결국 우리나라 빈곤대책의 일환으로 빈곤선 이하의 계층을 대상으로 국민기초생활보장 급여를 제공하고 있는데, 이때 빈곤계층을 구분하는 기준선인 빈곤선을 기준 중위값으로 이용하고 있다. 다만 국민기초생활보장제도상의 급여를 받는 사람인 수급자 선정 및 급여 기준으로 최저생계비 기준을 활용하지 않더라도 기준 중위소득이 수급자의 최저생활을 보장하는지 여부를 확인하기 위하여 정부는 최저생계비를 3년마다 계측하고 있다.

기준 중위소득의 산정방식은 국민기초생활보장법에 따라 다음의 사항을 고려하여 중앙생활보장위원회에서 심의 · 의결을 거쳐 정하고 있다. 즉, 기초자료는 「통계법」에 따라 공표되는 우리나라 가구소득 중 '가계동향조사(농어가 포함)'를 사용하며, 3년간 우리나라 가구소득의 평균 증가율을 반영하며, 가구원수의 차이에 따라 가구소득을 조정(가구규모 균등화)한다. 2017년의 기준 중위소득은 표 12-1과 같다(보건복지부, 2017c).

표 12-1 2017년 기준 중위소득

1인 가구	2인 가구	3인 가구	4인 가구	5인 가구	6인 가구	7인 가구
1,652,931	2,814,449	3,640,915	4,467,380	5,293,845	6,120,311	6,946,776

주: 8인 이상의 기준 중위소득은 1인 증가 시 826,465원씩 증가
자료: 보건복지부(2017c).

2 국민기초생활보장제도

1) 국민기초생활보장제도 설립배경과 환경

(1) 설립배경과 환경

국민기초생활보장제도의 설립배경은 국민기초생활보장법의 입법배경에 구체적이고 공식적인 문서로 표명되어 나타난다. 1963년 이래 사회경제적 변화에 적절하게 대응하지 못한 구법인 생활보호법의 확대 개편과 함께 1997년 IMF의 경제위기로 인하여 수많은 실직자와 명예퇴직자가 발생하였다. 또한 기존의 생계유지가 어려운 저소득층을 포함한 국가 전체의 빈곤계층의 생활안정을 위하여 새로운 형태의 정책적·제도적 장치가 요구되었다. 이에 대하여 기존의 생활보호법을 골간으로 하면서 생활보호, 실업급여, 공공근로, 노숙자보호, 한시생활보호, 생업자금융자 등 사회안전망사업이 실시되었다.

그러나 많은 저소득층이 사회보장의 혜택을 전혀 받지 못하는 사각지대가 존재하여 국가가 모든 국민의 기본적인 생활을 제도적으로 보장해야 할 필요

성이 대두되었다. 여기에다 단순생계지원이 아닌 수급자의 자립자활을 촉진하는 생산적 복지 지향의 종합적 빈곤대책이 필요하였다.

이러한 배경에서 1999년 9월 7일에 국민기초생활보장법이 공포되고, 2000년 10월 1일부터 국민기초생활보장제도가 실시되기에 이르렀다.

(2) 목적

국민기초생활보장제도는 생활이 어려운 자에게 필요한 급여를 행하여 이들의 최저생활을 보장하고 자활을 조성하는 것을 목적으로 하고 있다. 이 제도는 공공부조제도의 하나로서 헌법에 규정되어 있는 국민의 생존권 보장을 위한 구체적이고 최후의 보루로서 기능하는 제도이다. 따라서 개인적 노력과 각종 사회보장제도 및 사회복지제도를 통해서 원조를 제공한 후에 최후로 최저생활을 보장하기 위해 마련된 제도로 볼 수 있다. 두 번째 목적은 가능한 한 도움을 받는 사람들이 자활, 자립할 수 있도록 돕는 것을 목적으로 하고 있다는 것이다.

2) 국민기초생활보장제도의 특성

(1) 특성

국민기초생활보장제도는 다른 사회보험제도와는 달리 무갹출로 국가에 의해 수급자에게 일방적으로 제공되는 급여를 포함하고 있다. 이것은 국민이라는 자격으로 생존권을 보장받을 수 있다는데 근거를 두고 있고, 수급권 역시 기본적 권리로 인정된다.

국민기초생활보장제도의 급여내용은 다양하지만 핵심적인 내용은 생계유지와 생활보장이라는 것에 목적을 둔다. 그러므로 경제적 급여를 기반으로 하면서 다양한 형태의 급여가 제공된다. 기초생활보장제도의 재원은 보통 일반 조세로 충당된다. 갹출금 혹은 기여금에 의해서 마련되는 사회보험제도와는 다르고 일반 조세로 충당되는 사회수당과 유사점을 가지고 있다.

(2) 급여의 기본원칙

기초생활보장제도의 운영을 규정한 국민기초생활보장법의 내용 중 '급여의 기본원칙'으로 체계화시켜 보면 다음과 같이 몇 가지로 요약할 수 있다. 급여의 기본원칙은 결국 기초생활보장제도가 기본적으로 어떤 원칙을 바탕으로 수립되었느냐 하는 물음에 답하는 것으로 볼 수 있다. 그리고 급여의 기본원칙을 기반으로 하면서 실제로 급여를 제공하는 급여의 실시원칙은 이 내용에 이어서 후술한다.

① 공공책임의 원칙

일상생활이 어려운 국민의 생존권을 보장하는 일이 국가의 책무이므로, 기초생활보장제도의 실시를 국가 혹은 공공책임으로 간주하는 것이다. 국민기초생활보장법에서 '보장기관'이라 함은 국민기초생활보장법에 의한 급여를 행하는 국가 또는 지방자치단체를 말한다고 함으로써, 공공책임을 분명히 규정하고 있다. 물론 보장기관은 다시 지역주민과 밀접하게 연관되는 지방자치단체장에게 이를 시행할 수 있도록 제도적 장치를 마련하고 있다. 또 기초생활보장제도에서 사용되는 재원은 국가와 지방자치단체가 부담하고 있는 점에서 공공책임의 원칙이 잘 드러나 있다고 하겠다.

② 최저생활보장의 원칙

기초생활보장제도에 의하여 실시되는 급여는 건강하고 문화적인 최저생활을 유지할 수 있는 수준이어야 한다. 구체적인 급여의 기준은 보건복지부장관이 수급자의 연령 · 가구규모 · 거주지역 · 기타 생활여건 등을 고려하여 급여의 종류별로 정한다.

기초생활보장제도는 모든 국민이 건강하고 문화적인 최저생활을 유지할 수 있도록 돕는 것을 원칙으로 하고 있음을 명백히 규정하고 있다. 물론 이러한 최저생활의 보장은 우리나라 헌법에서 말하는 '인간다운 생활'을 이어받은 보다 구체적인 내용으로 해석되지만, 과연 어떤 수준과 내용이 건강하고 문화적인 최저생활을 의미하는 것인지를 밝히는 일은 쉽지 않다. 다만 보건복지부장관 또는 소관 중앙행정기관의 장은 급여의 종류별 수급자 선정기준 및 최저보장 수준을 결정하여야 하는데, 매년 8월 1일까지 중앙생활보장위원회의 심의·의결을 거쳐 다음 연도의 급여의 종류별 수급자 선정기준 및 최저보장 수준을 공표하여야 한다.

③ 보충성의 원리

기초생활보장제도에 의한 급여는 수급자가 자신의 생활의 유지·향상을 위하여 그 소득·재산·근로능력 등을 활용하여 최대한 노력하는 것을 전제로 이를 보충, 발전시키는 것을 기본원칙으로 하게 되어 있다.

자본주의 사회에서 생활의 자기책임 혹은 사적자치의 원칙은 당연한 것이고, 때로는 부양의무자로 하여금 최대한 부양하도록 한 다음, 이러한 노력이 실패로 돌아갔을 때 비로소 국가가 보충적으로 지원하는 것이 정당하다. 그래서 국민기초생활보장법에서는 '타법우선의 원칙'이 중요한 기본원칙으로 자리잡고 있다.

다른 한편 수급자가 자신의 생활유지를 위해 최선의 노력을 하였는지를 판단하기 위하여 행하여지는 자산조사(means test)는 이러한 배경에서 마땅히 이루어져야 하는 것이고, 다만 그 과정에서 수치심(stigma)이나 인격의 손상을 입지 않도록 해야 할 것이다.

④ 타법우선의 원칙

부양의무자의 부양과 기타 다른 법령에 의한 보호는 국민기초생활보장법에 의한 급여에 우선하여 행하여지는 것으로 한다. 특히 민법에 의한 부양의무자의 부양을 우선시 하고 그 다음에 국민기초생활보장법의 급여를 받을 수 있다는 것은 타법우선의 원칙을 잘 드러내는 부분이다. 물론 다른 법령에 의한 보호의 수준이 국민기초생활보장법에서 정하는 수준에 이르지 아니하는 경우에는, 나머지 부분에 관하여 이 법에 의한 급여를 받을 권리를 잃지 아니하는 규정 역시 타법우선의 원칙을 훼손하지 않는 것으로 수용될 수 있다.

⑤ 자립조장원리

국민기초생활보장법의 목적에서도 명확하게 밝히고 있듯이 자활과 자립은 동법의 급여원칙에 중요한 요소로 받아들여진다. 또 동법에서 자립조장을 직접 목적으로 하는 것은 자활급여이지만 다른 급여 역시 궁극적으로 자립을 조장하는 방향으로 운용되어야 할 것이다. 그것은 인간의 삶의 질이란 의존적인 것보다는 자신이 스스로 노력하여 생활하는 것이 보다 높다는 인식뿐만 아니라, 사회적 차원의 정의롭고 효율적 배분을 위해서도 당연한 것이다.

⑥ 무차별 평등원리

국민기초생활보장법의 요건을 충족하는 한 급여는 평등하게 행하여져야 하며, 생활빈곤의 주관적 원인(태만이나 소행불량 등)을 묻지 않고 생활유지가 어려운 상태라는 객관적 요건만 있으면 되는 것이다. 수급권은 신조, 성별, 사회적 신분에 따른 차별이 없어야 함은 당연한 요청이다.

무차별평등의 원리는 국민기초생활보장법상의 급여를 받을 자격이 평등하게 있다는 원리이지만, 실제로 급여를 제공하는 과정에서 급여수준은 차등적으로 제공된다. 다만 국민기초생활보장법에 의하여 보장된 수준은 최저생활을 유지한다는 측면에서 무차별 평등원리가 결과적으로 실현되기도 한다(현외성, 2016b).

(3) 급여실시의 기준

국민기초생활보장제도의 급여를 실제로 제공하는 과정에서 고려해야 할 기본적인 사항과 국민기초생활보장법에서 규정하고 있는 내용을 중심으로 살펴보면 다음과 같이 정리할 수 있다.

① 급여의 기본수준

급여제공에 있어서 검토되어야 할 사항 중 가장 중요한 점은 급여의 기본적 수준이 어떠해야 하는가 하는 점이다. 국민기초생활보장법에는 이 법에 의한 급여는 '건강하고 문화적인 최저생활'을 유지할 수 있는 것이어야 한다고 정하여져 있듯이, 생존권을 확보할 수 있는 수준이어야 함은 당연하다. 다만 건강하고 문화적인 최저생활의 구체적 내용과 선이 무엇인가는 보건복지부장관이 수급자의 연령·가구규모·거주지역, 기타 생활여건 등을 고려하여 급여의 종류별로 정하게 되어 있다. 이때 '최저생계비'와 '기준 중위소득' 개념이 활용된다. '최저생계비'란 국민이 건강하고 문화적인 생활을 유지하기 위하여 필요한 최소한의 비용으로서, 국민기초생활보장법에 따라 보건복지부장관이 3년마다 실태조사를 통해 계측하는 금액을 말한다. 반면에 '기준 중위소득'이란 보건복지부장관이 급여의 기준 등에 활용하기 위하여 동법에 따른 중앙생활보장위원회의 심의·의결을 거쳐 고시하는 국민 가구소득의 중위값을 말한다.

② 급여의 개별화

급여는 수급자의 욕구와 문제 등 수급자가 처한 상황을 개별화하여 적절한 내용과 수준으로 제공되어야 한다. 이를 위해 국민기초생활보장법에서는 연령과 가구규모 등 제반 여건을 감안하여 급여를 제공하고 거기에 맞게 급여종류를 결정한다. 이 과정에서 수급자의 조사, 결정은 국민기초생활보장법의 규정에 따르지만, 현실적으로 복잡하고 어려운 사례가 발생하는데, 이때 사회복지 전문가인 사회복지 전담공무원의 자유재량적 개입이 중요하다. 국민기초생활보장법상의 수급권자의 신청주의를 원칙으로 하면서도, 사회복지 전담공무원의 직권신청을 인정하고 있는 배경은 바로 이러한 이유에서이다.

어떤 학자는 이러한 내용을 '필요즉응의 원칙'으로 표현하기도 하지만, 저자는 수급자가 처한 다양하고 복잡한 욕구나 문제에 적절하게 대응하여 급여를 제공해야 한다는 의미에서 급여의 '개별화'라고 표현하고자 한다. 필요즉응의 원칙은 수급자가 가진 욕구 혹은 필요에 맞게 급여를 제공한다는 측면보다는 시간적 측면에서 즉각적으로 생활을 보장해야 한다는 면이 강하게 부각되는 경향이 있지만, 급여의 개별화는 급여제공의 시간적 측면과 함께 욕구의 다양성과 상황의 특수성을 감안한다는 면에서 급여의 개별화를 선택하였다. 또 다른 측면에서 사회복지 실천 전반에 널리 인정되는 개별화의 원리가 바로 법적·제도적 실천에서도 유용하게 응용될 수 있다는 견지에서 개별화를 선택하였다(현외성, 2016b).

③ 개별가구 단위 급여

국민기초생활보장법상의 급여제공은 원칙적으로 개별가구를 단위로 행하되, 필요하다고 인정하는 경우에는 개인을 단위로 행할 수 있도록 규정하였다. 가능한 한 가족을 통합하는 측면에서 가족 중심으로 사회복지 실천이 이루어지는 것이 현실적이고 이상적으로도 바람직하기 때문이다. 또 동시에 가족구성원 중 부양의무자를 발견하고 가족구성원이 스스로 어려움을 극복할 수 있도록 지원하는 것이 필요하기 때문이다.

④ 신청주의 급여

급여는 당연히 수급권자와 관계자가 신청하여 제공받는 신청주의를 원칙으로 하고 있다. 국민기초생활보장법에는 수급권자와 그 친족, 기타 관계인은 관할 시장·군수·구청장에게 수급권자에 대한 급여를 신청할 수 있다고 규정하고 있다. 그러나 예외적으로 수급권자에 대한 급여를 필요로 하는 자가 누락되지 아니하도록 하기 위하여, 사회복지 전담공무원은 관할지역 내에 거주하는 수급권자에 대한 급여를 직권으로 신청할 수 있다. 이 경우 수급권자의 동의를 구하여야 하며 이를 수급권자의 신청으로 볼 수 있다고 하였다.

3) 대상 및 자격요건

(1) 수급권자와 수급자

① 개념과 범위

국민기초생활보장제도의 보호대상은 수급권자 및 수급자이다. 수급권자란 국민기초생활보장법에 의한 급여를 받을 수 있는 자격을 가진 자이고, 수급자란 국민기초생활보장법에 의해 급여를 받는 자를 말한다. 즉, 수급자란 수급권자가 급여수급을 신청하여 일정한 자산조사 등의 자격요건 조사과정을 거쳐, 실제로 급여를 받는 사람을 말한다.

이때 수급자 선정기준은 부양의무자가 없거나, 부양의무자가 있어도 부양능력이 없거나 부양을 받을 수 없는 사람으로서 소득인정액이 급여종류별 선정기준 이하인 사람이다. 다만 동법에 따라 교육급여는 부양의무자의 부양능력 판정기준을 적용하지 않는다. 또한 '소득인정액'이란 보장기관이 급여의 결정 및 실시 등에 사용하기 위하여 산출한 개별가구의 소득평가액과 재산의 소득환산액을 합산한 금액을 말한다. 구체적으로 국민기초생활보장제도의 급여를 받는 수급자인 보장가구는 소득인정액이 급여종류별로 다음과 같은 경우이다. 생계급여는 기준 중위소득 30% 이하, 의료급여는 기준 중위소득 40% 이하, 주거급여는 기준 중위소득 43% 이하, 교육급여는 기준 중위소득 50% 이하일 때 수급자가 된다(보건복지부, 2017c). 2017년 현재 가구규모별, 급여종류별 수급자 선정기준을 알아 보면 표 12-2와 같다.

표 12-2 2017년 가구규모별, 급여종류별 수급자 선정기준

가구규모	1인 가구	2인 가구	3인 가구	4인 가구	5인 가구	6인 가구	7인 가구
생계급여 선정기준 (기준 중위소득 30% 이하)	495,879	844,335	1,092,274	1,340,214	1,588,154	1,836,093	2,084,033
의료급여 선정기준 (기준 중위소득 40% 이하)	661, 172	1,125,780	1,456,366	1,786,952	2,117,538	2,448,124	2,778,710
주거급여 선정기준 (기준 중위소득 43% 이하)	710, 760	1,210,213	1,565,593	1,920,973	2,276,353	2,631,733	2,987,113
교육급여 선정기준 (기준 중위소득 50% 이하)	826,465	1,407,225	1,820,457	2,233,690	2,646,923	3,060,155	3,473,388

주: 생계급여 수급자 선정기준 기준 중위소득 30%는 동시에 생계급여 지급기준에 해당
8인 이상 가구의 급여별 선정기준 : 1인 증가 시마다 7인 가구 기준과 6인 가구 기준의 차이를 7인 가구 기준에 더하여 산정
8인 가구 생계급여 수급자 선정기준 : 2,331,973원 = 2,084,033원(7인 기준) + 247,940원(7인 기준 6인 기준)
자료: 보건복지부(2017c).

② 수급자의 권리와 의무

수급권자의 권리는 수급자에 대한 급여는 정당한 사유없이 이를 불리하게 변경할 수 없고(급여변경의 금지), 수급자에게 지급된 수급품과 이를 받을 권리는 압류할 수 없도록 하였다(압류금지).

반면에 수급자는 급여를 받을 권리를 타인에게 양도할 수 없고(양도금지), 수급자는 거주지역, 세대의 구성 또는 임대차 계약내용이 변동되거나 기타 부양의무자 및 수급권자에 관한 제반 사항(동법 제22조제1항 각 호의)이 현저하게 변동되었을 때에는 지체 없이 관할 보장기관에 신고하여야 한다(신고의 의무).

(2) 소득인정액

'소득인정액'이란 국민기초생활사업을 관장하는 보장기관이 급여의 결정 및 실시 등에 사용하기 위하여, 산출한 개별가구의 소득평가액과 재산의 소득환산액을 합산한 금액을 말한다. 개별가구의 소득평가액은 개별가구의 실제소득에도 불구하고 보장기관이 급여의 결정 및 실시 등에 사용하기 위하여 산출한 금액으로, 다음의 소득을 합한 개별가구의 실제 소득에서 장애・질병・양육 등 가구 특성에 따른 지출요인, 근로를 유인하기 위한 요인, 그 밖에 추가적인 지출요인에 해당하는 금액을 감하여 산정한다. 즉, 근로소득, 사업소득, 재산소득, 이전소득 등을 말한다.

또한 재산의 소득환산액은 개별가구의 재산가액에서 기본재산액(기초생활의 유지에 필요하다고 보건복지부장관이 정하여 고시하는 재산액을 말한다) 및 부채를 공제한 금액에 소득환산율을 곱하여 산정한다. 이 경우 소득으로 환산하는 재산의 범위는 다음과 같다. 즉, 일반재산(금융재산 및 자동차를 제외한 재산을 말한다), 금융재산, 자동차 등을 말한다. 그리고 실제소득, 소득평가액 및 재산의 소득환산액의 산정을 위한 구체적인 범위・기준 등은 이 법의 대통령령으로 정하게 되어 있다.

(3) 차상위계층

국민기초생활보장대상자와 유사하게 일종의 빈곤계층에 속하는 집단을 정부에서는 빈곤해결을 위해 차상위계층으로 개념화 하여 빈곤대응책을 실행하고 있다. '차상위계층'이란 수급권자(국민기초생활보장법상 수급권자로 보는 사람은 제외한다)에 해당하지 아니하는 계층으로서 소득인정액이 대통령령으로 정하는 기준 이하인 계층을 말하는데, 구체적으로는 소득인정액이 기준 중위소득의 100분의 50 이하인 사람을 말한다.

4) 급여

사회복지 사회보장에서 급여는 욕구와 문제를 가진 사람들의 그것을 해결하기 위해 제공하는 각종 사회적 자원을 말한다. 급여는 흔히 현금과 현물로 대별하지만, 보다 전문적으로 구별하면 현금, 물품, 신용, 서비스, 권력 및 기회 등으로 나누어진다(Gilbert & Specht, 1998; 현외성, 2000).

국민기초생활보장제도는 급여의 내용에 따라 생계급여, 주거급여, 의료급여, 교육급여, 해산급여, 장제급여, 자활급여 등 7가지로 구분하고, 의료급여는 의료보호법에 따라서 급여를 실시하고 있다.

(1) 생계급여

생계급여란 수급자에게 의복 · 음식물 및 연료비, 기타 일상생활에 기본적으로 필요한 금품을 지급하는 것을 말한다. 생계급여액은 생계급여 최저보장수준(대상자 선정기준)에서 가구의 소득인정액을 차감한 금액을 제공한다. 2017년도 생계급여 선정기준, 즉 생계급여 최저보장수준을 살펴보면 다음과 같다.

일반수급자에게 급여지급은 금전지급을 원칙으로 하면서 수급자가 신청한 계좌에 시장 · 군수 · 구청장이 사회보장정보시스템을 통하여 직접 입금 조치한다. 생계급여는 수급자의 주거에서 가구단위로 실시하되, 경우에 따라서 보장시설이나 타인의 가구에 위탁하여 급여도 가능하다.

조건부수급자로 결정된 자에게는 자활지원계획에 따라 자활에 필요한 사업에 참가할 것을 조건으로 생계급여를 실시한다(조건부 생계급여). 또한 수급자로 보장결정 이전에 긴급히 생계급여를 지급하여야 할 필요가 있는 경우(긴급 생계급여) 시장 · 군수 · 구청장이 직권으로 긴급 생계급여를 실시할 수 있다.

표 12-3 2017년도 생계급여 최저보장수준 및 선정기준 (단위: 원)

가구규모	1인 가구	2인 가구	3인 가구	4인 가구	5인 가구	6인 가구	7인 가구
기준 중위 소득(A)	1,652,931	2,814,449	3,640,915	4,467,380	5,293,845	6,120,311	6,946,776
생계급여 선정 및 급여기준 (A의 30%)	495,879	844,335	1,092,274	1,340,214	1,588,154	1,836,093	2,084,033

주: 8인 이상 가구의 선정 및 급여기준 : 7인 가구 생계급여 선정기준액에서 6인 가구 생계급여 선정기준액을 차감한 금액인 247,940원을 추가함(8인 가구 생계급여 선정기준액 2,331,973원)
자료: 보건복지부(2017c).

(2) 주거급여

주거급여는 수급자에게 주거 안정에 필요한 임차료, 수선유지비, 그 밖의 수급품을 지급하는 것으로 한다.

주거급여는 국민기초생활보장제도의 과거의 제도인 생활보호사업에는 없던 급여로서, 국민기초생활보장제도에서 신설된 급여이다. 그동안 우리나라의 빈곤한 가구에서 생활비 중 주거비가 차지하는 비중이 매우 높았고, 빈곤의 원인으로서 과중한 주거비 문제가 늘 언급되었다. 따라서 과거 생활보호사업의 문제점이나 정책대안으로서 주거급여 문제가 제기되었고, 이에 따라 새롭게 주거급여가 신설되었다.

(3) 교육급여

교육급여는 수급자에게 입학금 · 수업료 · 학용품비 · 기타 수급품을 지원하는 급여이다. 현대사회에서 교육은 삶의 질을 결정하는 경향이 있다. 부모의 빈곤으로 인하여 자녀들이 교육을 받을 수 없는 상태가 유발되지 않도록 사회보장제도를 통하여 교육급여를 제공하여, 빈곤의 대물림을 해소하려는 목적이 바탕이 되고 있다.

(4) 의료급여, 해산급여 및 장제급여

의료급여는 수급자에게 건강한 생활을 유지하는 데 필요한 각종 검사 및 치료 등을 지급하는 것으로 하며, 수급자에게 조산(助産), 분만 전과 분만 후에 필요한 조치와 보호의 급여를 실시하는 것으로 한다. 또한 장제급여는 수급자가 사망한 경우 사체의 검안(檢案) · 운반 · 화장 또는 매장, 그 밖의 장제조치를 하는 것으로 한다.

(5) 자활급여

자활급여는 수급자의 자활을 조성하기 위하여 다음과 같은 급여를 행하는 것이다. 자활에 필요한 금품의 지급 또는 대여, 자활에 필요한 근로능력의 향상 및 기능습득의 지원, 취업알선 등 정보의 제공, 자활을 위한 근로기회의 제공, 자활에 필요한 시설 및 장비의 대여, 창업교육, 기능훈련 및 기술 · 경영지도 등 창업지원, 자활에 필요한 자산형성 지원, 그 밖에 대통령령으로 정하는 자활을 위한 각종 지원 등이다. 자활급여는 관련 공공기관 · 비영리법인 · 시설과 그 밖에 대통령령으로 정하는 기관에 위탁하여 실시할 수 있다. 이 경우 그에 드는 비용은 보장기관이 부담한다.

5) 운영자 및 전달체계

(1) 보장기관

국민기초생활보장제도에 따른 급여를 행하는 국가 또는 지방자치단체를 보장기관이라 하는데, 이는 결국 국민기초생활보장제도를 실시하는 최종 책임자를 말하는 것으로 볼 수 있다. 그러나 실제로 급여는 원칙적으로 수급권자 또는 수급자의 거주지를 관할하는 특별시장 · 광역시장 · 도지사와 시장 · 군수 · 구청장이 행한다. 교육급여의 경우에는 특별시 · 광역시 · 특별자치시 · 도 · 특별자치도의 교육감이 책임자이다.

보건복지부장관과 시 · 도지사는 수급자를 각각 국가 또는 당해 지방자치단체가 경영하는 보장시설에 입소하게 하거나 다른 보장시설에 위탁하여 급여를 행할 수 있다.

보장기관은 소위 사회복지 전달체계를 통하여 국가와 지방자치단체로부터 보장시설을 통하여 때로는 직접 수급자에게 급여가 제공된다.

(2) 보장시설

보장시설은 국민기초생활보장법제도의 급여를 행하는 사회복지사업법에 의한 사회복지시설 중 대통령령이 정하는 시설을 말한다. 따라서 여기서 말하는 사회복지시설에는 장애인시설, 양로시설 및 노인의료복지시설, 아동복지시설 및 종합시설, 정신질환자사회복귀시설 및 정신요양시설, 부랑인보호를 위한 시설을 포함한 다양한 사회복지시설을 의미한다.

보장시설은 대개 사회복지법인 형태로 설립, 운영되는 경우가 많으며, 설립과 운영의 주체는 민간과 공공으로 구분할 수 있다. 오늘날에는 거의 민간 차원에서 설립 · 운영하되, 국가의 재정적 지원이 중추적인 재원이 되고 있다. 이것은 국가 혹은 지방자치단체가 수행해야 하는 빈곤대책 혹은 인간다운 생활의 보장을 민간시설에 위탁 운영하고 있으므로, 국가 또는 지방자차단체가 재정적 지원을 해야 함은 지극히 당연한 일이다(현외성, 2016b).

이러한 보장시설의 장은 급여제공과 관련하여 다음과 같은 의무를 진다.

첫 번째, 보장시설의 장은 보장기관으로부터 수급자에 대한 급여를 위탁받은 때에는 정당한 사유없이 이를 거부하여서는 아니 된다. 두 번째, 위탁받은 수급자에게 보건복지부장관이 정하는 최저기준 이상의 급여를 행하여야 한다. 세 번째, 수급자에게 급여를 행함에 있어서 성별, 신앙 또는 사회적 신분 등을 이유로 차별대우를 하여서는 안 된다. 네 번째, 급여를 행함에 있어 수급자의 자유로운 생활을 보장하여야 한다. 다섯 번째, 위탁받은 수급자에게 종교상의 행위를 강제하여서는 아니 된다.

(3) 생활보장위원회

국민기초생활보장제도에 의한 생활보장사업의 기획·조사·실시 등에 관한 사항을 심의·의결하기 위하여 보건복지부와 특별시·광역시·도('시·도') 및 시·군·구(자치구를 말한다)에 각각 생활보장위원회를 두고 있는데, 각각의 생활보장위원회의 역할과 구성 등을 알아보면 다음과 같다.

① 중앙생활보장위원회

보건복지부에 두는 생활보장위원회를 중앙생활보장위원회라 하는데, 이 위원회는 다음의 사항을 심의·의결한다. 기초생활보장 종합계획의 수립, 소득인정액 산정방식과 기준 중위소득의 결정, 급여의 종류별 수급자 선정기준과 최저보장수준의 결정, 급여기준의 적정성 등 평가 및 실태조사에 관한 사항, 급여의 종류별 누락·중복, 차상위계층의 지원사업 등에 대한 조정, 자활기금의 적립·관리 및 사용에 관한 지침의 수립, 그 밖에 위원장이 회의에 부치는 사항 등이다.

중앙생활보장위원회는 위원장을 포함하여 16명 이내의 위원으로 구성하고, 위원은 보건복지부장관이 다음의 어느 하나에 해당하는 사람 중에서 위촉·지명하며 위원장은 보건복지부장관으로 한다. 공공부조 또는 사회복지와 관련된 학문을 전공한 전문가로서 대학의 조교수 이상인 사람 또는 연구기관의 연구원으로 재직 중인 사람 5명 이내, 공익을 대표하는 사람 5명 이내, 관계 행정기관 소속 3급 이상 공무원 또는 고위공무원단에 속하는 일반직공무원 5명 이내 등이다.

② 시·도 및 시·군·구 생활보장위원회

시·도 및 시·군·구 생활보장위원회의 위원은 시·도지사 또는 시·군·구청장이 사회보장에 관한 학식과 경험이 있는 자, 공익을 대표하는 자, 관계행정기관 소속의 공무원 중에서 위촉·지명하며 위원장은 당해 시·도지사 또는 시·군·구청장으로 한다.

(4) 시·군·구, 읍·면·동의 역할

국민기초생활보장제도는 지역주민이 사는 시·군·구, 읍·면·동의 사회복지 관련 업무부서에서 실행되므로 급여 제공도 여기서 이루어진다. 중앙정부에서 광역시로 그리고 기초자치단체인 시·군·구, 읍·면·동의 담당부서로 업무가 위탁되어 급여는 여기에서 실제로 제공된다. 이 부분에 대하여 설명하면 다음과 같다(보건복지부, 2017. 참조).

① 읍·면·동 : 대민 서비스 창구

읍·면·동은 국민기초생활보장과 관련된 업무의 상담·신청안내, 신청·접수, 지원이 필요한 가구 발굴, 찾아가는 서비스 기능을 강화하는 활동을 한다. 생계급여·의료급여·주거급여 및 교육급여의 신청·접수와 관련된 사항은 읍·면·동에서 업무를 처리한다. 다만 민원인의 상황 등에 따라 통합조사관리팀, 사업팀도 처리할 수 있도록 되어 있다.

② 시·군·구(통합조사관리팀)

국민기초생활보장 급여 신청자에 대한 자산조사, 자격관리를 맡고 있다. 자산조사가 필요한 사업의 신규 신청자 조사 및 선정, 변동사항 적용 및 관리, 확인조사 업무를 통합조사관리팀에서 전담하여 자산조사 및 자격관리를 일원화하였다.

③ 시·군·구(급여종류별 보장팀)

국민기초생활보장제도의 자산조사 이후 수급(권)자 보장 결정 및 급여지급,

이의신청, 부정수급통보, 보장비용 징수 등 보장결정 이후 등의 업무를 수행한다. 다만 교육급여 수급자의 보장기관은 시·도교육감으로 교육급여와 관련된 보장결정, 결정 통지, 급여지급 등 사업팀의 역할에 해당하는 사항은 교육급여 지침에 따라 업무를 처리하게 된다.

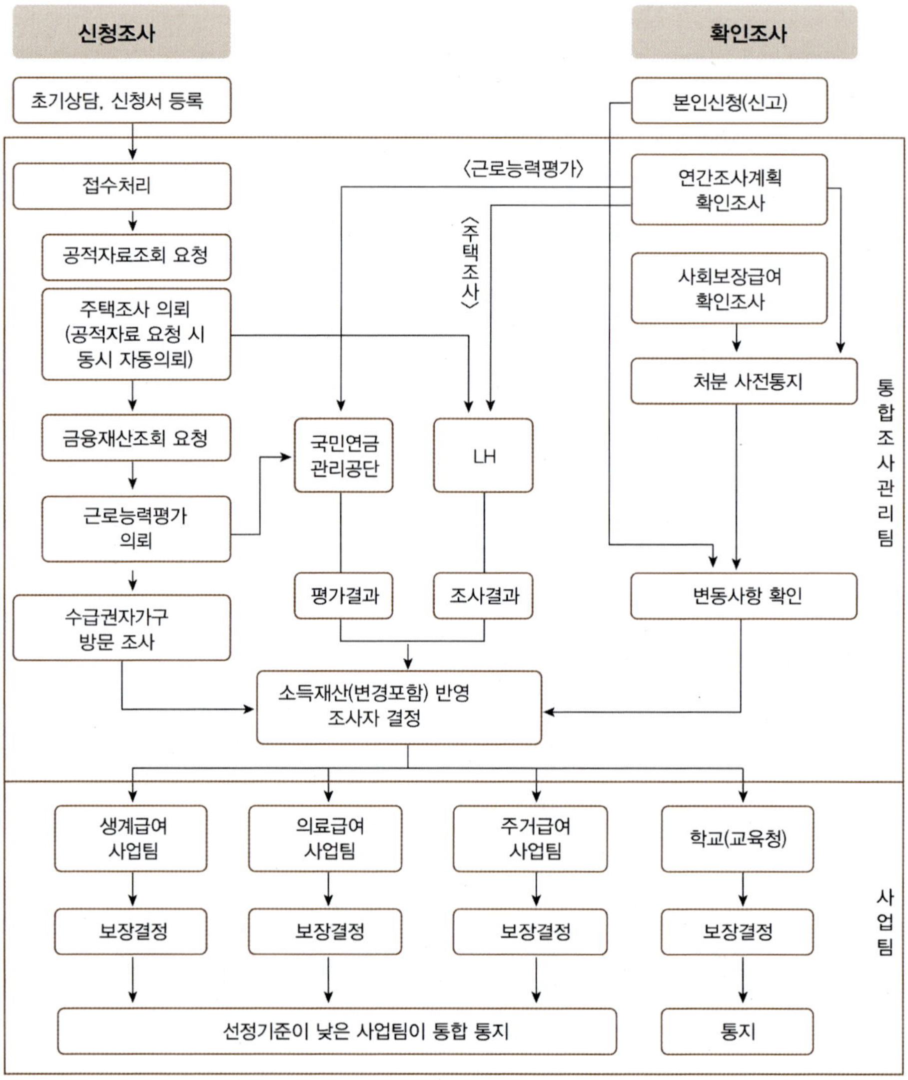

자료: 보건복지부(2017c).

그림 12-1 국민기초생활보장사업 업무과정

6) 재정: 비용

(1) 의 미

모든 사회보장제도의 실시에는 비용이 필요한데, 비용의 조달과 배분을 재정이라고 한다. 비용의 조달방법과 부담에는 국가에 따라 다양한 형태가 있고, 조달된 재원의 배분형태도 국가의 사정에 따라 다양하다. 대개 국민기초생활보장제도는 공공부조제도로서 일반 조세를 통한 재원조달이 주류를 이루고, 부담은 국가와 지방자치단체가 분담하는데, 그 비율 역시 나라에 따라 각기 상이하다. 대략 중앙정부가 지방정부에 비하여 상대적으로 많이 부담하는 경향이지만, 점진적으로 부담의 중심이 지방자치단체로 이행하는 경향을 보이기도 한다(현외성, 2016b).

(2) 보장비용과 부담구분

국민기초생활보장제도에서 말하는 보장비용은 보장업무에 소요되는 인건비와 사무비, 생활보장위원회 운영에 소요되는 비용, 제반 급여실시 비용과 자활공동체 관련 비용, 기타 보장업무에 소요되는 비용 등을 말한다.

국가, 광역자치단체 및 기초자치단체가 부담하는 국민기초생활보장제도의 비용의 부담 구분은 동법에 다음과 같이 규정되어 있는데, 이는 국가간 비용분담을 말한다.

① 국가 또는 시 · 도가 직접 수행하는 보장업무에 드는 비용은 국가 또는 해당 시 · 도가 부담힌다.

② 시 · 군 · 구가 수행하는 보장업무에 드는 비용 중 보장업무에 드는 인건비와 사무비, 생활보장위원회의 운영에 드는 비용은 해당 시 · 군 · 구가 부담한다.

③ 시 · 군 · 구가 수행하는 보장업무에 드는 비용 중 인건비와 사무비, 생활보장위원회의 운영에 드는 비용을 제외한 비용은 시 · 군 · 구의 재정여

건, 사회보장비 지출 등을 고려하여 국가, 시 · 도 및 시 · 군 · 구가 다음의 기준에 따라 차등하여 분담한다.

- 국가는 시 · 군 · 구 보장비용의 총액 중 100분의 40 이상 100분의 90 이하를 부담한다.
- 시 · 도는 시 · 군 · 구 보장비용의 총액에서 가목의 국가부담분을 뺀 금액 중 100분의 30 이상 100분의 70 이하를 부담하고, 시 · 군 · 구는 시 · 군 · 구 보장비용의 총액 중에서 국가와 시 · 도가 부담하는 금액을 뺀 금액을 부담한다. 다만 특별자치시 · 특별자치도는 시 · 군 · 구 보장비용의 총액 중에서 국가가 부담하는 금액을 뺀 금액을 부담한다.

이러한 기준에 따라 국가는 매년 국민기초생활보장법에 따른 보장비용 중 국가부담 예정 합계액을 각각 보조금으로 지급하고, 그 과부족(過不足) 금액은 정산하여 추가로 지급하거나 반납하게 한다.

또한 시 · 도는 매년 시 · 군 · 구에 대하여 국가의 보조금에, 시 · 도의 부담 예정액을 합하여 보조금으로 지급하고, 그 과부족 금액은 정산하여 추가로 지급하거나 반납하게 한다.

(3) 보장기금의 적립

국민기초생활보장제도에 의한 보장비용의 재원에 충당하기 위하여 보장기관은 일정한 금액과 연한을 정하여 보장기금을 적립하여 사용한다.

(4) 비용의 징수

수급자에게 부양능력을 가진 부양의무자가 있음이 확인된 경우 보장비용을 지급한 보장기관은 생활보장위원회의 심의 · 의결을 거쳐 그 비용의 전부 또는 일부를 그 부양의무자로부터 부양의무의 범위에서 징수할 수 있다. 이는 사회보장제도가 마땅히 도와야 할 시민의 생존권을 보장하지만, 한편으로는 자본주의 사회에서 개인의 '사적 자치의 원칙'을 훼손하지 않도록 할 뿐만 아니라 성실하게 일한 시민들이 납부한 세금에 무임승차하는 '도덕적 해이'를 방지하게 함으로써 사회적 공평과 정의를 실현하려는 목적에서 당연한 조치라 할 수 있다.

또한 속임수나 그 밖의 부정한 방법으로 급여를 받거나 타인으로 하여금 급여를 받게 한 경우에는 보장비용을 지급한 보장기관은 그 비용의 전부 또는 일부를 그 급여를 받은 사람(부정수급자) 또는 급여를 받게 한 자로부터 징수할 수 있다. 징수할 금액은 각각 부양의무자 또는 부정수급자에게 통지하여 징수하고, 부양의무자 또는 부정수급자가 이에 응하지 아니하는 경우 국세 또는 지방세 체납처분의 예에 따라 징수한다. 부정수급자에 대한 급여비용의 강력한 징수는 탈법적·위법적 행위 자체도 처벌받아 마땅하고, 또한 정부의 공금을 부정한 방법으로 수급한 것에 당연한 대응으로 간주할 수 있다. 공공의 이익을 위해, 개인의 생존권 확보를 위해 사회보험제도에 대한 강제가입과 조세징수를 국가가 수행하는 만큼 부정한 방법으로 사회보장제도의 비용을 낭비한 개인적 행위에 대하여 엄격하게 대응하여, 국세 또는 지방세 체납처분의 사례에 따라 그 강제징수는 당연한 것이라 할 수 있다.

(5) 반환명령

보장기관은 급여의 변경 또는 급여의 정지·중지에 따라 수급자에게 이미 지급한 수급품 중 과잉지급분이 발생한 경우에는 즉시 수급사에 대하여 그 전부 또는 일부의 반환을 명하여야 한다. 다만 이미 이를 소비하였거나 그 밖에 수급자에게 부득이한 사유가 있을 때에는 그 반환을 면제할 수 있다.

시장·군수·구청장이 긴급급여를 실시하였으나 조사 결과에 따라 급여를 실시하지 아니하기로 결정한 경우 급여비용의 반환을 명할 수 있다.

Chapter 13

의료급여제도

1 의료급여의 이론적 기반

1) 빈곤과 생활문제로서 의료문제

빈곤이 사회문제로서 인식, 수용되는 점은 이미 논의하였다. 현대사회에서는 질병이 점차로 사회화되는 상황에서 의료문제를 최저한으로 제공하여, 건강하고 문화적인 생활을 영위하게 하는 일도 역시 사회복지정책, 사회보장정책의 중요한 영역이 되었다. 질병의 사회화에 대응한 의료의 사회화가 바로 그것이다. 다른 한편 질병의 해결과 건강 유지는 기본적 생활을 위해 필수 불가결한 것이고, 이에 대하여 국가는 의료보장에 대하여 노력하고 있음은 이미 잘 알려진 사실이다.

다만 빈곤계층에 대하여는 소득계층의 보험원리에 의해서 제공되는 의료보험제도와는 달리, 무료로 혹은 공공부조의 원리에 의하여 적절한 수준의 의료서비스를 제공하는 경향이 전 세계적으로 일반화되고 있다. 또 다른 측면으로는 인간다운 생활 혹은 생존권의 보장이 단순히 생계보호와 물질적 소득의 확보에 그치지 않고 건강회복을 위한 의료서비스 제공을 포함해야 한다는 요청이 높아가고 있다. 반대로 의료보장과 소득보장은 상보적인 관계로서 빈곤계층의 경우는 빈곤으로 인하여 양질의 의료를 구매하기 어려운 상황은 질병과 장애를 악화시켜 빈곤을 지속화시킨다. 동시에 의료수가의 상승으로 인하여 빈곤한 사람들에게는 질병과 장애가 빈곤을 더욱 가속화시키는 상승작용을 하는 경향을 가진다.

그러므로 적절한 수준의 의료서비스 혹은 의료보장은 소득보장과 함께 공공부조의 양대 지주로 파악되고, 현대사회에서는 이를 위해 구체적인 제도적 장치를 마련하고 있다. 우리나라도 1961년에 생활보호사업의 한 사업으로 의료보호사업이 규정되어 오다가 1977년에 분리되어 실시되었다. 현재는 2001년에 의료급여법으로 전면 개정된 법이 의료급여제도의 기본 골격으로 사용되고 있다(현외성, 2016b).

2) 의료급여제도의 특성과 유형

(1) 의료급여제도의 특성

의료급여제도는 빈곤계층에 대한 공공부조제도로서 몇 가지 특성을 가지고 있다.

첫 번째, 의료서비스 보장의 최후의 보루로서 빈곤계층의 의료욕구에 대응한 의료보장제도이다. 질병과 장애로부터의 해방 혹은 의료보장은 빈곤으로부터의 해방 혹은 소득보장과 함께 현대 복지국가에서 생존권의 중요한 구성요소로 인식되고 있다. 최근에는 건강권으로 불리워지기도 하는데 모든 국민이 건강한 생활을 하는 것은 기본적 권리로서 인정되며, 소득의 단절이나 빈곤으로 인하여 질병에 대응하는 의료서비스를 향유하지 못하는 것은 건강권을 갖지 못하는 것이므로, 빈곤계층에 대하여 국가가 공공부조제도로서 건강권을 가지도록 보장한다는 것은 국가의 책무이기도 하다.

두 번째, 빈곤계층에 대하여 의료급여를 제공함으로써 의료보장을 실현하는 것은 '빈곤과 질병의 악순환적 사이클'(문옥륜, 2000)을 제거하는 의미를 지닌다. 빈곤한 사람이 질병에 걸리므로 그 의료비로 인해 더욱 가난해질 수 있고, 빈곤하므로 영양이 부실하고 정신적 · 신체적인 부담을 가할 수 있는 직업에 종사하여 질병과 장애발생의 가능성이 높아지게 되어, 결국에는 의료욕구가 증대하게 된다는 것이 빈곤과 질병의 악순환적 사이클이다. 이러한 '빈곤과 질병' 속에 있는 사회적 약자인 저소득층이나 빈곤계층이 사회보험으로서 의료보험(국민건강보험)이나 민영 의료보험에 가입하기도 어려울뿐만 아니라 환영받지도 못한다. 질병이 발생할 경우 생명과 건강에 위협이 되는 1차적인 집단이므로 빈곤계층에 대한 의료급여는 빈곤과 질병의 악순환적 고리를 제거하는, 생존권을 위한 중요한 사회보장의 하나이다.

세 번째, 의료급여제도는 빈곤계층의 생존권의 확보와 함께 건강한 노동력의 세대간 보존을 위해 요청되는 사회보장제도이다. 질병은 건강을 악화시켜 열악한 노동력을 양산할 수 있고, 더 나아가 적절한 의료서비스를 제공받지 못할 경우 그 후유증으로 장애발생이 높고 가족해체에 이르기까지 할 수 있다. 특히 출산과 양육을 위한 모성보호를 위한 의료서비스를 보장하지 못할 경우 건강하고 양질의 노동력을 보장하는 것은 어렵다고 할 수 있다.

네 번째, 공공부조로서 의료급여제도는 불평등을 완화시키고 사회통합에 기여하는 사회보장제도이다. 의료급여제도는 그 비용을 무료 혹은 낮은 본인부담액을 기초로 제공되고 그 재원은 국민들이 납부하는 누진세제를 통해 확보되는 것이 일반적이다. 이러한 의료급여제도의 재원조달과 배분을 통하여 빈곤계층으로 소득이 재배분되어 사회적 불평등을 해소하는 기능을 가진다. 동시에 빈곤계층이 질병과 장애문제에 직면하여 의료서비스를 적절하게 받지 못하게 될 경우, 그들이 겪는 인간적인 고충은 말할 것도 없을 뿐만 아니라 사회적 불만과 증오는 증폭될 것을 사전에 방지할 수 있어 사회통합에 기여하는 사회보장제도라 할 수 있다.

(2) 의료급여제도의 유형

공공부조로서 의료급여제도는 남녀노소를 구분하지 않고 빈곤 또는 저소득과 같은 일정 수준의 빈곤선 이하의 소득을 가진 가족이나 개인 모두에게 보편적으로 무료의 의료서비스를 제공하는 유형과 특별한 인구집단, 예를 들어 일정한 연령 이상의 노인이나 특별한 의료욕구를 지닌 장애인과 같은 특정 집단에 제한하여 무료의 의료서비스를 제공하는 유형이 있다. 또 다른 유형은 특정한 정책목적을 가지고 특정 표적집단에 대하여 무료의 의료서비스를 제공하는 경우도 있다.

2 의료급여제도

1) 설립배경과 환경

의료급여제도는 빈곤계층에게 소득보장과 함께 의료보장을 제공하는 공공부조제도의 하나이다. 1961년 생활보호법이 제정되어 동법 제5조에 의료보호에 관한 규정을 둠으로써, 의료보호가 처음으로 법제화, 제도화되었으나, 사실상 의료보호는 생활보호대상자를 중심으로 주로 국공립의료기관에서 무료진료를 실시하였고, 의료의 내용이 빈약하여 의료보장으로서 실효성을 거둘 수 없었다.

이러한 현실을 감안하여 1977년 1월 4일 의료보호에 관한 규칙의 제정을 통하여 비로소 의료보호사업이 본격화하기 시작하였으며, 잇달아 1977년 12월 31일 법률 제3076호로 의료보호법이 제정됨으로써 의료보호사업이 공공부조제도로서 정착할 기틀이 형성되었다.

그 후 의료보호대상자의 확대와 전국민의료보험체제의 확립에 따른 의료보장 여건의 변화에 부응하는 한편, 의료보호 내용의 충실화를 도모하려는 취지에서 1991년 3월 8일에 종래의 의료보호법을 전면 개정하였으며, 그 후 1995년 8월 4일에 의료보호기간의 연장을 위하여 일부 개정되었고, 수차례의 개정을 거친 뒤 최근에는 국민기초생활보장법의 제정과 더불어 명칭과 내용이 전면 개정되었다.

그후 국민기초생활보장법의 개정과 함께 의료급여제도는 독립하여 자체의 의료급여법을 제정하여 오늘에 이르고 있다. 1997년 12월 31일에 의료급여법이 최초로 제정되어 바로 시행되었는데, 당시 입법배경은 다음과 같이 제시되어 있다. 즉, '현행 의료보호제도는 생활보호법에 근거하여 시행하고 있으나 동법의 규정은 현재 거국적으로 추진하고 있는 의료보호제도를 뒷받침하기에는 미흡한 점이 많으므로, 의료보호에 관한 규정을 생활보호법에서 분리하여 생활능력이 없거나 생활이 어려운 국민에 대한 의료보호의 내용 및 그 방법 등을 명확히 규정함으로써 국민보건 향상과 사회복지의 증진에 효율적으로 기여하게 하려는 것'(법제처 국가법령정보센터 홈페이지)으로 나타나 있다.

2) 목적

의료급여제도는 생활유지의 능력이 없거나 생활이 어려운 자에게 의료급여를 실시함으로써 국민보건의 향상과 사회복지의 증진에 이바지함을 목적으로 한다. 현대사회에서 질병과 장애의 치료와 재활을 위해서는 가정이나 개인에게 무거운 부담을 지게 되는 경향이 있다. 특히 소득이 단절되거나 소득능력을 상실한 사람들에게 의료비 부담은 이중의 문제를 야기하는 것일 뿐만 아니라, 건강회복을 불가능하게 함으로써 그 고통은 말할 것도 없고 빈곤을 악순환하게 하는 원인이 되기도 한다.

이러한 배경에서 의료급여제도는 생활유지 능력이 없는 사람들에게 무료 또는 실비의 의료급여를 제공함으로써 건강의 회복과 동시에 사회복지를 증진시키는 중요한 사회보장제도로 인식되고 있으며, 거의 모든 국가에서 의료급여제도와 같은 사회보장제도 혹은 공공부조제도가 시행되고 있다.

3) 적용대상과 자격요건

의료급여를 받을 수 있는 대상자를 수급권자와 수급자로 구분하여 부른다. 수급권자는 의료급여법에 따라 의료급여를 받을 수 있는 자격을 가진 사람을 말하고, 수급자는 이 법에 의해서 의료급여를 받고 있는 사람을 말한다.

구체적으로 수급권자는 다음과 같은 사람들이 대상이 된다. 국민기초생활보장법에 의한 수급권자로서, 부양의무자가 없거나 부양의무자가 있어도 부양능력이 없거나 또는 부양을 받을 수 없는 자로서, 소득인정액이 선정기준 이하인 사람과 의료급여법에 의한 수급권자인 행려환자 그리고 타법에 의한 수급권자로서 다음의 사람들이 포함된다. 「재해구호법」에 따른 이재민으로서 보건복지부장관이 의료급여가 필요하다고 인정한 사람, 「의사상자 등 예우 및 지원에 관한 법률」에 따라 의료급여를 받는 사람, 「입양특례법」에 따라 국내에 입양된 18세 미만의 입양아동, 「독립유공자 예우에 관한 법률」, 「국가유공자 등 예우 및 지원에 관한 법률」 및 「보훈보상대상자 지원에 관한 법률」의 적용을 받고 있는 사람과 그 가족으로서 국가보훈처장이 의료급여가 필요하다고 추천한 사람 중에서 보건복지부장관이 의료급여가 필요하다고 인정한 사람, 「무형문화재 보전 및 진흥에 관한 법률」에 따라 지정된 국가무형문화재의 보유자(명예보유자를 포함 한다)와 그 가족으로서 문화재청장이 의료급여가 필요하다고 추천한 사람 중에서 보건복지부장관이 의료급여가 필요하다고 인정한 사람, 「북한이탈주민의 보호 및 정착지원에 관한 법률」의 적용을 받고 있는 사람과 그 가족으로서 보건복지부장관이 의료급여가 필요하다고 인정한 사람, 「5 · 18 민주화운동 관련자 보상 등에 관한 법률」 제8조에 따라 보상금 등을 받은 사람과 그 가족으로서 보건복지부장관이 의료급여가 필요하다고 인정한 사람, 「노숙인 등의 복지 및 자립지원에 관한 법률」에 따른 노숙인 등으로서 보건복지부장관이 의료급여가 필요하다고 인정한 사람('12.6.8 시행) 등이다(보건복지부, 2017a).

이들에 대해 의료급여를 지원할 경우 1종과 2종으로 나누어서 지원하는 기준은 근로능력의 유무이며, 본인부담금에 차등을 두고 있다. 1종은 근로능력이 없는 경우이며 2종은 근로능력이 있는 경우이다. 그 구체적인 내용을 살펴보면 표 13-1과 같다.

표 13-1 의료급여 종별 대상자 및 선정기준

구분	수급권자
1종	• 국민기초생활보장수급자 : 근로무능력가구, 산정특례 등록한 결핵질환자, 희귀난치성질환 등록자, 중증질환(암환자, 중증화상환자만 해당) 등록자, 시설수급자 • 행려환자 • 타법적용자 : 이재민, 의상자 및 의사자의 유족, 입양아동(18세 미만), 국가유공자, 국가무형문화재의 보유자, 북한이탈주민, 5·18 민주화운동 관련자, 노숙인
2종	• 국민기초생활보장대상자 중 1종 수급대상이 아닌 가구

자료: 보건복지부(2017a).

의료급여 수급자는 2005년 이래 큰 변동이 없다. 다만 2005년 176만 명이었던 것이 점진적으로 줄어 2014년에는 144만 명, 2015년에는 154만 명 정도였다. 거의 150만 명 선에서 의료급여 수급자가 등락현상을 보이고 있다.

표 13-2 연도별 의료급여 수급자 현황 (단위: 명)

구분	2005	2010	2012	2014	2015
계	1,761,565	1,674,396	1,507,044	1,440,762	1,544,267
1종	996,449	1,071,686	1,058,223	1,036,713	1,078,412
2종	765,116	602,710	448,821	404,049	465,855

자료: 보건복지부(2016b).

4) 급여

(1) 급여내용, 급여범위 및 급여비용 등

의료급여 수급자의 질병·부상·출산 등에 대한 의료급여 지원 내용은 다음과 같다. 진찰·검사, 약제·치료재료의 지급, 처치·수술과 그 밖의 치료, 예방·재활, 입원, 간호, 이송과 그 밖의 의료목적의 달성을 위한 조치 등이다.

급여범위와 급여비용은 건강보험과 유사하며, 제1종과 제2종의 대상자에 따라 약간 본인부담금이 상이하다. 의료급여는 무료를 기반으로 하면서 약간의 본인부담금을 통해 의료급여 이용의 적절성을 도모하는데 정책목표가 있는 것으로 보인다. 다만 의료급여 대상자의 본인부담금 제도가 지나치게 부담이 될 경우에 대비하여, 의료급여 수급자 본인부담 보상금제도를 두어서 본인부담을 완화하고 있다. 즉, 수급권자의 급여대상 본인부담금이 대통령령에서 정하는 금액을 초과한 경우, 그 초과금액의 100분의 50에 해당하는 금액을 보상해주고 있다. 1종 수급권자는 매 30일간 2만 원 초과한 경우 초과금액의 50%를 보상하며, 2종 수급권자 매 30일간 20만 원 초과한 경우 초과금액의 50% 보상하고 있다. 여기에는 입원진료비 외에 외래진료비・약제비도 포함된다(보건복지부, 2017a).

표 13-3 의료급여 본인부담금

구 분		1차(의원)	2차 (병원, 종합병원)	3차 (지정병원)	약국	PET 등
1종	입원	없음	없음	없음	–	없음
	외래	1,000원	1,500원	2,000원	500원	5%
2종	입원	10%	10%	10%	–	10%
	외래	1,000원	15%	15%	500원	15%

* 보건복지부장관이 고시하는 경증질환[부록5]으로 종합병원 이상급 기관에서 원외처방전을 발급받아 약국에서 조제받는 경우 약국약제비 본인부담은 급여비용 총액의 3%

** 상기 본인 부담금은 급여청구분에 대한 것으로 비급여 청구분은 전액 본인이 부담해야 하며 선별 급여 시에는 급여항목별로 50~80% 본인이 부담해야 함

자료: 보건복지부(2017a).

(2) 급여제한

의료급여제도에서 또 하나 중요한 점은 수급자가 무한히 급여를 제공받을 수 없고, 제한된 범위의 급여내용과 함께 급여기간 역시 제한되어 있다는 점이다. 보건복지부장관이 정하여 고시하는 결핵질환, 희귀난치성질환 및 중증질환은 각 질환별로 연간 365일(윤년의 경우 366일로 한다)로 제한하며, 정신

및 행동장애(뇌전증을 포함한다) 등 보건복지부장관이 정하여 고시하는 질환 역시 각 질환별로 연간 365일로 제한한다. 그러나 상기 질환을 제외한 모든 질환의 의료급여 일수를 합하여 연간 365일로 제한하고 있다. 다만 인체면역결핍증바이러스 질환자에 대하여는 상한일수를 제한하지 않고 있다(의료급여법 시행규칙 참조). 의료급여기간 제한은 적절한 급여이용을 통해 의료급여기금의 합리적이고 효율적인 이용을 확보하는 한편, 수급자와 의료급여기관의 도덕적 해이를 방지하는 목표에도 기여할 것으로 판단된다.

5) 운영과 전달체계

(1) 운영주체

의료급여제도의 운영주체(법적 용어로는 보장기관)는 보건복지부와 지방자치단체이며 실제로 그 제도운영의 업무를 위탁받은 곳은 국민건강보험공단과 국민건강보험심사평가원 등이다.

보건복지부는 의료급여제도에 대한 정책수립, 지도감독 및 행정처분 등의 업무를 수행한다. 시 · 군 · 구에서는 의료급여 대상자의 전 · 출입, 사망 등 수급자 관리, 확인조사 및 수시조사 실시, 의료기관 과다 이용자 사례관리 등을 실행하는 한편 부정수급자 관리 및 부당이득금 징수 등의 업무를 수행한다.

국민건강보험공단의 경우 부적정 수급 의심자(급여제한 대상 등)를 찾아내고 시군구에 의료급여 지원내역을 제공하며 부정수급 조사 등을 수행한다. 건강보험심사평가원은 의료급여기관에서 세출한 청구진료비를 심사하며 병의원 허위 · 부당청구를 위해 현지조사지원 등의 업무를 담당하고 있다.

(2) 의료급여기관

의료급여기관이란 수급권자에 대한 진료 · 조제 또는 투약 등을 담당하는 의료기관 및 약국 등을 말하며, 1차(의원급), 2차(병원, 종합병원급), 3차기관(보건복지부장관이 지정한 25곳)으로 구분하고 있다. 1차 의료급여기관은 주로 통원서비스를 제공하는 기관이며, 2차 의료급여기관은 입원서비스를 주로 제공하는 기관이며, 3차 의료급여기관은 특수 진료를 전담하는 기관으로 간주할 수 있다.

의료급여를 수급받기 위해서는 제1차 의료급여기관에 의료급여를 신청하여 단계적으로 급여를 받는 것이 원칙이다. 이는 의료급여의 합리적 배분과 효율성, 효과성을 높이고 비용의 낭비를 막기 위한 것으로 볼 수 있다.

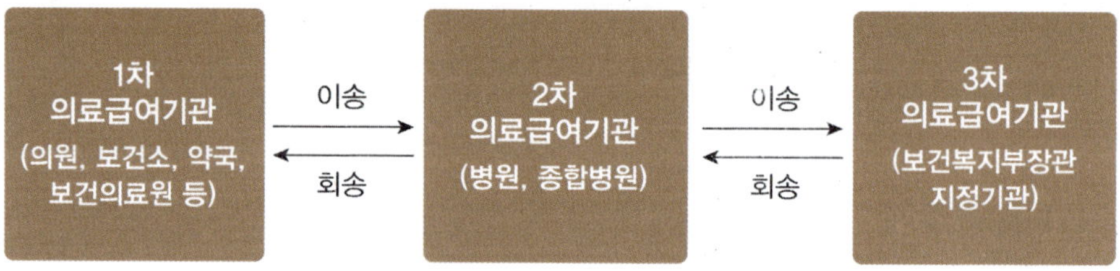

자료: 보건복지부(2017b).

그림 13-1 의료급여 진료 절차체계도

(3) 사례관리

의료급여제도에는 급여를 제공하는 과정에 있어 사례관리를 시행하고 있다. 의료급여 수급권자의 건강관리 능력향상 및 합리적 의료이용 유도 등을 위하여 사례관리를 실시하고 있다. 수급권자의 자가 건강관리능력 향상, 합리적 의료이용 유도, 지지체계 구축을 통하여 건강한 삶의 질 향상과 의료급여 재정 안정화에 기여하는 데 목적을 두고 있다. 다빈도 복합상병을 가진 의료급여 수급권자에 대하여 밀착상담 및 관리하며 수급권자에 대한 건강관리 정보를 제공하고, 지역사회 보건복지자원을 연계 지원함으로써 수급권자의 의료욕구에 신속히 대응하는 한편, 수급권자·의료공급자의 합리적 의료관행을 유도하고 의료급여 재정의 효율적 관리를 도모하고자 사례관리를 실행하게 되었다고 생각한다(보건복지부, 2017a. 참조).

의료급여 관련 사례관리 업무를 수행하는 사람을 의료급여 관리사라고 하는데, 이들은 의료인으로서 의료기관에서 2년 이상 근무한 경력을 가진 사람이 의료급여 관리사가 될 수 있는 자격을 가진다.

의료급여 관리사는 지자체의 구분에 따라 해당 인원을 배치하되, 보장기관의 수급권자수, 수급권자의 질환 정도 등을 고려하여 보건복지부장관이 정한 기준에 따라 더 배치할 수 있다. 시·도의 경우는 1명, 다만 관할 시·군·구의 수가 15개를 초과하는 경우 1명을 더 배치할 수 있다. 시(특별자치도의 행정시를 제외한다. 이하 같다)·군·구의 경우 1명을 배치한다.

의료급여 관리사가 수행하는 업무는 다음과 같다. 수급권자의 건강관리 능력 향상을 위한 교육 및 상담, 의료급여제도 안내 및 의료기관 이용 상담, 의사의 의료와 보건지도 및 약사의 복약지도에 대한 수급권자의 이행여부 모니터링 등 요양방법의 지도, 수급권자와 보장시설 등 보건복지자원과의 연계, 그 밖의 의료급여 관리에 필요한 사항으로서 보건복지부장관이 정하는 사항 등이다.

6) 재정과 비용

(1) 재원조달

의료급여 비용에 사용하기 위한 재원조달을 위하여 일반회계와는 별도로 시·도에 의료급여기금을 설치하여 운용하고 있다. 의료급여기금은 국고보조금, 지방자치단체의 출연금, 대지급금, 부당이득금, 과징금, 당해 기금의 결산상 잉여금 및 그 밖의 수입금 등으로 조성한다.

국고보조금의 비율은 '보조금의 예산 및 관리에 관한 법령'에 따라 서울은 50%, 기타 80%를 적용하고 「지방재정법 시행령」 제33조 제1항의 규정에 의한 「지방자치단체 경비부담의 기준 등에 관한 규칙」 중 별표에 따라 특별시 및 광역시의 부담비율은 없고, 시는 6%, 군은 4%를 부담하도록 규정되어 있다.

표 13-4 의료급여기금의 국고보조금과 지방자치단체 출연금 비율

구 분	서울특별시		광역시		도*		
	시	자치구	시	자치구	도	시	군
지방비	50%	없음	20%	없음	14~16%	6%	4%
국 비	50%		80%		80%		
합 계	100%		100%		100%		

* 도・시・군 부담 비율 근거 : 「지방재정법 시행령」 제33조 제1항의 규정에 의한 「지방자치단체 경비부담의 기준 등에 관한 규칙」 제2조(부담경비의 종목과 비율)

자료: 보건복지부(2017a).

(2) 의료급여 총진료비

본인부담금을 포함한 의료급여 총진료비(증가율)는 2005년 32,337억 원(23.8%)에서 2006년도에는 39,251억 원(21.4%), 2007년도 42,238억 원(7.6%), 2008년 44,789억 원(6.0%), 2010년 49,582억 원(4.3%), 2012년도는 51,949억 원(1.0%), 2014년도는 56,404억 원(6.4%), 2015년도 59,824억 원(6.1%)로 총진료비는 증가하였다.

경기침체 및 급격한 인구고령화 등 재정지출의 연건변화에도 불구하고 의료급여혁신 종합대책 수립・시행(2006년 7월), 적정 의료이용행태 정착을 위한 의료급여 개선방안(2009년 6월) 등 의료급여 재정안정화 추진의 성과로 2007년부터 증가율이 완화 추세였으나, 2015년 7월 맞춤형급여체계 개편 등으로 인한 수급자수 증가로 소폭 상승되고 있다(보건복지부, 2016a. 참조).

표 13-5 연도별 의료급여 총진료비 지급 추이 (단위: 억 원, %)

구분	2008		2010		2012		2014		2015	
	금액	증가율	금액	증가율	금액	증가율	금액	증가율	금액	증가율
총진료비	44,789	6.0	49,582	4.3	51,949	1.0	56,404	6.4	59,823	6.1
1종	35,258	5.2	42,110	5.4	46,403	3.5	51,274	3.6	51,273	6.2
2종	9,531	9.2	7,472	△13.0	5,546	△15.7	5,130	△6.2	5,130	5.0

주: 차상위계층 건강보험 이관 완료, 희귀난치성질환자 2008년 4월 건강보험가입자로 전환(2만 명), 만성질환자 및 18세 미만 아동 2009년 4월 건강보험가입자로 전환(22만 명)

자료: 보건복지부(2016a).

(3) 예산

의료급여 비용은 해마다 증가하는 추세이지만 예산은 그 증가폭을 따라잡지 못하고 점증하는 경향이다. 이 문제로 인하여 의료급여 비용을 절감해야 하는 노력을 해야 하는 한편 적정 예산의 책정도 매우 중요하다. 더욱이 예산의 적정 수립과 함께 의료급여기관 등에 의료급여 비용을 적절한 시기에 충당해주기 위하여 배분하는 노력도 필요하다. 이러한 제반 노력이 제대로 이루어질 때 의료급여제도의 존재 의미가 살아나게 될 것이다.

표 13-6 의료급여 예산 현황 (단위: 억 원, %, 추경포함, 국비기준)

구분	2008	2010	2012	2014	2015
예산액	37,901	34,995	39,812	44,366	45, 871
증가율	5.1	△0.3	8.4	1	3.4

주: 추경편성은 2008년도 2,747억 원, 2009년 920억 원, 2013년 1,456억 원, 2015년 537억 원
자료: 보건복지부(2016a).

현대사회보장론

PART 4

한국형 복지국가와 사회보장의 미래

Chapter 14 • 한국형 복지국가와 사회보장의 미래

Chapter 14

한국형 복지국가와 사회보장의 미래

1 한국형 복지국가의 탐색

1) 한국형 복지국가 진로의 환경특성 : 전통적 복지국가와 현대 복지국가의 이중성과 복지 재정의 지속가능성

사회보장을 학습하는 마지막 장에서 한국이 처한 현실이 어떠하며, 이를 극복하기 위한 방안으로서 어떠한 형태의 복지국가와 사회보장제도를 추구해야 하는지를 생각해 보는 것이 결론으로 필요하다.

한국이 앞으로 나아갈 복지국가의 모형에 대해서는 그동안 어느 정도 논의가 있었다. 한국형 복지국가의 형태가 어떤 모습을 띠어야 할지는 결국 선진 복지국가의 경험에서 응용된 형태일 것인데, 문제는 현재의 선진 복지국가들이 많은 변화를 겪고 있다는 사실이다. 즉, 이 질문과 관련하여 이미 여러 가지 논의가 진행되었다.

저자의 입장에서 분명한 사실은 다음과 같이 정리할 수 있다는 점이다. 첫 번째, 한국은 복지국가로의 초기 단계에 진입하였으며, 두 번째, 제 2차 세계대전 이후 형성된 선진 복지국가는 1970년대 중반 이후 재편의 길로 접어들었으며, 세 번째, 1980년대 이후 새로운 국내 · 외적 사회변화로 말미암아 선진 복지국가는 새로운 위험에 직면하고 있으며, 네 번째, 한국의 경우는 1970년 중반 이전의 전통적 복지국가의 내용을 완성하면서 동시에 새로운 위험에 대응해야 하는 이중의 어려움에 처하여 있다는 사실이다.

한국형 복지국가의 모색은 결국 한편으로는 전통적 복지국가의 체계를 기본 바탕으로 하면서, 21세기 새롭게 다가오는 사회적 위험을 한국적 상황에서 분석하여 대응하는 정책체계를 갖추는 작업이 될 것이다. 복지국가체계가 인류역사상 사회보장제도를 중시하면서 시민들의 삶의 질과 복지를 증진시키는 국가체계이기 때문에 한국형 복지국가의 탐색이 중시되는 것이다.

우선 서구의 전통적 복지국가가 변화하고 있는데, 이것을 복지국가체계의 측면에서 요약하면 표 14-1과 같다.

표 14-1 전통적 복지국가와 21세기 복지국가의 변화 특징

구분	전후 전통적 복지국가	21세기 복지국가
이념체계	생존권, 시민권 연대, 평등 가치 중시	포스트모더니즘 가치, 경쟁력, 시민권의 책임성 강화
정치체계	대의 민주주의, 개별 국민국가, 중앙집권적 국가중심	세계화로 인한 국민국가의 영향력 감소, 지방화, 민영화, 거버넌스 강화, 사회협약 중시
경제체계	케인즈주의적 혼합경제, 제조업 중심의 포드주의 생산양식 강조, 균질적 정규노동자 강조, 고도성장	서비스산업과 지식기반산업 강화, 포스트포드주의 생산양식, 슘페테리언 근로연계복지 강조, 다양한 비정규 노동자의 발생, 성장의 둔화
사회체계	일인생계유지자 모형 중심, 소득보장과 소득재분배 등을 강조하는 사회복지제도를 기반한 다원사회, 산업사회	이인생계유지자 모형, 케어와 사회복지서비스 강화, 근로연계복지, 사회투자정책을 강조하는 다원사회, 저출산 고령사회 도래, 정보지식을 기반으로 한 탈산업사회

자료: Bob Jessop, 2002; John Carter(ed.), 1998; Jocheon Clasen & Nico A. Siege(ed.), 2007; 현외성(2016a). 재인용.

저자가 앞에서 언급한 복지국가의 변화모습은 개괄적인 내용으로 적어본 것이다. 사실 21세기 복지국가의 변화는 전통적 복지국가의 유형과 특성에 따라 변화의 양상은 다르다. 양재진(2006)은 전통적 복지국가와 최근에 말하는 사회투자국가와의 차이를 몇 가지 유형별로 그리고 변화의 다양한 측면을 세분하여 정리하고 있는데, 이 내용이 현재 이루어지고 있는 복지국가의 변화 양상을 전부는 아니라고 하더라도 개괄적으로 잘 설명한 내용이라 생각한다. 표 14-2는 한국이 복지국가로서 당면문제를 해결하면서 향후 어떤 모습으로 진전되어야 할 것인지를 생각해볼 수 있는 자료로 유용하다.

표 14-2 (구)복지국가와 사회투자국가의 유형별 비교

구분	(구)복지국가				사회투자국가	
	자유주의형	기민주의형	사민주의형	신자유주의형	자유주의형	신사민주의형
대표국가	미국/영국	독일	스웨덴	80년 이후 미국/ 대처집권기 영국	영국	덴마크, 스웨덴, 핀란드, 네덜란드
정치적 상징	뉴딜/베버리지	비스마르크/ 사회보장	짤스요바덴 사회협약/ 렌·마이드너 모델	대처리즘/ 레이거노믹스	Thirday(영국), Neue Mitte (독일)	바세나협약/ 유연안정성 (Flexicurity)
주도 세력	자유당, 노동당(영국), 민주당 (미국)	전후 기민당	사민당	공화당(미국) 보수당(영국)	영국 New Labor/미국 민주당파/ 독일 사민당 우파	노·사·정 (좌파정부)
전환시기	(1차~ 2차 세계대전) 2차 세계대전	(비스마르크 치하) 2차 세계대전 이후	(1차~2차 세계대전) 2차 세계대전 이후	1980년대	1990년대 중후반 (1997년 영국 노동당 집권)	1980년대 초반 (네덜란드) ~1990년대 초중반 (스웨덴, 덴마크)
사회 철학적 기원	자유주의	가톨릭사회주의/사민주의	사민주의	신자유주의	Rawlsian 자유주의	사회민주주의/ Rawlsian 자유주의
평등관	소극적 기회의 평등	계층주의	결과의 평등	소극적 기회의 평등	적극적 기회의 평등	적극적 기회의 평등 (+결과의 평등)

(계속)

구분	(구)복지국가				사회투자국가	
	자유주의형	기민주의형	사민주의형	신자유주의형	자유주의형	신사민주의형
'사회권' 관점	권리 (국민적 최소한)	권리(국민적 최소한+ Entitlement)	권리(삶의 질)	미약	책임을 동반한 조건부 권리	책임을 강조 그러나 시민권으로 인정
성장배경	전후국민주의/ 노동운동의 성장/ 경제성장/ 인구증가	노동운동의 성장/ 경제성장/ 인구증가	노동운동의 성장/ 경제성장/ 인구증가	저성장/ 고실업/ 고령화/ 가족구조화	저성장/ 고실업/ 고령화/ 가족구조변화	저성장/ 고실업/ 고령화/ 가족구조변화
거시경제 관리원칙	케인즈주의	케인즈주의	케인즈주의	통화주의	통화주의 /NAIRU	통화주의/ 완전고용 (자연 실업률 인정)
고용보호	중	고	고	약	약	중
고용정책	약	소극적	적극적	약	다소 적극적	적극적
소득이전	약	고	고	하	중(조건부)	중/고(조건부)
사회 서비스	약	약	고	약	중	강
재정운영 (복지재정)	counter-cyclical/ 수요관리 (중지출)	counter-cyclical/ 수요관리 (고지출)	counter-cyclical/ 수요관리 (고지출)	낮은 수준의 균형예산 (복지지출 삭감)	낮은 수준의 균형예산/복지 재정지출 증대 최소화	높은 수준의 균형 예산/ 복지재정 지출 합리화 (이전 지출 축소, 서비스분야 확대)
사회 투자의 대상	개념 무	개념 무	보편적	개념 무	선별적(취약계층/취약집단의 아동과 여성)	보편적(여성, 청년 고령자를 포함한 전체 근로계층)
사회 투자의 목표	-	-	고용증대+ (인적자원 고도화)	-	취약계층의 인적 자본 제고+고용증대	고용증대+ 인적 자본고도화
대표정책	공적부조/ 사회보험	소득비례사회 보험	적극적 노동시장정책 /공보육	workfare	최저임금제 도입 (영국)/뉴딜/ EITC/Child Tax Credit	적극적 노동시장정책/ 공보육 평생학습체제

출처: 양재진(2006).

전통적 복지국가는 1970년대 중반 이후 국내 · 외적인 변화로 말미암아 새로운 위험에 직면하여 제각기 변화를 모색하고 있다. 그 주된 내용이 표 14-1과 표 14-2로 요약할 수 있다. 그러나 한국의 경우는 21세기 국내 · 외적인 변화와 함께 아직 미약한 복지국가의 기반과 체계를 함께 구축해 가야 하는 어려움을 지니고 있다. 보놀리(Bonoli)가 선진 복지국가의 새로운 사회적 위험을 ① 노동과 가족의 생활을 조정하는 문제, ② 홀가구주 문제, ③ 부양부담을 가진 가족문제, ④ 낮은 기술 혹은 낙후된 기술을 가진 사람들의 문제, ⑤ 적절하지 않은 사회보장 적용문제, ⑥ 기타 탈산업사회에 발생하는 새로운 사회적 위험들로 요약하였는데(Klaus Armingeon & Giuliano Bonoli(ed.), 2006: 6-8), 이러한 내용은 한국의 경우도 유사한 점이 있는 것으로 연구결과가 발표되고 있다.

전후의 전통적 복지국가는 완전고용과 최저임금, 잘 정비된 조세체계 등에 힘입어 사회보장제도를 수립하면서 가능하였다. 그리고 여기에 더하여 고도경제성장으로 획득된 과실을 사용하여 사회복지예산을 매년 확대하여 시민들의 요구를 충족시켰다. 특히 균질적인 노동자집단의 정치적 권력과 자본가 집단의 임금과 사회보장급여를 통한 화해 그리고 국가의 적절한 조정과 관리 등으로 복지국가체제에 대한 '전후의 합의'(consensus)를 이루어냈다.

한국은 1997년 외환위기를 기점으로 사회적 안전망이 전면적으로 붕괴되고, 김대중 정부와 노무현 정부에서 경제체계와 사회복지체계가 요동치기 시작하였다. 1987년 민주화 이후 시민사회의 성장, 김영삼 정부 이래 시작되었던 신보수주의적 정책 그리고 1990년대 직접적으로 밀어닥친 세계화 물결 등으로 사회복지체계는 새로운 환경과 요구에 직면하였다. 그 결과 외환위기를 거치면서 사회복지체계는 보다 확대되고 내용이 개선되었다. 그럼에도 불구하고 정책적 · 제도적 장치는 존재하나 많은 사각지대가 존재하고 있고 급여 수준이 열악하며, 기존의 사회복지제도로써는 해결할 수 없는 새로운 사회적 위험이 발생하고 있다.

이러한 배경에서 노무현 정부 후반기에 선진 복지국가의 사례에서 찾을 수 있는 '사회투자국가' 혹은 사회투자정책, 사회투자전략이란 개념이 한국의 복지국가나 사회복지정책의 이념형으로 대두되었다(양재진, 2006, 2007; 안상훈, 2006; 신광영, 2007; 김연명, 2007a 등). 사회투자국가는 한국이 지향해야 할 유용한 내용을 가진 국가의 이념형이기는 하지만, 한국이 처한 특성을 반영하면서 적절하게 나아가야 한다는 점이 지적되고 있다(김영순, 2007; 윤홍식, 2007; 김연명, 2007b 등).

21세기 한국형 복지국가를 구상하는 몇 가지 체계는 전통적 서구의 복지국가가 기반으로 하였던 이념, 정치, 경제, 사회체계 부문에서 각각 가졌던 특징 혹은 요소들을 기본적으로 갖추어야 할 것이다. 그리고 복지국가의 기초 혹은 전제로 논의되는 완전고용, 최저임금 그리고 적절한 조세제도 등도 이루어져야 할 것이다. 물론 한국의 경우 2017년 11월 현재 1인당 GDP가 29,332달러 수준이므로, 여기에 걸맞는 국가예산상 혹은 GDP 중에서 차지하는 사회복지지출의 비중도 과거 복지국가의 경험과 역사에 비추어 역시 어느 정도는 되어야 할 것이다. 한국은 1997년 IMF사태 때 3.6% 수준에서 꾸준히 증가하여 2009년에는 9.4%로 그리고 2014년에 와서는 10.4%로 증가하였으나, 여전히 OECD 회원국의 절반에 미치는 수준에 머무르고 있다. 이런 점에서 볼 때 한국의 경우는 복지국가로 진입하였으나 아직은 낮은 수준에 머무르고 있는 상황으로 판단된다.

표 14-3 OECD 회원국들의 GDP 대비 공공사회복지지출 비중 (단위: %)

	1997	2000	2009	2014
OECD 평균	19.0	18.6	21.9	21.6
독일	26.1	26.2	27.6	25.8
미국	14.4	14.2	18.5	19.2
스웨덴	30.2	28.2	29.4	28.1
영국	18.3	18.4	23.9	21.7
일본	14.5	16.3	22.0	–
프랑스	29.3	28.4	31.5	31.9

(계속)

핀란드	27.5	23.3	28.3	31.0
호주	15.9	17.2	17.4	19.0
한국	3.6	4.8	9.6	10.4

자료: OECD, "OECD.StatExtracts"(http://stats.oecd.org, 접속: 2015. 7. 9 (한정수(2015.a) 재인용)

다만 중요한 사실은 한국의 경우 저출산고령화와 통일비용과 국방비용을 감안하면서 지속가능한 한국형 복지국가로 나아가야 할 것이다. 아직은 공적연금제도의 실행이 일천하고 보건의료비용이 다른 선진 복지국가에 비하여 낮으나, 급속한 저출산고령화와 함께 공적연금제도의 성숙화 등으로 복지지출이 급격하게 증대할 잠재력을 감안하면서 한국형 복지국가로의 진로를 단계별로 모색하는 정책대안이 필요하다. 사회복지제도는 불가역적인 특성을 지니고 있으므로 신중한 탐색이 요청된다.

2) 한국형 복지국가의 진로 모색

(1) 복지국가와 복지레짐 모형 적합성

2017년 현재 한국은 복지국가인가? 이 문제는 논쟁거리임에 분명하다. 복지국가란 무엇이며, 그 기준에 한국의 경우는 어느 정도 적합한가라는 물음과 연관하여 답해져야 할 것이므로 의견이 다양할 수 있다.

한국을 복지국가로 규정하고 그 성격을 규명하는 논쟁에서 주로 에스핑-앤더슨(Esping-Andersen)의 복지레짐에 따라 복지국가를 유형화한 것에 기준을 두고, 조영훈은 한국을 자유주의 복지체제로, 남찬섭은 보수주의 체제로 그리고 김연명은 여러 복지체제의 특징이 결합된 혼합형적 특징을 가지는 것으로 주장하고 있다(김연명 편, 2002).

다른 입장은 한국을 복지국가의 태동기 혹은 이륙기로 규정하는 학자들이 있다. 한국 사회복지 발전의 양과 질 양면의 변화결과를 보면서 1998년 이후의 한국이 복지국가 형성의 한복판에 있다고 다케가와쇼고(武川正吾)는 생각하였다. 이러한 변화는 마치 1970년대 일본과 1940년대의 영국과 유사한 것이라고 비유하였다. 즉, 일본은 '복지원년'이라고 불렸던 1973년의 사회보장 개혁 이후 사회복지지출이 비약적으로 증가했으며, 영국은 1945년 애틀리 노동당 정부의 등장에 의해 급속한 복지국가화가 시작되었다(武川正吾, 2005 : 286).

미쉬라(Mishra, 2003)는 한국을 태동기 형태의 복지국가라고 보았는데, 그는 한국에서 목격되고 있는 것은 현재의 추세대로라면 새로운 복지 프로그램이 도입되지 않아도 인구 고령화와 복지 프로그램의 성숙으로 끊임없이 팽창하게 될 '형성기 형태의 복지국가(embryonic welfare state)'라는 설명이다.

이와 유사한 입장으로 한국을 복지국가의 태동기에 있다고 진단하는 학자들이 있다. 제도적으로 한국이 1990년대 후반 이후 '복지국가'의 초기 단계에 진입했으며, 복지제도의 발전을 촉진할 수 있는 사회적 요인들이 과거에 비해 훨씬 늘어났다는 점에 주목하고자 한다. 다시 말해 '본격적 복지국가'에 도달하기에는 많은 시간이 소요되지만, 복지국가를 향한 시동은 이미 걸었다고 판단한다는 것이다(송호근 · 홍경준, 2006).

에스핑-앤더슨 연구결과 이후 그가 간과하였던 가족과 젠더 측면에 대한 것이라든지, 남유럽이나 동아시아 그리고 개발도상국의 사회복지정책을 포괄하지 못한다는 비판을 받고 있다. 그중에서 에스핑-앤더슨은 1999년 출판된 『복지체제의 위기와 대응』에서는 가족과 젠더의 측면을 보완하여, 종래의 복지국가 중심의 비교의 폭을 확장시켜 복지체제라는 용어를 사용하였다. 1999년의 저작에서 복지레짐에서 사용하고 있는 레짐을 '국가와 시장 그리고 가족 사이에 복지의 생산이 배분되는 방식을 가리킨다'로 개념 정의하였다.

에스핑-앤더슨의 저작을 둘러싼 논쟁의 하나로서 워커와 왕(Walker & Wong, 2005)이나 우드와 구흐(Wood & Gough, 2006) 등은 복지국가레짐 대신에 선진 복지국가 범주에 들지 못하는 국가들까지 포함하여, 연구범위를 확장시킨 복지레짐(welfare regime)이란 용어를 사용하고 있다. 복지레짐을 사용하여 전 세계 지구촌의 사회정책을 연구한다든지(Wood & Gough, 2006),

동아시아 국가들의 사회복지정책을 연구(Walker & Wong, 2005)하여 에스핑-앤더슨의 연구내용과는 다른 특성별로 분류하고 내용분석을 시도하였다.

특히 우드와 고흐(2006)는 전 세계의 사회정책을 비교복지레짐 연구에서 전 세계의 복지레짐을 세 가지 복지레짐으로 분류하였다. 복지국가레짐, 비공식보장레짐(informal security regimes) 그리고 비보장레짐(insecurity regimes) 등이 그것이다. 이 중에서 비공식보장레짐이란 사람들이 보호받아야 할 욕구를 충족시키기 위하여 지역사회와 가족관계에 주로 의존하는 제도적 장치를 말한다고 정의하였다. 비보장레짐은 총체적으로 비보장 상태를 야기하고 이것을 해소하기 위하여 안정적인 비공식적 메커니즘을 만들어내는 것을 방해하는 제도적 장치를 말한다고 정의하였다.

이러한 세 가지 유형의 복지레짐 중 남아시아는 비공식보장레짐에 속하는 것으로 그리고 동아시아를 일종의 비공식보장레짐에 속하면서도 특별하게 '생산주의적 비공식보장레짐'으로 구분하였다. 그리고 한국과 대만을 복지국가레짐에 분류하면서 특히 사회민주주의, 보수주의 및 자유주의 복지국가레짐과는 다른 '신흥생산주의적 복지국가'로 분류하고 있다. 참고로 라틴아메리카는 비공식보장레짐에 속하는 것으로서, 자유주의적 · 비공식적 보장레짐으로 따로 분류하였다. 반면에 비보장레짐에는 사하라 부근의 아프리카, 아프가니스탄, 가자 지역 등을 구분하고 있다.

또 다른 측면에서 슈뢰더(Schrőder, 2008)는 복지와 생산유형을 통합시키는 연구에서 특별히 일본과 한국을 조정된 시장체계, 보수주의 복지국가, 중간 정도의 코포라디스트 자본주의 등으로 일괄적이고 통일적으로 재분류를 시도하여 복합적인 복지체제의 위상을 적절하게 정리하였다. 이 자료를 통해 기존의 연구자들 사이에 있어 왔던 일본과 한국의 복지레짐이 가진 복합성과 서구 복지국가와의 이질성을 보다 확실하게 이해할 수 있는 분류표가 되었다. 즉, 보수주의 복지국가 유형에 속하면서도 서구 복지국가와는 이질적인 중간 정도의 코포라티스트 자본주의 유형에 속하는 것으로 구분된다.

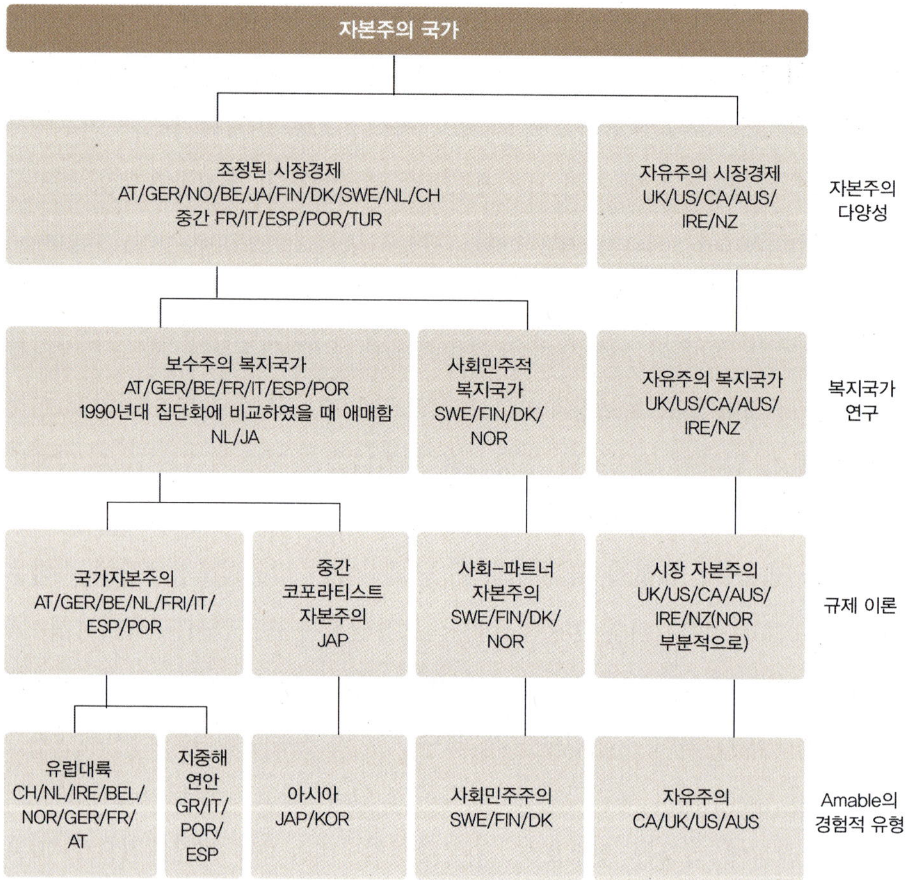

자료: Schrőder(2008: 27).

그림 14-1 제반 유형과 합치성

(2) 동아시아 복지레짐 모형

에스핑-앤더슨 복지레짐 연구결과와는 다르게 1986년 미절리(Midgley)의 '동아시아 복지레짐' 논의 이후 한국을 포함한 동아시아 복지레짐 연구가 지속적으로 이루어져 왔다. 에스핑-앤더슨(1990)은 일본의 유형을 보수주의 유형으로 분류하였다가 이후 논문(1997)에서는 일본은 혼합형으로 새롭게 분류하였다. 1999년에 그는 가족주의 개념화를 사용하여 보수주의 복지체제의 성격을 보다 상세하게 분석하였고, 일본, 한국, 대만 등 동아시아 국가들은 자신의 복지레짐 유형론에 쉽게 적용되지 않는다고 실토하였다. 그러나 이들 국가들은 자유주의적 요소와 보수주의적 요소를 복합주의적 특성으로 해석된다고 하였다.

존스(Jones, 1990)는 홍콩, 대만, 싱가포르, 한국의 사회복지를 분석하고 이들 국가는 유사점과 상이점이 동시에 존재한다고 하였다. 유사점으로서 경제성장을 정책목표의 우선순위로 두며, 복지제공자로서 가족의 강조, 의무와 책임의 강조, 복지제공의 이유로서 질서와 사회적 안정, 지역사회의 역할 강화, 국가에 대한 낮은 기대감, 사회정의, 사회권 및 정책의 재분배에 대한 낮은 관심, 서구복지국가에 대한 근원적인 불안감 등을 들었다. 상이점으로서 건강보호 재정과 조직의 상이성, 주거에 대한 국가역할의 상이성, 사회보험에 대한 태도의 상이성 등을 지적하였다.

존스(1993)는 홍콩, 대만, 싱가포르, 한국의 복지체제를 유교주의와 관련하여 분석하였다. 개인보다는 집단을 강조하는 유교, 이들 국가의 우선순위는 지역공동체의 건설이며, 지역공동체는 질서, 규율, 충성, 안정, 집단적 자립을 바탕으로 유지된다고 하였다. 따라서 이들 국가의 사회정책은 가족을 사회의 중심단위로 회복하고, 이웃에 대해서는 전통적 촌락과 유사한 기능을 부여하여 서구와는 다른 특성을 가진다고 보았다. 에스핑-앤더슨의 분류와는 다른 새로운 유형, 즉 유교주의적 복지국가체제라 불렀다. 이때 유교주의적 복지국가체제의 특징으로서 서구와는 다른 노동자의 참여없는 보수적 조합주의, 교회없는 연대성, 평등없는 연대성, 가족중심의 복지국가를 예시하였다.

굿맨과 팽(Goodman & Peng, 1996)은 일본, 대만, 한국의 사회정책을 분석하고, 이들 국가는 시장중심의 보수주의 사회복지국가이며 서구와는 다른 동아시아복지레짐으로 표현하였다. 이들 국가는 유교주의적 언어를 사용하고, 노인에 대한 공경, 부모에 대한 효심, 형제간의 우애, 개인보다는 집단우선, 갈등회피, 충성심, 의무감, 만족할 줄 모르는 교육열, 기업가 정신, 엘리트주의 등이 특징이라고 하였다. 또한 이들 국가에서는 복지보다는 경제의 강조, 정부의 복지제공자로서 역할에 대한 반대, 가족주의가 강조되었다. 이는 보수주의적 사회복지체제 구축에 기여하였다고 설명하였다.

3) 한국 복지국가의 진로

이상의 논의에서 보듯이 한국을 복지국가로 보는 견해가 있는가 하면, 복지국가의 이륙기와 태동기에 있는 것으로 보는 학자들이 있다. 또한 한국의 복지국가 성격을 주로 에스핑-앤더슨의 복지레짐에 의하여 세 가지 복지국가 유형 중의 어느 한쪽이나 혼합형으로 구분하는가 하면, 다른 동아시아 모형의 복지국가 모형 혹은 복지레짐으로 분류하는 것 등 그 견해가 매우 다양하다.

저자는 위와 관련한 다양한 관점에서 다양하게 분석되는 동아시아적 특성을 가진, 그러면서도 서구의 전통적 복지국가의 형식과 체계는 한국이 어느 정도 갖추었으나, 그 내용면에서는 복지국가의 실체를 충실하게 갖추어 가는 단계라고 생각한다.

여기서 저자는 현재 진행 중인 복지국가 담론은 레짐, 체제 및 국가관리의 논의이므로 복지정책을 포함한 매우 포괄적인 내용을 포함한 논의라는 점을 유의한다면, 기존 복지논쟁을 포함한 포괄적인 논의이므로 다학문적 논의가 요청된다는 점을 전제로 지적하고 싶다. 즉, 이러한 논의에는 사회보장을 포함하여 복지정책, 경제, 노동, 정치, 행정, 사회, 문화의 복합적 체제논의가 필요하다는 것이다.

두 번째로 한국 복지국가의 진로 선택의 기본 토대는 기존 복지국가 정책의 한계를 극복하고, 여기에 더하여 새로운 사회적 변화에 따라 발생하는 새로운 사회적 위험의 해결을 위한 이중의 현대적 복지국가 구축이 요청된다는 사실이다.

세 번째는 2017년 11월 현재 기초연금 증액과 아동수당을 도입한 정책과 함께 저출산고령사회 관련 정책이 급속하게 확대되는, 이른바 '복지팽창', '사회보장의 팽창'에 대하여 저자는 국가재정의 지속가능성의 측면에서 이러한 논의가 신중하게 검토되어야 하며, 향후 저출산고령사회의 진전에 따른 인구사회학적 변화와 복지제도의 성숙도 등을 기본적으로 감안하면서 장·단기적 복지국가 전략이 이루어져야 한다고 생각한다.

특히 국민의 조세 부담과 사회보장 기여금의 부담, 국민경제의 건전한 성장을 도모하면서 현재의 빈곤의 양극화를 해소하고 중산층의 안정화를 강화시키는 방안, 특히 청년층과 중년퇴직자들의 고용과 취업을 제고시켜야 하는 정책, 국민의 복지의식이 '권리와 책임'을 균형있게 갖는 시민권의 새로운 성찰, 정책선택에 있어서 성숙한 사회적 합의구조의 설정, 중앙정부와 지방정부의 역할분담, 복지전달체계의 개선과 복지인력의 합리적 배치, 건전한 정책정당의 출현과 역할, 노조 조직률의 개선과 노사합의의 문화증진 등이 건강하고 성숙한 한국형 복지국가로 나아가는 데 해결되어야 하는 과제들이라 생각한다.

2 21세기 한국 사회보장제도의 미래

한국형 복지국가의 진로에서 서구의 복지국가가 변화해가는 주된 방향으로 일치를 시켜야 한다는 통설적 제안들이 있음에도 불구하고 보다 자세하고 구체적인 설명을 찾기는 어렵다. 저자는 한국이 가진 이념, 정치, 경제, 사회적 특성을 분석하여 오늘날 한국이 직면하고 있는 이 부문의 성격을 먼저 규명하고, 여기서 나온 자료를 바탕으로 21세기 한국 사회보장제도를 모색해야 한다는 생각이다. 따라서 21세기 한국 사회보장제도의 모색은 그만큼 복잡한 주제이다. 다만 여기서는 핵심적인 방향만 제시해 보고자 한다.

21세기 한국 사회보장제도 모색을 위한 핵심적인 방향만 제시한다고 하더라도 어떤 측면에서 무엇을 설명할 것인가를 다시 생각해 보아야 한다. 사회보장제도의 환경요인, 사회보장제도의 내용을 구성하는 주체, 할당, 급여, 전달체계, 재정 등을 언급해야 한다. 또한 사회보장제도의 부문 혹은 영역이라고 할 수 있는 소득, 보건의료, 주거, 교육, 고용 및 사회복지서비스를 세부적으로 설명해야 할지도 모른다. 이렇게 보면 이 작업 자체가 하나의 거대한 담론이고 새로운 주제이다. 이 장은 종장으로서 지금까지 학습하였던 내용을 마무리하고 간단한 시사점과 제안을 하는 부분이다. 따라서 거시적인 측면에서 21세기 한국 사회보장제도의 방향을 모색하는 데 그치기로 한다.

먼저, 선진 복지국가의 사회적 위험이건 한국사회의 특징이든지간에 빈곤의 문제는 사회보장제도를 통해 해결해야 하는 핵심문제 중의 하나이다. 1997년 이래 한국은 새로운 국내외적인 환경에 대응하면서 경제·사회적 변화를 모색하여왔다. 그중에서 사회보장, 사회복지 측면에서 정책적 노력을 꾸준히 경주하여왔다. 표 14-3에서 보는 바와 같이 공공사회복지비용을 1997년에 비하여 거의 3배 정도로 급속하게 증진시키면서 사회보장제도의 확대와 내실화에 노력해왔다.

표 14-4 소득분배지표* 추이

	'06년	'07년	'08년	'09년	'10년	'11년	'12년	'13년	'14년	'15년	'16년	증감
지니계수	0.306	0.312	0.314	0.314	0.310	0.311	0.307	0.302	0.302	0.295	0.304	0.009
소득 5분위 배율	5.38	5.60	5.71	5.75	5.66	5.73	5.54	5.43	5.41	5.11	5.45	0.34
상대적 빈곤율(%)	14.3	14.8	15.2	15.3	14.9	15.2	14.6	14.6	14.4	13.8	14.7	0.9

* 가계동향조사와 농가경제조사가 결합된 기초자료로 균등화 처분가능소득 기준으로 산정
소득 5분위 배율 = 상위 20% 계층의 소득 / 하위 20% 계층의 소득
상대적 빈곤율: 중위소득* 50% 이하인 계층이 전체 인구에서 차지하는 비율
자료: 통계청 홈페이지.

그럼에도 불구하고 소득분배지표는 개선되는 상황이 미흡하다. OECD 회원국가별 소득분배 및 빈곤현황을 알아보면 다음과 같다(표 14-4). 지니계수는 회원국 중에서 작은 편에 속하여 상대적으로 소득의 불평등도가 높은 경향을 보이며, 상대적 빈곤율이 미국과 일본을 제외하면 제일 높은 것으로 나타났다(표 14-5). 표 14-5에는 나타나 있지 않으나 표 14-4에 따르면 5.11로 소득 5분위 배율 역시 상대적 빈곤율과 동일하게 미국, 영국 및 일본을 제외하고

높게 나타나 전반적으로 소득분배가 불평등하게 배분되어 있는 한편 빈곤율이 높은 것으로 보인다.

표 14-5 OECD 회원국가별 소득분배 및 빈곤현황(2015년)

	지니계수	상대적 빈곤율	소득 5분위 배율	65+ 빈곤율(%)
미국	0.39	16.8	8.3	20.9
영국	0.36	10.9	6.1	13.8
뉴질랜드	0.349	10.9	5.8	19.4
호주	0.337	12.8	5.7	25.7
일본	0.33	16.1	6.1	19
스위스	0.297	9.9	4.6	19.4
프랑스	0.297	8.2	4.5	3.6
독일	0.289	9.5	4.4	9.5
스웨덴	0.274	9	4.1	10
노르웨이	0.257	8.1	3.9	4.3
덴마크	0.256	5.5	3.6	3.2
한국	0.295	13.8	–	45.7

자료: OECD 홈페이지.

여기에 더하여 한국의 노인빈곤율이 다른 연령계층에 비하여 OECD 회원국 중에서 압도적으로 세계 1위를 차지하고 있다. 2017년 11월 11일 OECD가 내놓은 '불평등한 고령화방지' 보고서에 의하면, 66세에서 75세 노인의 상대적 빈곤율은 42.7%, 76세 이상 노인의 빈곤율은 60.2%로 비교대상 38개 회원대상국 중 압도적 1위를 기록하였다. 한국의 66세에서 75세 노인의 상대적 빈곤율은 OECD 회원국 평균인 10.6%의 4배, 76세 이상 노인의 빈곤율은 4.2배로 높았다(연합뉴스, 2017. 11.11).

노인빈곤의 문제는 급속한 사회변동 및 고령화와 가족의 부양기능 약화, 공적 소득보장제도인 연금제도의 미흡, 노인고용과 취업에 대한 정책적 대응의 한계 그리고 현재의 고령층이 가진 취업역량의 한계 등이 맞물려 있다. 따라서 고령자를 위한 노동과 연계된 사회보장의 기능이 한층 강화되어야 할 것이다.

두 번째는 비정규직의 규모와 증가에 따른 사회보장제도의 한계이다. 노동시장의 유연성으로 인하여 비정규직이 증가하고 전직이 일반화됨에 따라 기존의 사회보장제도에서 사각지대가 발생하는 문제가 심각하다. 그러므로 사회보장제도에서 배제되는 집단이 많아지고 있어 사회보장제도의 근간을 흔드는 요인이 되고 있다.

앞의 내용과 관련한 자료를 찾아보면 표 14-6과 같다. 즉, 2001년에서 2007년 동안 비정규직은 정규직에 비하여 국민연금, 건강보험 및 고용보험 등에서 보험급여 수혜비율이 상대적으로 낮아 사회보장급여에서 배제되는 경우가 발생하고 있다. 노동과 연계된 소위 '비스마르크형 사회보장제도'의 한계를 보완할 수 있는 사회보장제도의 개선이 필요하다.

표 14-6 고용형태별 사회보험 및 노동조건 적용률 : 2001–2007

	2001			2005			2006			2007		
	국민	건강	고용	국민	건강	고용	국민	건강	고용	국민	건강	고용
임금노동자	51.8	54.3	46.9	61.4	61.9	53.1	62.6	63.2	54.6	62.6	63.9	55.6
정규직	92.7	94.8	80.0	98.0	98.3	81.6	98.2	98.4	82.9	98.8	99.3	83.8
비정규직	19.3	22.2	20.7	32.8	33.4	30.7	33.6	34.5	31.5	33.9	35.8	33.3

자료: 한국노동사회연구소(김유선)가 분석한 자료를 정리한 것임. 2007년 수치는 2007년 3월 기준, 2006년 수치는 8월 기준. 윤홍식(2007). 재인용.

세 번째, 저출산·고령화 현상으로 인한 여성, 고령자 관련 케어와 복지문제가 발생하고 있는데, 기존의 소득보장과 사회보험 위주의 사회보장제도로는 대응책에 한계를 드러내고 있다. 가족의 부양부담은 더욱 무거워지고, 그중에서 여성들의 부양부담이 상대적으로 늘어난다. 영유아보육, 장애인 및 고령자 부양 등에 대한 사회보장제도의 대응책이 더욱 강화되어야 한다. 더욱이 고령자수의 급속한 증가로 인한 연금재정안정화 방안이 사회적 쟁점으로 떠오르고, 다른 한편으로는 노후소득보장에서 배제된 고령자수가 증가하는 실정에서 이들에 대한 사회보장 정책적 대응책이 시급하다.

네 번째, 주거복지문제는 삶의 질에 결정적인 영향을 미치는 부문임에도 불구하고 아직 사회보장제도의 영역에서 간과되고 있다. 현실적으로 한국인은 주택소유와 주거문제에 대해서 다른 국가에 비하여 강한 소유의식을 가지고 있는데 그만큼 주거문제와 복지가 상대적으로 더욱 중요하다. 최근에는 기본적 인권으로서 주거권을 주장하는 만큼 향후 21세기 사회보장 정책의 모색에서는 반드시 주거복지 부문이 언급되어야 한다. 지금도 쪽방, 비닐하우스촌, 지하주거 등이 사회적 문제가 되고 있으며(홍인옥, 2005), 장애인이나 고령자에게 필요한 특별한 욕구에 부응하는 주거복지서비스 역시 사회적으로 관심이 되고 있다. 특히 사회적 양극화와 고령사회의 진전에 따라 주거복지는 더욱 중요한 사회보장 분야가 될 것이다.

다섯 번째, 교육과 연관된 사회보장에 관한 것이다. 한국의 교육이 새로운 시대와 문제에 적절하게 대응하기 위한 거시적 · 종합적 대책이 필요하지만, 사회보장제도와 연관되는 교육복지는 교육의 양극화, 가난의 대물림과 악순환의 문제와 관련되어 있다. 즉, 부모의 학력이나 소득 수준에 따른 교육격차는 자녀들에게 유사하게 교육격차를 가져오고, 이것은 다시 자녀들의 직업과 소득 수준으로 연결된다. 그리하여 교육의 양극화는 가난을 부모세대에서 자녀세대로 대물림할 가능성이 높다. 여러 연구결과에서 사회경제적 차이는 교육기회 획득의 차이로 나타나며, 교육기회의 격차는 교육결과의 격차에 영향을 미치고, 다시 교육결과의 격차는 사회경제적 차이의 심화로 귀결되는 악순환의 고리를 이룬다(대통령자문 정책기획위원회, 2006 : 166-168). 그러므로 교육관련 사회보장 급여를 강화하여 교육의 양극화, 가난의 대물림 문제를 해결해야 한다.

이러한 문제상황을 해결하면서 21세기의 새로운 환경변화에 대비하는 사회보장 정책을 모색하기 위해서 필요한 몇 가지를 제안하고자 한다.

첫 번째, 앞에서 언급한 바와 같이 새로운 사회적 위험에 대비한 사회보장

정책의 개선이다. 이는 기존의 정책내용을 보완하는 방향에서 각종 정책을 전개해야 할 것이다. 기존의 정책적·제도적 장치를 개선·발전시키는 방향이다.

두 번째, 이 과정에서 특별하게 관심을 가져야 할 것은 고용-교육-복지를 상호연계시키는 사회보장 정책을 강구하는 방안이다. 이미 사회투자국가 지향의 사회보장 정책에서 알 수 있듯이 고용, 교육훈련 및 복지는 통합적으로 운용되어야 하는 시대이다. 특히 세계화, 탈산업사회 등의 국내·외적인 사회변화로 말미암아 발생하는 비정규직, 전직, 조기퇴직 등의 문제를 사회보장 정책으로 해결할 수 있는 방안을 강구해야 한다. 이와 함께 발생하는 신빈곤이나 양극화 현상을 해소할 사회보장 정책 방안도 마련되어야 할 것이다. 이는 결국 기존의 사회보장제도를 개선함과 동시에 새로운 사회보장제도를 도입하고, 그리하여 전체적인 사회보장 정책을 '현대화'하거나 사회보장제도를 '개혁'해야 하는 시기에 돌입하고 있다고 볼 수 있다.

세 번째, 이념과 가치의 측면에서 21세기 사회보장 정책은 시민권을 강조하는 한편 연대와 책임성을 동시에 부여하는 사회보장 정책을 진전시켜야 한다. 무임승차, 도덕적 해이 등의 부정적 문제가 발생하지 않으면서 시민으로서 누려야 하는 사회보장 정책을 만들어야 한다. 특히 지역, 성별, 경제적 수준, 교육 등에서 차별 없는 사회보장 정책이 실행되어야 한다.

네 번째, 경제적인 측면에서는 경제공동체로서 투명하고 견실한 경제활동이 이루어질 수 있어야 한다. 지하경제의 규모를 가급적 축소하고 조세정의를 확립하며, 금융 및 부동산 경제를 활성화하는 한편 투명경영을 뿌리내려야 한다. 이는 사회보장 정책의 환경여건으로서 중요하다.

다섯 번째, 정치적 측면에서 앞으로의 정치는 사회보장정치, 복지정치, 생활정치가 중요한 쟁점으로 부각될 것이다. 사회보장 정책과 연관된 문제를 합리적이고 합법적으로 정치쟁점화할 수 있어야 한다. 올바른 정치과정이 이루어지고 정치과정에 사회보장 정책 쟁점을 투입할 수 있는 제도적 장치가 중요하다. 이렇게 하기 위해서는 사회보장 정책 관련 집단들이 연대하여 사회보장운동 혹은 사회보장 정책 실천활동을 전략적으로 전개하는 것이 필요하다.

여섯 번째, 국가중심의 사회보장 정책이 점점 기업, 종교, NGO 등의 민간 부문과 파트너십을 가지고 함께 의논하고 실천해야 할 시기가 도래하였다. 특히 지역단위의 거버넌스가 무엇보다도 강조되는 시대가 되었다. 여기에서 국가는 노동자집단, 사용자집단, 사회복지 관련 집단(공급자, 수혜자, 실무자 등), 종교조직, NGO 등과 함께 지역단위에서 공동체적인 가치를 가지고 사회보장 정책을 형성하고 실행해야 하는 시대이다. 그러므로 사회보장정책의 결정과정이 국가중심에서 보다 큰 사회 전체의 사회협약을 중시하는 환경으로 전환되는 것에 유념할 필요가 있다. 이제는 사회보장 정책 결정과 관련하여 어떻게 사회협약의 전통을 만들어 갈 것인지를 고민해야 한다.

참고문헌

감정기 외(2006). **사회복지의 역사**. 서울: 나남출판사.

강혜규(2008). 사회투자정책의 추진과 사회서비스 발전방향. 진보정치연구소.

고용노동부(2017). 2016년 고용노동백서 2017a.

고용노동부(2016). 2015년도 산재보험 사업연보.

고용노동부(2017). 2017년 산재 · 고용보험 가입 및 부과업무 실무편람 2017b.

공무원연금관리공단 조사연구실(2005). 연금개혁.

구순자(2005). 저소득취약계층 의료급여체계의 문제점과 그 개선방안에 관한 연구. 서울시립대학교 도시과학대학원 석사학위논문.

국민건강보험공단(2016). 2016 상반기 노인장기요양보험 주요통계. 2016. 11.

국민건강보험공단(2016). 2015 노인장기요양보험 통계연보. 2016. 6.

국민건강보험공단(2016). 의료급여사업 통계연보.

국민건강보험공단(2017). 2017 사업장업무편람.

국민건강보험공단(2017). 2017. 1/4 건강보험 주요통계 개요.

국민연금공단(2016). 2017년 알기 쉬운 국민연금 사업장 실무안내. 2016. 12.

국민연금공단(2017). 국민연금 공표통계(안)(2017): 2017년 5월말 기준.

권문일(2014). 연금체계의 유형과 특징. 김성숙 외. 공적연금의 이해II. 국민연금연구원.

김규판 외(2013). 일본 재정의 지속가능성과 재정규율에 관한 연구. KIEP 정책연구 브리핑.

김기원(2016). **사회보장론**. 서울: 정민사.

김기원(2000). **공공부조론**. 서울: 학지사.

김동국 편(1996). **서양 사회복지사론**. 서울: 유풍출판사.

김상균 외(2006). **비교빈곤정책론**. 경기: 나남출판사.

김상호(1994). 고용보험제도의 정착과 발전방안에 관한 연구. 사회보장연구. 제10권 제1호.

김성숙(2000). 사회보장협정의 현황과 과제. 한국사회복지정책학회. 사회복지정책 제10집.

김성숙 외(2008). 공적연금의 이해. 국민연금연구원.

김수완 외(2005). 다층노후소득보장체계 구축 연구. 국민연금연구원.

김연명(2007a). "사회투자정책과 한국사회정책의 미래", 한국사회의 미래와 사회투자정책, 한국사회복지학회 등.

김연명(2007b). 사회투자국가, 새로운 사회복지 패러다임인가? 사회투자국가. 한국 사회복지의 대안인가? 비판과 대안을 위한 사회복지학회 2007 춘계학술대회.

김연명 편(2002). **한국 복지국가 성격논쟁**. 서울: 인간과 복지.

김영모(1990). **현대사회보장론**. 서울: 한국복지정책연구소출판부.

김영모(2010). **빈곤이론 빈곤정책**. 서울: 고헌출판사.

김영순(2007). 사회투자국가가 우리의 대안인가?. 사회투자국가의 의미와 한국사회의 적용가능성 모색. 한국사회복지정책학회 2007년도 춘계학술대회.
김유성(2000). **사회보장법**. 경기: 법문사.
김유성(1992). 정년제의 의미와 법적 문제. 서울대학교 법학 제33권 2호.
김상호(1994). 고용보험제도의 정착과 발전방안에 관한 연구. 사회보장연구. 제10권 제 1호.
김태성 · 성경륭(1993). **복지국가론**. 서울: 나남출판사.
김태성 외(2005). **현대복지국가의 변화와 대응**, 경기: 나남출판사.
나병균(1986). 사회보장의 기본원리. 사회보장연구. vol.2 No.1.
노병일(2009, 2016). **사회보장론**. 경기: 공동체.
노상헌(2008). 통근재해에 관한 판례법리와 산재보험의 사회보장화에 대한 검토. 노동법연구 제21호.
대통령자문 정책기획위원회(2006). **선진복지한국의 비전과 전략**. 서울: 동도원.
류길상(1993). **일본 고용보험제도 연구**. 서울: 한국노동연구원.
류길상(1995). 고용증대 및 고용안정을 위한 사회보장제도의 과제. 사회보장연구. 제11권.
모지환 외(2003). **사회보장론**. 서울: 학지사.
문옥륜(2000). **의료보장**. 서울: 신광출판사.
박병현 · 윤성호(2017). **사회보장론**. 서울: 정민사.
박석돈(2005). **사회보장론**. 경기: 양서원.
박순일(1994). **한국의 빈곤현실과 사회보장**. 서울: 일신사.
박용주(2016). 2016-2060년 NABO 장기 재정전망. 국회예산정책처.
배영수(1983). 미국 뉴딜 행정부의 사회정책. 양병우 외. **복지국가의 형성**. 한국사회과학 연구소 편. 서울: 민음사.
보건복지부(2016). 2015 보건복지백서 2016a.
보건복지부(2016). 2015 의료급여통계 2016b.
보건복지부(2016). 2016 보건복지통계연보 2016c.
보건복지부(2017). 2017 의료급여사업안내 2017a.
보건복지부(2017). 2016 보건복지백서 2017b.
보건복지부(2017). 2017 국민기초생활보장사업안내 2017c.
보건복지부(2017). 2017 의료급여 사례관리업무매뉴얼 2017d.
석재은(1999). 노인 장기요양보호의 공급주체간 역할분담 유형에 관한 비교연구 : 비용부담과 보호 제공을 중심으로. 이화여자대학교 대학원 박사학위논문.
손준규(1981). 한국의 복지정책 결정과정에 대한 연구. 서울대학교 대학원 박사학위논문.
손창숙(2011). 한국 노인장기요양보험제도에 관한 연구. 한국균형발전연구 제2권 제2호.
송호근 · 홍경준(2006). **복지국가의 태동**. 서울: 나남출판사.
신광영(2007). 복지레짐과 사회투자국가. **한국사회의 미래와 사회투자정책**. 한국사회복지학회 등.
신복기(1999). 한국의 노인 장기요양보호정책 모형. 대구대학교 대학원 박사학위논문.

신섭중 외(1986). **각국의 사회보장**. 서울: 유풍출판사.

신섭중 외(1990). **비교사회복지론**. 서울: 유풍출판사.

신섭중(1998). **사회보장정책론**. 서울: 대학출판사.

신수식(1989). **사회보장론**. 서울: 박영사.

안상훈(2006). 사회서비스국가로의 전환논리. 사회투자국가로의 전환과 사회복지노동시장. 2006년도 한국사회복지학회 추계 공동학술대회.

양병우 외(1983). **복지국가의 형성**. 한국사회과학연구소 편. 서울; 민음사.

양정하(2004). **사회복지발달사**. 서울: 현학사.

양정하 외(2013). **사회보장론**. 경기: 공동체.

양재진(2006). 사회투자국가론과 한국에의 적용가능성 검토. 2006년 동계학술대회자료집. 한국행정학회.

양재진(2007). 사회투자국가, 신자유주의의 변종인가 대안인가? : 새로운 경제 사회 패러다임으로서의 가능성 검토. 참여연대 사회복지위원회. 사회투자국가의 의미와 한국적 적용가능성 검토.

유길상(1995). 고용증대 및 고용안정을 위한 사회보장제도의 과제. 사회보장연구 제11권.

유광호(2005). **사회보장발달사**. 서울: 유풍출판사.

윤영진 외(2011). **사회서비스정책론**. 서울: 나눔의집.

윤조덕(1999). 산재보험과 노동운동: 우리나라와 독일의 비교를 통하여. 한국노총중앙연구원.

윤홍식(2007). 새로운 사회위험의 확대와 새로운 사회보장체계의 필요성. 한국사회복지학회 2007년도 추계학술대회 자료집.

에스핑 엔더슨 편. 한국사회복지연구회 역(1999). **변화하는 복지국가**. 서울: 인간과 복지.

원석조(2001). **사회복지의 역사**. 경기: 양서원.

원석조(2016). **사회보장론 제3판**. 경기: 양서원.

원용찬(1998). **사회보장발달사**. 전북: 신아출판사.

유광호(2005). **사회보장발달사**. 서울: 유풍출판사.

이강훈(2013). **사회복지 용어사전**. 경기: 이담북스.

이광재(2007). **노인요양보험제도의 이해**. 경기: 공동체.

이두호 외(1992). **국민의료보장론**. 경기: 나남출판사.

이인재 외(2001). **사회보장론**. 경기: 나남출판사.

이상광(1986). **사회법**. 서울: 박영사.

이영환(2007). 21세기 한국 사회복지의 이슈와 쟁점. 참여연대 사회복지위원회 편. 한국 사회복지의 현실과 선택. 나눔의 집.

조국행 · 김동호(2010). 국가간 비교를 통한 노인장기요양보험제도 개선방안. 21세기 사회복지연구 제7권 제2호.

전남진(1987). **사회정책학강론**. 서울: 서울대학교출판부.

지은정(2006). 베버리지 보고서의 사회보장 원칙과 가정에 대한 비판의 타당성 검토. 한국사회복지학 58권 제1호.

최정순(2008). 의료여제도의 개선방안에 한 연구. 인하대학교 행정대학원 석사학위논문.
최현진(2017). 의료보장 유형에 따른 저소득층의 과부담의료비 및 미충족 의료 발생. 서울대학교 보건대학원 석사학위논문.
타케가와 쇼고(Tagcgawa Shogo)(2009). 복지국가로의 이륙시기와 발진경로. 유럽, 일본, 한국의 비교. 비판과 대안을 위한 사회복지학회. 한국과 동아시아 복지체제의 재조명.
통계청(2016). 국민기초생활보장수급자현황.
통계청(2017). 2017 고령자통계.
폴피어슨 지음. 박시종 옮김(2006). **복지국가는 해체되는가**. 서울: 성균관대학교출판사.
한국보건사회연구원(2016). 2016 빈곤통계연보.
한국복지연구회(1990). **사회복지의 역사**. 서울: 이론과 실천.
한국사회복지연구회(1988). **사회복지의 역사**. 서울: 이론과 실천.
한정란(2001). **교육노년학**. 서울: 학지사.
한정수(2015). 부문별 사회복지지출 수준 국제비교평가. 국회예산정책처.
현외성(2000). 사회복지정책강론. 경남대 사회복지학과. 미출판.
현외성(2011). 동아시아 복지국가 모형 연구동향. 법정리뷰 제28집 2호. 동의대학교 지방자치연구소. 2011. 12. 31.
현외성(2013). 최근 복지논쟁과 한국 복지국가의 진로. 한남대학교 사회과학연구소.
현외성(2015). 지방자치단체의 복지재정위기와 민간사회복지시설의 파급효과 및 대응방안. 2015년도 경남 사회복지정책 토론회.
현외성(2015). 기초연금 정책형성과정과 복지정치분석. 창원국제학술대회.
현외성(2016). **사회복지정책 강론**. 경기: 양서원. 2010, 2016a.
현외성(2016). **한국사회복지법제론**. 경기: 양서원. 2016b.
현외성(2016). **노인복지학 신론**. 경기: 양서원. 2016c.
현외성 외(1992). **복지국가의 위기와 신보주주의적 재편**, 서울: 대학출판사.
현외성 외(2017). **현대 사회문제론**. 서울: 창지사.
현외성 · 임춘식(2017). 노인복지청을 신설하라 : 노인복지청 신설의 필요성과 입법전략. 노인복지청 신설 입법토론회. 한국노인복지시설연합회.
홍백의(2014). 공사연금 혼합추세. 김상균 외. 공적연금의 이해Ⅱ. 국민연금연구원.
홍인옥(2005). 주거빈곤계층의 주거실태와 지원방안. 국민주거복지의 향상 4.
황인국(1999). 고용보험제도의 성립 및 발전과정에 관한 비교론적 고찰. 경기대학교 대학원 석사학위논문.
황인옥 외(2006). **사회복지법제론**. 서울: 학현사.

C. Pierson 저. 현외성 · 강욱모 역(2007). **전환기의 복지국가**. 경기: 학현사.
G. V. Rimlinger 저. 한국사회복지학연구회 역(1991). **사회복지의 사상과 역사**. 경기: 한울.
岡村重夫 저. 송정부 역(1980). **사회복지학**. 서울: 학문사.

大塚達雄 外. 공저. 송정부 외 역(1992). **사회복지**. 서울: 대영문화사.

上田 千秋 저. 서 윤 역(1989). **현대사회복지학원론**. 서울: 시인사.

孝橋正一 a저. 중앙사회복지연구회 역(1991). **현대자본주의와 사회사업**. 서울: 이론과 실천.

孝橋正一 b저. 중앙사회복지연구회 역(1991). **사회사업의 기본문제**. 서울: 이론과 실천.

小倉襄二・小松源助・高島 進 編(1973). **社會福祉の基礎知識**, 東京. 有斐閣.

右田紀久惠 外(1990). **福祉財政論**, ミネルヴァ書房. 京都.

隅谷三喜・丸尾直美(1987). **福祉サ -ビスと財政**. 中央法規出版, 東京.

林 健久(1992). **福祉國家の財政學**. 有斐閣. 東京.

村上雅子(1984). **社會保障の經濟學**. 東洋經濟新聞社. 東京.

荒木誠之(1974). **現代の社會保障**, 東京. 同文舘.

A. Evers et al. ed.,(1990) *Sifts in the Welfare Mix*, Campus Verlag, Frankfurt.

Adalbert Evers et al. ed.,(1987). *The Changing Face of Welfare.* Gower, England.

Bob Jessop(2002). *The Future of the Capitalist State*. Polity Press, Cambridge.

Brian Abel Smith(1992). "The Beveridge report: Its origins and outcomes". International *Social Security Review*. 45 (1 - 2).

C. Offe(1984). *Contradictions of the Welfare State*. London, Hutcbinson Education.

Catherine Jones ed.,(1996). *New Perspectives on the Welfare State in Europe*. Routledge, London.

Catherine Jones(1990). *Hong Kong, Singapore, South Korea and Taiwan: Oikonomic Welfare State, Government and Opposition*, 25.

Catherine Jones(1993). Pacific Challenge : Confusian Welfare State, in *New Perspectives on the welfare state in Europe*. London: Routledge.

D. Fraser(1970). *The Evolution of the British Welfare State*. Macmilan, London.

David Collier & Richard(1975). "Prerequisites Versus Diffusion : Testing Alternative Explanations of Social Security Adoption", *American Political Science Review* 69, 1299-1315.

Donald E. Chambers(2000). *Social Policy and Social Programs*. Allyn and Bacon, Boston.

Esping-Andersen(1985). *Politics Against Markets*. Princeton University Press.

Esping-Andersen(1990). *Three Worlds of Welfare Capitalism*. Princeton, Princeton University Press.

Esping-Andersen(2002). *Why We need a New Welfare state*. Oxford Uni. Press.

F. Piven & R. A. Cloward(1971). *Regulating the Poor*. Vintage Book, New York.

G. E. Rejda(1988). *Social Insurance and Economic Security*. Prentice-Hall, Englewood Cliffs, NJ.

Gaston V. Rimlinger(1971). *Welfare Policy and Industrialization in Europe, America, and Russia*, John & Sons, Inc., New York.

H. Glennester(1985). *Paying for Welfare*. Blackwell, Oxford.

Harold Wilensky(1975). *The Welfare State Equality*. University of California Press, Berkeley.

Hartley Dean(1991). *Social Security and Social Control*. Routledge, London.

Holzmann, R.,(2000). "The world bank approach to pension reform", *International Social Security Review*, 53(1), 11-34.

Holzmann, R.,(2013). "Global pension systems an d their reform: Worldwide drivers, trends and challenges", *International Social Security Review*, 66(2).

Hugh Heclo(1984). "Toward a New welfare state?", in P. Flora and A. J. Hedenheimer eds., *The Development of welfare state in Europe and America*, New Brunswick, Transaction Books.

I. C. Merriam(1962). *The Relation of Social Security and Social Welfare*. Social Sevice Bulletin.

Ian Gougn(1981). *The Political Economy of the Welfare State*. The Macmilan Press Ltd., London.

ISSA · Social Security Administration(2016). *Social Security Programs Throughout the World: Europe*.

J. Baker(1979). "Social Conscience and Social Policy". *Journal of Social Policy*, vol.8.

J. Higgins(1978). "Regulating the Poor Revisited". *Journal of Social Policy*, vol.7.

J. Higgins(1981). *States of Welfare*. Basil Blackwell, Oxford.

James Midgley(1985). "Diffusion and Development of the Social Policy". *Journal of Social Policy*.

James O'Connor(1973). *The Fisical Crisis of the State*. St. Martin's Press, New York.

Jocheon Clasen and Nico A. Siegel ed.,(2007). *Investigating Welfare State Change*. Edward Elgar, Cheltenham.

John Edwards(1981). "Subjectivist Approach to the Study of Social Policy Making", *Journal of Social Policy*, Vol. 10, July 1981.

John Carrier & an Ian Kendall(1979). "The Development of Welfare States : The Production of Plausible Accounts", *Journal of Social Policy*, Vol. 8, Part 2.

John Carter ed.,(1998). *Postmodernity and Fragmentation of Welfare*. Routledge, London.

Jocheon Clasen and Nico A. Siegel ed.,(2007). *Investigating Welfare State Change*. Edward Elgar, Cheltenham.

K. Judge ed.,(1980). *Pricing the Social Services*. the Macmillan Press.

Klaus Armingeon and Giuliano Bonoli ed.,(2006). *The Politics of Post-Industrial Welfare States : Adapting post-war social policies to new social risks*. Routledge, London.

M. Bruce(1974). *The Comming of the Welfare State*. B. T. Batsford, London.

M. l. Harrison(1984). *Corporatism and the Welfare State*. Gower, England.

M. Schroder(2008). Integrating Welfare and Production Typologies: How Refinements of the Varieties of Capitalism Approach call for a Combination of Welfare Typologies. *Jnl Soc.*

Pol., 38.

N. Johnson(1987). *The Welfare State in Transition*. Wheatsheaf Books Ltd., Sussex.

N. Johnson(1990). *Reconstruction the Welfare State*, New York: Harvest, Wheatsheaf.

Neil Gilbert & Paul Tetrrell(1974, 1998, 2010). *Dimensions of Social Welfare Policy*. Allyn and Bacon, Boston.

Neil Gilbert(1989). *Capitalism and the Welfare State*. Yale University Press, New Heaven.

Norman Johnson(1990). *Reconstructing the Welfare State : A Decade of Change 1980-1990*. New York, Harvester Wheatsgeaf, 1990.

Norman Johnson(1987). *The Welfare State in Transition : The Theory and Practice of Welfare Pluralism*. Amherst, The University Massachusetts Press, 1987.

P. Hall(1952). *The Social Services of Modern England*. Routledge, London, 1952.

Patrick Kearns et al.,(1988). *Welfare and Worker Participation*. The Macmillan Press Ltd.

Paul Pierson(2001). *The New Politics of the Welfare State*. Oxford University Press.

Peter Flora et, al.,(1983). The Growth of Mass Democracies and the Welfare States. *Economy, and Society in Western Europe 1815-1975 : A data Handbook*, Vol. 1, Franfurt, Camus Verlag.

Peter Folra & Jens Alber(1981). Moderniation, Democratization, and the Development of Welfare States in Western Europe. In *the Development of Welfare States in America*, ed., Flora and A. J. Heindenheimer, New Brunswick, N. J, Transaction Books and 1981.

Phoebe Hall, et al.,(1975). *Chang, Choice and Conflict in Social Policy*. Heineman Educational Books Ltd., London.

Pierson(1994). *Dismantling the Welfare State? Reagan, Thatcher, and the politics of retenchment*. Cambridge, Cambridge University Press.

R. Goodman & I. Peng(1996). The East Asian Welfare state : Peripatetic learning, adaptive change, and nation buildings. in G. Esping-Andersen (ed.), *Welfare State in Transition*, London: Sage Publications.

P. R. Popple & L. Leighninger(1998). *The Policy-Based Proffession*, Boston: Allyn and Bacon.

Richard M. Titmuss(1976). *Essays on the Welfare State*, London: Allen & Unwin.

Ramesh Mishra(2003). *Globalization and Social Security Expansion in East Asian*. Singapore National University.

Ramesh Mishra(2004a). *Social Policy in East and Southeast Asia*. London: Routledge.

Ramesh Mishra et al.(ed.)(2004b). *Modernizing the Korean Welfare State : Towards the Productive Welfare Model*. UK: Transaction Publishers.

Richard M. Titmuss(1979). *Commitment to Welfare*. George Allen & Unwin, London.

Stewart MacPherson & James Midgley(1987). *Comparative Social Policy and the Third World.*

Wheatsheaf, Sussex.

Taylor-Gooby(2004). *New Risks, New Welfare*. Oxford University Press.

Vic George & Paul Wilding(1984). *The Impact of Social Policy*. RKP, London.

Victor George(1973). *Social Security and Society*. Routledge, London.

W. Beveridge(1942). *Social Insurance and Allied Services*(the Beveridge Report). Cmd 6404, HMSO, London.

Walter I. Trattner(1983). *Social Welfare and Social Control*. The University of Tennessee Press, Knoxville.

Wood & Gough(2006). A Comparative Welfare Regime Approach to Global Social Policy. *World Development* Vol. 34. No. 10.

World Bank(1994). *Averting the Old Age Crisis*. Washington D.C.: World Bank.

World Bank(2005). *Old Age Income Support in the 21st Century*. Washington D. C.: World Bank.

경제협력개발기구. http://www.oecd.org/social/income-distribution-database.htm

고용노동부. http://www.moel.go.kr

공무원연금공단. www.geps.or.kr

국민건강보험공단. http://www.nhis.or.kr

국민연금공단. www.nps.or.kr

국방부 군인연금. www.mps.go.kr

국제노동기구. http://www.ilo.org/global

국제사회보장협회. https://www.issa.int/en

노인장기요양보험. http://www.longtermcare.or.kr

네이버 국어사전. http://krdic.naver.com

미국 사회보장청. https://www.ssa.gov/policy

법제처. http://www.law.go.kr

보건복지부 사회서비스 전자바우처. http://www.socialservice.or.kr

보건복지부. http://www.mohw.go.kr

사학연금. www.tp.or.kr

세계노동조합연맹. http://www.wftucentral.org

유럽공동체 사회헌장 및 사회보장헌장. http://www.coe.int/en/web/turin-european-social-charter/european-code-of-social-security

통계청 통계설명자료. http://meta.narastat.kr

통계청. http://www.kostat.go.kr

WHO. http://www.who.int/en

Yahoo. https://us.yahoo.com

찾아보기

● ㄱ

가계동향조사 / 263
가사활동 수행능력 / 239
가입기간의 합산원칙 / 73
가족사회사업 / 26
가족수당 / 101
가족수당법 / 41
가족의 부양수준 원칙 / 72
가족해체 / 57
가처분 소득 / 56
간병급여 / 200
감액노령연금 / 144
강제개인연금 / 129
강제보험 / 36, 82
강제적 고용보험제도 / 213
개별 보험의 약관 / 86
개별가구 / 269
개별사회사업 / 26
개인적 사회서비스 / 42
개인적인 저축 / 61
개정구빈법 / 26
건강검진 / 172
건강보험 / 86
건강보험심사평가원 / 174
건강보험제도 / 34
건강하고 문화적인 최저생활 / 267
경기변동의 안정화 / 56
경기순환의 자동안정조절 / 53
경제협력개발기구 / 133
계급갈등 / 58
고령사회 / 81, 237
고령화사회 / 237
고용보험 / 81, 207
고용보험기금 / 234
고용보험제도 / 208
고용안정사업 / 211, 218, 225
고용연계 가족수당제도 / 102
고용조정 지원사업 / 227
고용창출 지원사업 / 226
고용촉진 지원사업 / 227
공공복지 재정 / 59
공공부조 / 19, 89
공공부조방식 / 160
공공부조의 원칙 / 64
공공직업안정기관 / 212
공공책임의 원칙 / 64, 75
공급주체 / 113
공사혼합모형 / 132
공적연금 / 124
공적연금비용부담 / 131
공적연금의 사각지대 / 151
공제조합 / 34
공중보건법 / 34
과세력 / 86
과실책임주의 / 187
과정 / 107
교구 / 24
교육급여 / 95, 273
교육복지 / 315
구빈정책 / 24
구빈행정 / 32
구직급여 / 222
구호사업 / 38
국가 직영 의료보험 / 165
국민건강보험법 / 169
국민건강보험제도 / 166
국민건강서비스 / 165
국민기초생활보장 / 21
국민기초생활보장제도 / 93, 259
국민보험법 / 31
국민보험제도 / 33
국민복지연금법 / 135
국민부담 / 52
국민부조법 / 41
국민연금공단 / 152

국민연금급여액의 산정방식 / 147
국민연금급여의 실질가치 / 139
국민연금기금 / 158
국민연금기금운용위원회 / 158
국민연금법 / 136
국민연금보험 / 88
국민최저수준 / 41
국영방식 / 152
국제노동기구 / 13, 71
국제사회보장헌장 / 73
국제사회보장협회 / 15
권력 / 115
귀속적 욕구 / 114
균일갹출방식 / 156
균일급여의 원칙 / 72
근로기준법 / 184
근로의욕 감퇴 / 61
근로자 무갹출의 원칙 / 73
급여 / 272
급여체계 / 114
급여변경의 금지 / 271
급여수급권 / 139
급여수준의 적절성 / 71
급여의 개별화 / 268
급여의 기본원칙 / 265
급여의 산정방식 / 84
급여의 적절성 / 70
급여의 축소 / 46
기금운용 / 154
기본연금액 / 84, 147
기준 중위소득 / 94
기준소득월액 / 150
기회 / 115
긴급복지지원제도 / 93
길버트법 / 25

● ㄴ

내자동원 / 135
노동계약관계 / 121
노동능력자 / 24
노동력의 재생산 / 56
노동무능력자 / 24
노동법 / 184
노동시장의 유연성 / 47
노동연계복지 / 45
노동유인 / 134
노동의 종속성 / 188
노동자 폭동 / 25
노동정책 / 25
노동조합운동 / 29
노령수당 / 101
노령연금법 / 31
노령연금제도 / 32
노령위기의 방지 / 131
노인복지법 / 250
노인복지정책 / 238
노인빈곤 / 123
노인요양보호사 / 116
노인요양시설 / 257
노인장기요양보험 / 81
노인장기요양보험법 / 257
노인장기요양보험제도 / 239
노후소득원 / 134
노후준비서비스 사업 / 154
뉴딜행정부 / 38
능력비례부담 / 86

● ㄷ

다빈도 복합상병 / 292
다수파 보고서 / 28
다층(공사혼합)연금체계 / 131
다층노후소득보장체계 / 131
다학문적 논의 / 310
단기보험 / 169
단기적 재분배 / 55
당연적용사업 / 192
당연적용사업장 / 140
대상의 보편성 / 71
대상의 보편성의 원칙 / 74
대인서비스 / 98
도덕적 해이 / 61, 125, 281
독일노동자총연맹 / 30

돌보는 서비스 / 240
동등대우의 원칙 / 72
동아시아 복지레짐 / 308

● ㄹ

라로크 / 13

● ㅁ

마찰적 실업 / 66
만성질환 / 180
메디케어 프로그램 / 42
메디케이드 프로그램 / 42
명목소득 / 56
명목확정기여 방식 / 133
모성보호 / 230
무갹출연금제도 / 32
무과실책임 / 185
무과실책임주의 / 187
무차별 적용의 원칙 / 74
무차별평등 / 92
무차별평등의 원칙 / 64
무차별평등주의 / 92
물보험 / 86
미국 사회보장법 / 14
미국의 사회보장청 / 14
미래세대의 부담 / 134
민간보험 원리 / 18, 80
민간운영방식 / 243
민영방식 / 152
민영보험 / 85
민영화 / 45
민주성 원칙 / 74

● ㅂ

반환명령 / 281
반환일시금 / 146
범주별 공공부조 / 90
법제화 배경 / 112
베르사유 평화조약 / 71
베버리지 모형 / 126
베버리지 / 13
베버리지보고서 / 41
베이비부머 / 123
보상 / 114
보수월액 / 175
보수주의 복지국가 / 307
보수주의 체제 / 305
보장기관 / 265
보충성의 원칙 / 64
보편적 사회서비스 / 45
보편주의 원리 / 70
보편주의 / 92, 114
보편주의적 원리 / 83
보험가입자 / 193
보험기술 / 79
보험료 부과방식 / 83
보험료 체납 / 139
보험료부과점수 / 176
보험료부과점수당 금액 / 176
보험료율 / 147, 176
보험료징수법 / 203
보험법 / 86
보험사고 / 193
복지국가 위기 / 44
복지국가 유형화 / 106
복지국가레짐 / 307
복지국가의 이륙기 / 310
복지국가의 재정위기 / 47
복지국가의 확대 / 42
복지국가의 황금기 / 130
복지레짐 / 305, 306
복지사각지대 / 76
복지상담원 / 116
복지재원 / 47
복지정치 / 316
복지팽창 / 310
본인부담금환급금 / 171
본인부담액상환제 / 171
부가적인 소득보장 / 103
부과방식 / 155
부양가족연금액 / 147

부양의무 / 94
부정수급자 / 281
분석틀 / 106
분할연금 / 144
불안 / 17
불평등한 고령화방지 / 313
비공식보장레짐 / 307
비공식부문 / 113
비례급여 / 92
비례급여의 원칙 / 72
비보장 / 17
비보장레짐 / 307
비스마르크 모형 / 126
비스마르크 질병보험 / 23
비용부담의 공평성 / 71
비자발적 실업 / 66
빈곤 / 80
빈곤선 / 262
빈곤아동 / 24

● ㅅ

사례관리 / 292
사례관리요원 / 116
사례관리자 / 242
사망일시금 / 146
사업장가입자 / 140
사업주 / 191
사업주의 보상책임 / 187
사적 자치의 원리 / 91
사적소득원 / 134
사적연금 / 124
사회개량주의 / 26
사회문제 / 33
사회민주노동당 / 30
사회보장 / 13
사회보장 비용의 축소 / 47
사회보장 재원조달 / 56
사회보장 제도간 형평성 / 68
사회보장 프로그램 / 15
사회보장급여 / 46, 76
사회보장급여법 / 75
사회보장기본법 / 15, 74, 89
사회보장법 / 38
사회보장비용 / 43
사회보장세 / 185
사회보장의 목적 / 51
사회보장의 원리 / 64
사회보장의 팽창 / 310
사회보장정보시스템 / 76
사회보장정치 / 316
사회보장제도 / 13
사회보장제도 분석틀 / 111
사회보장제도의 역기능 / 61
사회보장제도의 역기능적인 측면 / 54
사회보장제도의 재편 / 45
사회보장제도의 지속가능성 / 68
사회보장체계 / 17
사회보장최저기준조약 / 39
사회보장협정 / 72
사회보험 / 79
사회보험 징수통합 / 156
사회보험료 / 83
사회보험방식 / 160, 243
사회보험연금 / 127
사회보험입법 / 30
사회보험제도 / 29
사회복지 / 20
사회복지 전담공무원 / 268
사회복지법 / 189
사회복지법인 / 77, 275
사회복지사업법 / 75, 275
사회복지서비스 / 20
사회복지시설 / 77
사회복지정책 분석 / 107
사회복지정책의 산출분석 / 109
사회부조연금 / 128
사회비용 최소화 이론 / 185
사회사업 / 20
사회서비스 / 97
사회서비스바우처 / 98
사회서비스전자바우처사업 / 100
사회수당 / 19

사회수당식 공적연금 / 128
사회연대 원리 / 67
사회적 사고 / 17
사회적 역할의 상실 / 122
사회적 연대 / 53
사회적 연대감 / 53
사회적 위험 / 17
사회적 위험과 사고 / 80
사회적 위험의 포괄성 원칙 / 73
사회적 타협 이론 / 185
사회적 평등 / 52
사회정책사 / 35
사회주의 운동 / 29
사회주의 의료보장 / 165
사회주의자탄압법 / 30
사회통제기능 / 105
사회통제론 / 59
사회통합의 기능 / 105
사회투자국가 / 301, 304
사회투자전략 / 304
사회투자정책 / 304
사회협약 / 317
사회화 기능 / 105
산업위험 이론 / 185
산업재해보상보험제도 / 184
산출 / 107
상당인과관계 / 195
상당한 인과관계 / 84
상대적 빈곤 / 261
상대적 빈곤율 / 312
상법 / 86
상병급여 / 222
상병보상연금 / 199
상업보험회사 / 35
상호부조 원리 / 53
상호성 / 67
새로운 사회적 위험 / 17, 99
생계급여 / 95, 272
생산주의적 비공식보장레짐 / 307
생존권 / 65
생존권 보장 / 65
생존권의 보장 / 81
생활보장설 / 188, 189
생활보장위원회 / 276
생활보호법 / 96, 263
생활임금의 지급 / 27
생활정치 / 316
서비스급여 / 20
선택주의 / 91, 92, 114
세계노동조합연맹대회 / 73
세계은행 / 131
세계의 사회보장 / 15
세대간 재분배 / 55
세대내 재분배 / 55
소득 5분위 배율 / 312
소득대체율 / 148, 150
소득보장 / 52
소득비례갹출제 / 155
소득비례급여방식 / 148
소득비례부분 / 84
소득의 단절 / 80
소득의 불평등도 / 312
소득의 재분배 / 52
소득이전 / 91
소득인정액 / 94, 270, 271
소득조사 / 45
소득조사 / 214
소비자 주권 / 163
소수파의 보고서 / 28
소외계층 / 76
소정급여일수 / 223
손해배상제도 / 187
손해배상책임 / 184
수급권 / 93
수급권자 / 261, 269
수급자 / 269
수급자 선정기준 / 270
수발보험 / 81
수정자본주의 / 59
수직적 재분배 / 55
수치심 / 266
수평적 재분배 / 55

스태그플레이션 / 57
스핀햄랜드법 / 25
시설급여 / 250
시장의 실패 / 162
신고의 의무 / 271
신보수주의적 관점 / 44
신용 / 115
신청주의 / 269
신흥생산주의적 복지국가 / 307
실업공제 / 208
실업급여 / 218
실업보험 / 81, 208
실업보험제도 / 35
실업부조제도 / 214

ㅇ

아노미 현상 / 44
아이돌보미 / 116
안전망 / 45
압류금지 / 271
야경국가 / 25
양도금지 / 271
업무기인성 / 194
업무상 사고 / 195
업무상 재해 / 84, 186
업무상 질병 / 195
업무상의 재해 / 191, 193
업무수행성 / 194
엘리자베스 구빈법 / 23
여성 새로일하기센터 / 231
역사 사회적 형성체 / 17
역선택 / 125
역차별 현상 / 83
연계노령연금 / 152
연계성과 전문성의 원칙 / 74
연계퇴직연금 / 152
연금개혁 / 130, 134
연금급여수준의 적정선 / 147
연금보험 / 86
연금보험료율 / 156
연금의 재정안정화 / 133
연금크레딧 / 136
연장급여 / 224
열등처우의 원칙 / 26
온정주의적 인도주의 / 27
완전고용 / 41, 66
완전노령연금 / 143
왕립조사위원회 / 28
외부효과 / 163
요람에서 무덤까지 / 40
요양급여 / 171, 196
요양보호사 / 258
요양비 / 172
우애조합 / 32
원리 / 63
원외구제 / 26
원칙 / 63
위탁방식 / 152
위험공동체 / 53, 82
위험의 분산 / 57
유교주의적 복지국가체제 / 309
유족급여 / 199
유족연금 / 145
유형화 / 106
육아휴직제도 / 230
의료공급의 독점 / 163
의료급여 / 21, 95, 274
의료급여 관리사 / 292
의료급여 수급자 / 289
의료급여기간 제한 / 291
의료급여기관 / 291
의료급여기금 / 293
의료급여제도 / 93, 284, 286
의료보장 / 95, 162
의료보험법 / 166
의료보호 / 286
의료의 사회화 원칙 / 73
이념적 정향 / 92
이원적 고용보험제도 / 215
이익집단 / 35
이중 적용 배제의 원칙 / 72
이환율 / 180

인구사회학적 미래예측력 / 65
인권보장 / 40
인력 / 116
인보관 운동 / 27
인보험 / 86
인센티브 / 115
인정기준 / 194
일률정년제 / 121
일반적 공공부조 / 90
일방적 이전 / 91
일상생활 동작능력 / 239
임금대체율 / 125
임의가입자 / 140
임의계속가입자 / 140
임의적 고용보험제도 / 213
임의적 제도 / 214
임의적용사업장 / 192
입양특례법 / 96

● ㅈ

자격요건 / 91, 114
자격조사 / 26
자격취득권리 유지의 원칙 / 73
자동안정장치 / 213
자동조절기능 / 56
자립의 증진 / 52
자립조장의 원칙 / 64
자발적 실업 / 66
자산조사 / 45, 91, 114
자선 / 24
자선금지법 / 24
자선조직협회 / 26
자유주의 복지체제 / 305
자조 / 24
자조집단 / 32
자활급여 / 95, 274
장기요양급여 / 242
장기요양기관 / 257
장기요양기본계획 / 256
장기요양등급판정위원회 / 248
장기요양보험료율 / 252
장기요양보호 / 239
장기요양인정서 / 242
장기적 재분배 / 55
장애연금 / 145
장애인 보장구 급여비 / 172
장애인활동보조원 / 116
장의비 / 199
장제급여 / 95, 274
장해급여 / 197
재가급여 / 242, 250
재원배분 / 117
재원조달 / 116
재정준칙 / 68
재직자노령연금 / 144
재취업활동 / 223
재해구호제도 / 93
재활서비스 / 161
저축효과 / 55
저출산고령화 / 68
적극적 노동시장정책 / 47
적립방식 / 155
적용대상의 포괄성 원칙 / 73
전달체계 / 115
전문적인 노력 / 20
전후의 합의 / 303
절대 빈곤 / 52
절대적 빈곤 / 261
접수 / 20
정년제 / 121
정률갹출제 / 156
정률보상방식 / 201
정보격차 / 125
정보의 비대칭 / 163
정액갹출제 / 156
정액기여금 / 69
정주법 / 25
정책개발과정 / 108
정책분석 / 106
정체성의 혼란 / 122
정형화된 보험사고 / 18
정형화된 사회적 위험 / 137

정형화된 위험 / 80
제재 / 115
제정이유 / 112
조기노령연금 / 144
조사방법 / 27
조세방식 / 243
조정된 시장체계 / 307
조합주의 사회보험 / 164
조합주의 의료보험제도 / 168
주 소득원 / 57
주거급여 / 95, 273
주거복지문제 / 315
주관적 빈곤 / 261
중간 정도의 코포라티스트 / 307
중복구빈 / 26
중위소득의 산정방식 / 262
증서 / 115
지니계수 / 312
지방재정 / 68
지속가능한 사회보장제도 / 68
지속가능한 한국형 복지국가 / 305
지역가입자 / 140, 170
지역단위 간호사 / 244
지역복지사업 / 26
직업능력개발사업 / 218, 228, 229
직업병 / 184
직업안정책 / 28
직업재활급여 / 200
직역연금 / 151
직장가입자 / 170
직접세 / 56
진단적 구분 / 114
진폐연금 / 200
질병금고 / 30
질병의 사회화 / 159

ㅊ

차상위계층 / 272
초고령사회 / 237
최저생계비 / 94
최저생활보장의 원칙 / 64
최저생활의 보장 / 40
최저수준의 정액급여 / 69
최저수준의 정액급여제 / 41
최저임금수준 / 92
최저임금제도 / 66
출산전후휴가급여 / 230
취업촉진수당 / 224

ㅌ

타법우선의 원칙 / 64, 266
탈상품화 / 106
태동기 형태의 복지국가 / 306
통상근로계수 / 201
통합조사관리팀 / 277
통합주의 의료보험 / 165
통합주의 의료보험제도 / 168
퇴직저축기금 / 129
특례요양비 / 251
특별세 / 103
특별현금급여 / 250
팀 사례관리모형 / 244

ㅍ

페이비언협회 / 27
평균임금 / 201
평생사회안전망 / 16
포괄성의 원칙 / 70
포디즘 생산체계 / 44
표적인구 / 110
표준장기요양이용계획서 / 248
필요즉응의 원칙 / 268

ㅎ

한국 복지국가의 진로 선택 / 310
한국형 복지국가 / 299
할당 / 114
해산급여 / 95, 274
행정책임의 통일 / 69
현금급여 / 114
현물급여 / 114

형성기 형태의 복지국가 / 306
형평성의 원칙 / 74
호혜성 / 67
혼합방식 / 243
혼합형급여방식 / 148
확정급여형 / 132
확정기여형 / 132
효과 / 107
효과분석 / 110
후기고령노인 / 238
휴업급여 / 197

A~Z

allocation / 114
analytical framework / 106
attributed need / 114
Averting the Old Age Crisis / 131
Beveridge / 13
block nurse / 244
care service / 240
compensation / 114
consensus / 303
credit / 115
diagnostic differentiation / 114
eligibility / 91, 114
embryonic welfare state / 306
flat-rate sunsistence benefit / 41
ILO / 13, 71
incentive / 115
income test / 214
informal security regimes / 307
insecurity / 17
insecurity regimes / 307
Laroque / 13
manpower / 116
means test / 45, 91, 114
National Health Service, NHS / 165
OECD / 133
opportunity / 115
payroll tax / 185
Performance / 107
personal social service / 42
personal social services / 98
power / 115
Process / 107
Product / 107
professional / 20
Provident Fund / 129
sanction / 115
selectivity / 91, 92, 114
social risks / 17
stigma / 266
target population / 110
team case management / 244
the Family Allowances Act / 41
the National Assistance Act / 41
typology / 106
unilateral transference / 91
university / 92, 114
voluntary system / 214
voucher / 115
welfare regime / 305, 306

■ 현외성(Oye Sung, HYUN)

Email : hyunos0210@hanmail.net

서울대학교 대학원 사회복지학과 졸업(문학박사)
미국 University of South Carolina의 객원교수
보사부 사회복지장기발전위원회 위원
총무처 행정고등고시 출제 및 채점위원
경남신문 논설위원
국가고시 사회복지사 1급 1회, 2회, 8회 및 12회 출제위원
경남대학교 행정대학원장
한국노인복지학회 회장
한국연구재단 전문위원
한국사회복지교육협의회 회장
서울세계사회복지대회 공동조직위원장
경남대학교 사회복지학과 교수
창신대학교 사회복지학과 석좌교수 역임
현) 경남복지정책연구원 설립자 및 이사
평화생명복지연구원 원장

〈저서 및 역서〉
비교사회정책과 제3세계(역서)
비교사회복지정책연구(저서)
복지국가의 위기와 신보수주의적 재편(공저)
사회복지학의 이해(공저), 유풍출판사
한국과 일본의 노인복지정책 형성과정(저서)
전환기의 복지국가(공역)
사회복지정책 강론(저서)
한국사회복지법제론(저서)
자원봉사론 강해(저서)
사회복지운동론(저서)
사회복지법제개설(저서)
노인복지학 신론(저서)
사회복지학의 이해(공저)
고령친화산업론(공저)
핵심 사회복지정책론(저서)
현대사회문제론(공저)
현대자원봉사론(저서)

위 저작들과 함께 역 · 저서 40여권과 논문 140여편 집필

현대사회보장론

초판 1쇄 인쇄 / 2018년 2월 10일
초판 1쇄 발행 / 2018년 2월 15일

저 자 / 현 외 성
발행인 / 이 중 수
발행처 / 동 문 사

서울특별시 서대문구 홍제원 1길 12
(홍제동 137-8)
Tel : 02)736-3718(대), 736-3710, 3720
Fax : 02)736-3719
등록번호 : 제9-17호
가격 : 20,000원

ISBN : 978-89-8251-963-5 (93330)
E-mail : dong736@naver.com
www.dongmunsa.com